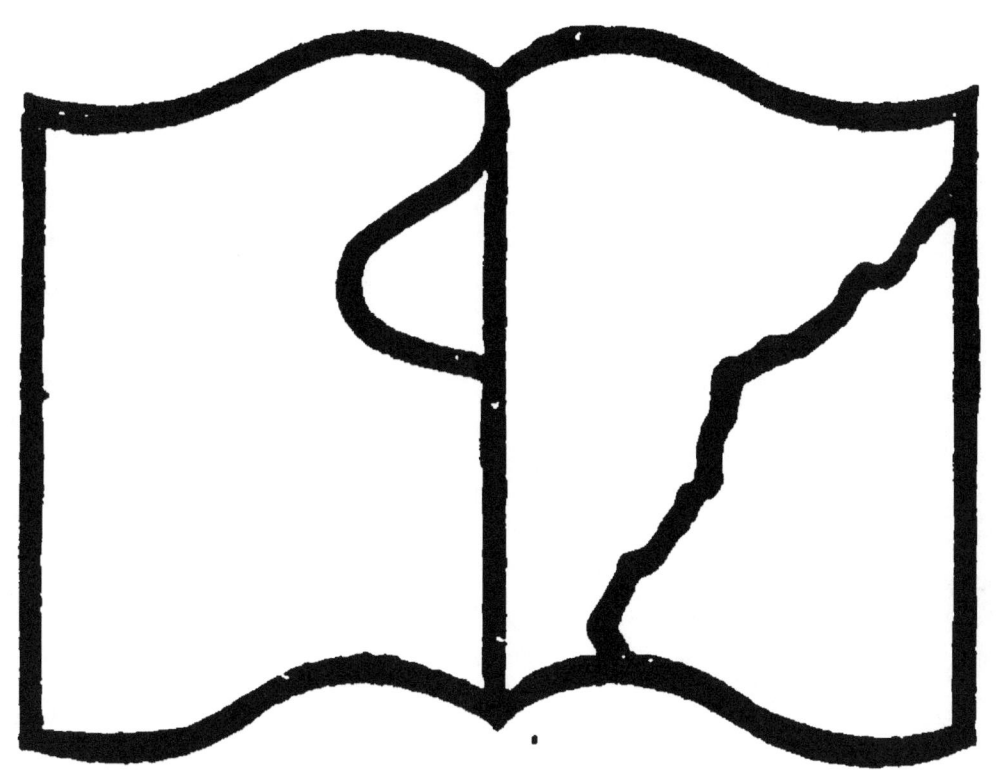

Texte détérioré — reliure défectueuse
NF Z 43-120-11

CONGRÈS INTERNATIONAL
DES
SOCIÉTÉS LAÏQUES
D'ENSEIGNEMENT POPULAIRE

10, 11, 12 et 13 Septembre 1900

Exposition Universelle
Grande Salle du Palais des Congrès

PARIS
IMPRIMERIE H. BOUILLANT
Rue du Serpente, 28

1900

CONGRÈS INTERNATIONAL

DES

SOCIETES LAÏQUES

D'ENSEIGNEMENT POPULAIRE

10, 11, 12 et 13 Septembre 1900

Exposition Universelle
Grande Salle du Palais des Congrès

PARIS
IMPRIMERIE H. BOUILLANT
28, rue Serpente, 28
(HÔTEL DES SOCIÉTÉS SAVANTES)

1900

AVIS

1° Les séances du Congrès ont été très exactement sténographiées par MM. **Decaisne (Émile)**, sténographe judiciaire, et **Zryd (Julien)**, conducteur des Ponts-et-Chaussées, tous les deux professeurs à l'Association Polytechnique. Les Bureaux et tous les membres du Congrès leur en offrent leurs meilleurs remercîments.

2° Les procès-verbaux, discours et rapports ont été collationnés par le *Président* et le *Secrétaire général* du Congrès. — Quant aux mémoires, le choix des extraits publiés a été confié à une Commission nommée par le Bureau et composée de MM. les *Rapporteurs de Sections*, sous la présidence de M. le *Rapporteur général*.

NOTICE PRÉLIMINAIRE

Au début même de l'organisation du « Congrès des Sociétés laïques d'enseignement populaire », la Commission d'initiative avait exprimé l'intention de réunir en un volume commémoratif les procès verbaux sommaires des séances, les rapports sur les travaux des diverses sections et des extraits des mémoires présentés. (Voir les art. 13 et 14 du règlement, page 13).

D'autre part, dans la séance de la 3e Section, l'un des représentants du Gouvernement à notre Congrès, M. Edouard Petit, inspecteur général de l'Instruction publique, qui a bien voulu intervenir si utilement dans nos délibérations, prononçait, aux applaudissements de toute l'Assemblée, les paroles suivantes :

« *Je profite de l'occasion qui m'est offerte par la remarquable communication de M. Edouard Flower, communication qui se termine par un vibrant hommage à l'Exposition universelle et à la France, pour demander que ces magnificences de langage ne soient pas dispersées au lendemain du Congrès.*

« *Ce Congrès a reçu des mémoires très intéressants ; on a été obligé d'en restreindre l'exposé à la tribune et de se contenter de conclusions, de vœux rédigés rapidement. Je demande qu'en dehors des vœux, au moins l'analyse des communications et quelques fragments, si l'on peut, soient publiés sur les fonds disponibles. Je crois qu'il est utile que ces travaux, qui ont coûté de la peine à leurs auteurs, ne demeurent pas enfouis dans des cartons.* »

M. Malérias, le tout dévoué président de la Commission d'organi sation et du Congrès lui-même, exprimait alors l'espoir que le Comité pourrait disposer de fonds suffisants pour réunir tous ces documents en un volume qui serait distribué à tous les membres du Congrès.

Nous avons la satisfaction de réaliser aujourd'hui cette promesse.

Cette publication a d'abord pour but de rendre un légitime hommage à tous nos dévoués collègues de Paris, de la province et de l'étranger qui ont pris, de diverses façons, une part si utile aux travaux du Congrès et de leur permettre de conserver un souvenir plus précis, plus durable, des quelques journées consacrées à servir en commun la noble cause de l'instruction populaire et du progrès social.

Mais il faut, croyons-nous, considérer aussi cet ouvrage comme une glorification du travail, de la diffusion du savoir et de la solidarité humaine, c'est-à-dire des sources mêmes de la grandeur matérielle et morale des sociétés.

Ce sont bien là les sentiments qui animent les membres de toutes les Associations représentées au Congrès. Nous n'en voulons pour preuve que les constatations contenues dans le très beau discours dont M. le ministre de l'instruction publique et des Beaux-Arts a bien voulu honorer notre séance plénière de clôture.

En effet, M. Georges Leygues a dit éloquemment :

« *Je pense, comme vous, que l'un des problèmes les plus importants qui se dressent devant l'esprit de tout citoyen soucieux de l'avenir est le problème de l'éducation populaire. Quel que soit le régime sous lequel vivent les différents pays — nous ne sommes pas ici pour faire de la politique — ils ont un intérêt supérieur qui est de former chez eux, en aussi grand nombre que possible, des âmes droites, des esprits justes et des jugements fermes.*

« *C'est cette œuvre que vous accomplissez... Vous rapprochez dans une union intime, dans une confiance réciproque et salutaire, je dirai patriotique, les divers membres de la société que des inégalités inévitables séparent et frappent : et c'est un des plus beaux fleurons de votre couronne* ».

Les mêmes pensées se retrouvent dans la réponse faite à M. le Ministre par M. Malétras, président du Congrès, qui a dit à son tour : « *Nous voulons tous atteindre le même but : Munir les jeunes gens d'un bagage moral, intellectuel ou professionnel qui leur donne les moyens de soutenir honorablement les durs combats de la vie.....*

« *Pour atteindre ce but, nous tenons à ces jeunes gens le même langage en leur disant : Venez dans nos Sociétés, vous nous y trouverez prêts à vous porter aide morale ou assistance matérielle, prêts aussi à vous rendre plus instruits pour que vous deveniez meilleurs.*

« *Nous ferons ensemble tous les efforts possibles pour perfectionner votre éducation, pour développer en vous cet instrument d'émancipation qui s'appelle l'instruction, et pour vous donner, en même temps que l'amour du travail, la conception du beau et du juste, la pratique du bien.* »

Nous ne nommerons, dans cette courte notice, aucun des auteurs de mémoires ou de vœux, aucun des orateurs qui ont pris part aux délibérations du Congrès, aucun des présidents, secrétaires ou rapporteurs : tous ont droit aux plus grands éloges et aux plus profonds remerciements.

Quant à l'exécution matérielle de ce recueil, nous avons donné tous nos soins à la scrupuleuse exactitude et à la bonne disposition des documents publiés, voulant ainsi témoigner notre reconnaissante estime à ceux qui ont collaboré à cet ouvrage.

Pour plus de clarté, nous avons divisé le volume en trois grandes parties, savoir :

1° Organisation et composition du Congrès ;
2° Séances du Congrès — Rapports et Vœux ;
3° Extraits des mémoires présentés.

Sans revenir sur l'analyse des vœux, qui a été si bien présentée par chaque rapporteur, nous rappellerons que ces vœux peuvent se classer en trois groupes principaux selon qu'ils concernent : 1° Les cours à créer ou à développer pour donner à l'enseignement des adultes une orientation de plus en plus pratique et professionnelle ; — 2° Les desiderata à présenter aux pouvoirs publics dans le but d'augmenter la bienfaisante influence de ces cours ; — 3° Les rapports entre les sociétés laïques d'enseignement populaire, et surtout, dans la mesure du possible, leur *union* en un puissant faisceau, où chacune d'elles conserverait pourtant son caractère et son indépendance.

Nous terminerons par un dernier vœu ajouté à tous ceux qui ont été formulés : C'est que ce Congrès, dans lequel ont été échangées tant d'excellentes idées, contribue au développement et à la prospérité de toutes nos Sociétés laïques d'enseignement populaire, afin qu'elles puissent combattre de plus en plus efficacement l'ignorance, source du mal et de la misère, et accomplir avec un succès toujours croissant leur tâche volontaire d'instruction, de moralisation et de fraternité sociale.

POUR LE BUREAU DU CONGRÈS,
Le Secrétaire général,
A. VEYREI.

PREMIÈRE PARTIE

ORGANISATION ET COMPOSITION DU CONGRÈS

CIRCULAIRE

Adressée aux Secrétaires généraux des Sociétés parisiennes d'Enseignement populaire

Paris, le 18 novembre 1898.

Cher Collègue,

La question des Congrès internationaux qui devront avoir lieu pendant l'Exposition de 1900, étant actuellement posée et devant être résolue d'urgence, nous avons pensé qu'il serait bon qu'une de ces réunions fût organisée sous le titre de :

Congrès international de l'Enseignement populaire organisé par les Sociétés laïques d'instruction gratuite,

et que les Sociétés parisiennes pourraient en prendre l'initiative.

Si vous voulez bien assister à une réunion préparatoire qui aura lieu le mercredi 23 courant, à 8 heures 1/2 du soir, à l'hôtel des Sociétés savantes, 28, rue Serpente (bureau de l'Association Polytechnique), nous pourrons arrêter ensemble :

1° Le principe et le but de ce Congrès ;
2° La composition des Comités d'organisation et de patronage ; de manière à pouvoir adresser très prochainement notre demande à la Commission générale des Congrès.

Veuillez agréer, Monsieur et cher Collègue, l'expression de nos sentiments bien dévoués.

Le Secrétaire général de la Ligue de l'Enseignement,

Étienne Charavay,

Le Secrétaire général de l'Association Polytechnique,

A. Maléiras.

COMMISSION D'ORGANISATION DU CONGRÈS

BUREAU

MM. MALÉTRAS, secrétaire général de l'Association Polytechnique, *président* (1).
VAUDET (Charles), délégué de la Société pour l'Instruction élémentaire, *vice-président*.
GRAS (Camille), secrétaire général de l'Association Philotechnique, *vice-président* (2).
ROBELIN (Léon), secrétaire général de la Ligue de l'Enseignement, *secrétaire général* (3).
VEYRET, secrétaire de l'Association Polytechnique, *secrétaire général adjoint*.
BESSOU, secrétaire général du Cercle populaire de l'Enseignement laïque, *secrétaire*.
PELLETIER, secrétaire général de l'Association Philomathique, *secrétaire*.
PERDRIX, secrétaire général de l'Union française de la jeunesse, *secrétaire*.
NICOLAS, administrateur général de la Société républicaine des Conférences, *trésorier*.
GUINANT, secrétaire général de la Société montmartroise d'enseignement, *trésorier-adjoint*.

MEMBRES

MM. BEJAMBES, répétiteur au lycée Voltaire.
BERNARD, secrétaire général de l'Association Philomathique de Bordeaux.
DEBAUGE, président de la Société industrielle d'Amiens.
CHARLOT (Marcel), chef de bureau au Ministère de l'Instruction publique.
DE SAINT-MESMIN, secrétaire général de la Société populaire des Beaux-Arts.

---

(1) En remplacement de M. CHARAVAY (Étienne), secrétaire général de de la Ligue française de l'Enseignement, décédé pendant la période d'organisation.
(2) En remplacement de M. le D**r** BEAUREGARD, secrétaire général de l'Association Philotechnique, décédé pendant la période d'organisation.
(3) En remplacement de M. MALÉTRAS, élu président.

MM. Guérin-Catelain (Maxime), secrétaire de la Société nationale des Conférences populaires.
Lang, directeur de la Société d'Enseignement professionnel du Rhône.
Leblanc (René), inspecteur général de l'Instruction publique.
Lesourd (André), secrétaire général adjoint de l'Association Philomathique.
May (Henri), libraire-éditeur.
Petit (Édouard), inspecteur général de l'Instruction publique.
Kownacki, délégué de l'Association Philotechnique.
Rotival, agent général de l'Association Philotechnique.
Worms, avocat à la Cour d'appel.

CONGRÈS INTERNATIONAL

DES

SOCIÉTÉS LAIQUES
D'ENSEIGNEMENT POPULAIRE

Siège de la Commission d'organisation :
Hôtel des Sociétés savantes, 28, rue Serpente, Paris.

Paris, le 15 juin 1899.

Monsieur,

Depuis plus d'un demi-siècle, les Sociétés populaires d'enseignement populaire laïque, dues exclusivement à l'initiative privée, se sont multipliées en France et à l'étranger, et la place considérable qu'elles occupent dans l'instruction et l'éducation du peuple leur a fait attribuer un Congrès spécial à l'Exposition universelle de 1900.

Ce Congrès, qui aura lieu les 10, 11, 12 et 13 septembre 1900, dans le palais des Congrès à l'Exposition universelle de Paris, amènera, nous l'espérons, au point de vue de l'enseignement, des explications sur les moyens employés et une coordination des efforts qui ont été faits jusqu'à ce jour. Dans cet ordre d'idées le Congrès intéressera, non-seulement les Sociétés déjà existantes qui ont pour but l'enseignement des adultes, mais aussi tous les professeurs et instituteurs qui donnent isolément leur dévouement et leur science à l'œuvre de l'instruction et de l'éducation populaires.

Nous serons heureux de vous voir prendre part à ce Congrès international qui se divisera en cinq sections ainsi définies :

1° Cours d'adultes ;
2° Conférences et enseignement par l'aspect ;
3° Enseignement professionnel (agricole, industriel et commercial), chambres syndicales patronales et ouvrières, et corporations ;
4° Enseignement des beaux-arts ;
5° Sociétés ou Cercles d'instruction et d'éducation.

Nous vous prions, en conséquence de bien vouloir nous envoyer votre adhésion au Congrès *le plus tôt possible*, et en même temps que cette adhésion, l'énoncé des questions qu'il vous semblerait utile de voir étudier par le Congrès, soit que ces questions portent sur la généralité de l'enseignement, soit qu'elles se rapportent spécialement à l'étude de cet enseignement dans une ou plusieurs nations.

Toutefois, l'envoi de cet énoncé des questions à étudier devra être fait un mois avant l'ouverture du Congrès.

Parmi toutes les questions qui seront reçues par la Commission d'organisation dans les délais ci-dessus fixés, cette Commission fera un choix définitif des sujets à traiter par le Congrès.

La liste des sujets qui feront l'objet d'une étude sera adressée en temps utile à tous les adhérents.

En raison du but à atteindre, nous espérons que vous voudrez bien participer au Congrès. Nous vous serons reconnaissants en outre de bien vouloir faire autour de vous une active propagande.

Nous vous adressons en conséquence, sous pli, un bulletin d'adhésion que nous vous prions de remplir en suivant les indications qu'il comporte et de nous renvoyer en même temps que la cotisation (dix francs et cinq francs) prévue à l'article 3 du règlement que vous trouverez ci-joint.

Veuillez agréer, Monsieur, l'assurance de notre considération très distinguée.

Le Président
de la Commission d'organisation,
A. MALÉTRAS.
Secrétaire général
de l'Association Polytechnique.

Les Vice-présidents,
VAUDET.
Délégué de la Société pour l'Instruction élémentaire.
CAMILLE GRAS,
Secrétaire général de l'Association Philotechnique.

Le Secrétaire général,
LÉON ROBELIN.
Secrétaire général de la Ligue française de l'Enseignement.

EXTRAITS DU RÈGLEMENT

Art. 3. Seront membres du Congrès :

a) Les Sociétés qui auront adressé leur adhésion au secrétaire général de la Commission d'organisation avant l'ouverture de la session et qui auront acquitté la cotisation dont le montant est fixé à *dix* francs. Chaque Société aura droit à deux représentants.

b) Les adhérents qui auront acquitté une cotisation personnelle dont le montant est fixé à *cinq* francs. Les adhésions ne seront définitives qu'après avoir été acceptées par la Commission d'organisation.

....

Art. 9. Les travaux présentés au Congrès sur des questions mises à l'ordre du jour dans le programme de la session seront discutés en séance générale.

Art. 10. Aucun travail ne peut être présenté en séance, ni servir de point de départ à une discussion, si, avant le 1er août 1900, l'auteur n'en a communiqué le résumé ou les conclusions à la Commission d'organisation.

....

Art. 13. Les procès-verbaux sommaires seront imprimés et distribués aux membres du Congrès le plus tôt possible après la session.

Art. 14. Un compte rendu détaillé des travaux du Congrès sera publié par les soins de la Commission d'organisation. Celle-ci se réserve le droit de publier tout ou partie des mémoires ou communications.

....

COMPOSITION DU CONGRÈS

PRÉSIDENTS D'HONNEUR

MM. Bourgeois (Léon), député, ancien président du Conseil des ministres, président de la Société pour l'instruction élémentaire.

Brouardel (Dr), doyen de la Faculté de médecine, membre de l'Institut, président de l'Association Polytechnique.

Jacquin (Etienne), conseiller d'État, président de la Ligue Française de l'Enseignement.

Poincaré (Raymond), député, ancien ministre de l'Instruction publique, président de l'Association Philotechnique.

Délégués du ministère de l'Instruction publique et des Beaux-Arts.

M. Ernest COUTANT } inspecteurs généraux de l'Instruction publique.
M. Édouard PETIT }

MEMBRES D'HONNEUR

Délégués officiels étrangers présents au Congrès.

Belgique . . . . . M. DE VUYST, inspecteur du ministère de l'Agriculture.
Equateur . . . . M. SIXTO-DURAN-BALLAN, représentant.
Espagne. . . . . M. ALFREDO ESCOBAR, marquis de Valdeiglesias.
États-Unis. . . . Professeur ALBERT S. BICKMORE.
Grande-Bretagne. Professeur C. A. BUCKMASTER, inspecteur.
— Professeur F. KING, inspecteur général.
Grèce. . . . . . . Général KOKIDÈS, délégué du « Parnasse ».
— M. A. TYPALDO BASSIA, député.
Hongrie. . . . . M. C. BELA AMBROZY.
Laos . . . . . . S. A. TIAO MAHA OUPARAT, second roi du Laos.
Mexique. . . . . M. AGUSTIN ARAGON, député au Parlement mexicain.
— M. CARLOS SELLERIER, inspecteur des mines.
Pérou. . . . . . M. DEUSTUA O. ALEXANDRE, professeur à la Faculté de Lima.
Perse. . . . . . M. ARAKELIAN, membre du Comité de l'Enseignement.
Russie. . . . . M. EUGRAPH KOVALEWSKI, président des groupes I et III de l'Exposition.
Suisse. . . . . . M. CHAPAZ, conseiller d'État du Canton du Valais.

BUREAU DU CONGRÈS

Président

M. MALÉTRAS, secrétaire général de l'Association Polytechnique.

Vice-présidents

Mlle BIGNON, vice-présidente de l'Association Philotechnique.
M. DEBAUGE, président de la Société industrielle d'Amiens.
M. LEBLANC (René), inspecteur général de l'Instruction publique.
M. ROBELIN (Léon), secrétaire général de la Ligue de l'enseignement.

Secrétaire général

M. VEYRET, secrétaire de l'Association Polytechnique.

Secrétaires

M. BARRA (Honoré), secrétaire général de l'Association Polymathique.

M. E. DEFRANCE, secrétaire général de la Société nationale des Conférences populaires.

M. LESOURD, secrétaire général adjoint de l'Association Philomatique.

M. MANTELET, secrétaire général adjoint du Cercle de l'Enseignement laïque.

M. WIRTH (Henri), membre de l'Union française de la Jeunesse.

Trésoriers

M. NICOLAS, administrateur général de la Société républicain des Conférences.

M. GUINANT, secrétaire de la Société Montmartroise d'enseignement.

Rapporteur général

M. CAMILLE GRAS, secrétaire général de l'Association Philotechnique.

BUREAUX DES SECTIONS

1re Section.
Cours d'adultes.

Président. . . . . M. LEMARIGNIER, délégué général de la Société pour l'Instruction élémentaire.
Vice-Président. . M. DENIKER, directeur de la Société pour la propagation des langues étrangères.
Secrétaire. . . . . M. BARRIOL, membre du Conseil de l'Association Philotechnique.
Rapporteur. . . . M. PECH, membre du Conseil de l'Association Polytechnique.

2e Section.
Conférences et Enseignement par l'aspect.

Président. . . . . M. le Dr MEUNIER, administrateur général de la Société Républicaine des Conférences.
Vice-Président. . M. LÉON RICQUIER, président de la Société de Lecture et de Récitation.

Secrétaire......	M. Mantelet, secrétaire général adjoint du Cercle de l'enseignement laïque.
Rapporteur.....	M. Perdrix, secrétaire général de l'Union française de la Jeunesse.

3e Section.
Enseignement professionnel.

Président.....	M. le Dr Peyré, ancien président de l'Union française de la Jeunesse.
Vice-Président..	M. Bouillier, président de l'Association sténographique unitaire.
Secrétaire.....	M. Touzac, secrétaire du Conseil de l'Association Polytechnique.
Rapporteur.....	M. Mardelet, vice-président de l'Association Polytechnique.

4e Section.
Enseignement des Beaux-Arts.

Président.....	M. Léonce Dariac, président de l'Association Philomathique.
Vice-Président..	M. Mario Sermet, vice-président de l'Association Polymathique.
Secrétaires....	M. Rispal, secrétaire de la Société de Lecture et de Récitation.
Rapporteur.....	M. de Saint-Mesmin, secrétaire général de la Société populaire des Beaux-Arts.

5e Section.
Sociétés et Cercles d'instruction et d'éducation.

Président.....	M. de Montricher, président de l'Association Polytechnique de Marseille.
Vice-Présidents.	Mme Robert Halt, publiciste.
	M. Seignette, directeur du Journal des Instituteurs.
Secrétaire.....	M. Chevauchez, secrétaire du Conseil de l'Association Polytechnique.
Rapporteur.....	M. Kownacki, membre du Conseil de l'Association Philotechnique.

PROGRAMME
Des Travaux du Congrès

Lundi 10 Septembre

Matin 9 heures. — Réunion préparatoire du Congrès.
Matin 10 heures. — Ouverture du Congrès, sous la présidence de M. Édouard Petit, représentant M. le Ministre de l'Instruction publique et des Beaux-Arts.
Nomination du Bureau du Congrès et des Bureaux de Sections.
Allocution du président.
Soir 2 heures. — Séance de la 1re Section (Cours d'adultes).

Mardi 11 Septembre

Matin 9 h. 1/2. — Séance de la 2e Section (Conférences et Enseignement par l'aspect).
Soir 2 heures. — Séance de la 3e Section (Enseignement professionnel).
Soir 5 heures. — Visite à l'Exposition de l'Indo-Chine, sous la direction de M. Pierre Nicolas, commissaire général. (Conférence par M. Lemire, résident honoraires).

Mercredi 12 Septembre

Matin 9 h. 1/2. — Séance de la 4e Section (Enseignement des Beaux-Arts).
Matin 10 h. 1/2. — Réception du Bureau par M. Georges Leygues, ministre de l'Instruction publique et des Beaux-Arts.
Soir 2 heures. — Séance de la 5e Section (Sociétés ou Cercles d'Instruction ou d'éducation).
Soir 5 heures. — Réception du Congrès à l'Hôtel de Ville.

Jeudi 13 Septembre

Matin 9 h. 1/2. — Visite à l'Exposition Universelle (Enseignement professionnel, Classes 1 et 6) sous la direction de M. René Leblanc, inspecteur général de l'Instruction publique.
Soir 2 heures. — Séance plénière, sous la présidence de M. le Ministre de l'Instruction publique. Rapport général et Rapports des Sections. Clôture du Congrès.
Soir 7 h. 1/2. — Banquet (Restaurant des Congrès).

QUESTIONS PORTÉES A L'ORDRE DU JOUR DU CONGRÈS

MÉMOIRES PRÉSENTÉS

1re SECTION. — Cours d'Adultes.

Les Sociétés laïques d'Enseignement populaire (M. Édouard Petit).

De l'Enseignement des langues étrangères dans les Cours d'adultes. Propagation de la langue française à l'étranger (M. Edme Arcambeau).

De la lecture à haute voix (M. Léon Ricquier).

Aptitude de la femme aux travaux de comptabilité et de calcul rapide (M. Lazard).

L'enseignement des langues étrangères et en particulier du portugais (M. de Béthencourt).

Moyen de répandre la connaissance pratique des langues vivantes. Bourses de voyage à l'étranger (M. Robert Schwarz).

Éducation familiale aux cours d'adultes (M. Bidart).

Fédération des Sociétés laïques d'Enseignement. Concours général annuel (M. Joseph Leblanc).

L'extension universitaire à Marseille par l'Union des Sociétés d'enseignement populaire supérieur (M. de Montricher).

Des Cours d'adultes (M. Edmond Grélez).

Organisation des Cours du soir dans une commune (M. G. Féolde, de Fontenay-sous-Bois).

Énoncé des questions à étudier sur l'écriture (M. Lettery).

L'Enseignement populaire (Mlle Henriette Meyer).

Sociétés amicales d'anciens élèves des Cours d'adultes appartenant à un même groupement (M. A. Viales).

2e SECTION.
Conférences et Enseignement par l'aspect.

La Conférence populaire (M. Pierre Nicolas).

Le Répétiteur phonique, album d'images (M. Jacques Mottot).

Création de Musées communaux par les élèves des Écoles communales (M. Le Breton).

Des moyens propres au recrutement et à la conservation des auditeurs des conférences populaires (M. Bèche).

De la Conférence au Régiment (M. Defrance).

3ᵉ SECTION. — **Enseignement professionnel.**

L'enseignement professionel doit-il toujours être donné méthodiquement? (M. A. Pihan).

L'Enseignement de la Comptabilité (M. Joseph Leblanc) à l'école et aux cours d'adultes.

Concours de composition décorative. (Mᵐᵉ Menon-Daressy).

Enseignement professionnel des adultes (M. Jules Henriet).

Caractère des Cours professionnels dans l'Enseignement des adultes (M. Claudel).

Cours professionnels de la Bourse du Travail (M. Thiercelin).

Fondations d'Universités professionnelles et d'Écoles d'apprentissage (M. H. Dubarry).

4ᵉ SECTION. — **Enseignement des Beaux-Arts.**

Enseignement pratique de l'Histoire de l'Art. (M. J.-P. Milliet).

De l'enseignement du Dessin et de l'Histoire de l'Art dans les Cours d'adultes (M. Esnault-Pelterie).

Unification des programmes de l'étude du Dessin (Mᵐᵉ Menon-Daressy).

L'enseignement de la Musique en France (M. Félix Boisson).

De l'enseignement des Beaux-Arts (M. Benoit-Lévy).

Utilité de la connaissance des chefs-d'œuvre littéraires dans l'enseignement des Beaux-Arts (M. de Nevrezé).

Création de Sociétés musicales par les Sociétés d'enseignement populaire, (M. Auguste Viales).

5ᵉ SECTION.

Sociétés et Cercles d'Instruction et d'Éducation.

Cercles à créer en vue des jeunes gens qui font leur service militaire (M. Robert).

De l'Éducation de la jeunesse (M. Édouard Flower).

L'Éducation familiale. Vulgarisation des sciences dans les familles (M. Paul de Vuyst).

Ouverture d'un bureau international des Sociétés d'enseignement populaire (M. Guérard).

Moyens à employer pour développer l'esprit de mutualité et d'épargne (M. Holt).

Sociétés et Cercles d'instruction, d'éducation et de secours mutuels à la campagne (M. Nourisson).

Création de salons de conversation pour l'étude des langues étrangères (M. Waldbillig).

Fondation de groupes professionnels (Mme Menon-Daressy).

Des différents groupes d'enseignement et d'éducation à créer dans une ville (M. Mascart).

De la Propagande par l'Ecole pour la Paix (Bureau international de la Paix).

Cercles et patronages de parents éducateurs et d'amis de l'école (M. Bidart).

Avantages d'une Société fondée sur le principe de l'éducation mutuelle s'exerçant au sein d'un groupe restreint (M. Albert Iven).

DEUXIÈME PARTIE

SÉANCES DU CONGRÈS

SÉANCE D'OUVERTURE
Lundi 10 septembre 1900 (matin).

La séance est ouverte à 9 h. 3/4 en présence de M. Édouard Petit, inspecteur général de l'Instruction publique, délégué par M. le ministre de l'Instruction publique et des Beaux-Arts, assisté des membres de la Commission d'organisation et des représentants officiels de nombreux Gouvernements étrangers.

M. MALÉTRAS, président de la Commission d'organisation. — J'ai l'honneur de déclarer ouvert le Congrès international des Sociétés laïques d'enseignement populaire. Je prie MM. les délégués des Gouvernements étrangers de bien vouloir prendre place au bureau.

La parole est à M. Édouard Petit, inspecteur général de l'Instruction publique, représentant M. le Ministre de l'Instruction publique.

Discours de M. Édouard Petit.

MESDAMES, MESSIEURS,

C'est pour moi un honneur de représenter parmi vous aujourd'hui M. le Ministre de l'Instruction publique, qui s'intéresse si vivement aux travaux de ce Congrès; ce m'est surtout une joie bien naturelle et bien sincère parce que je connais la plupart d'entre vous. Je suis allé dans nombre de villes où vous exercez votre apostolat, je vous ai vus à l'œuvre et je suis très heureux de renouer aujourd'hui connaissance avec vous.

Je salue au nom de M. le Ministre de l'Instruction publique les représentants des villes françaises qui sont ici; je salue aussi en son nom les délégués officiels des Gouvernements étrangers, entre autres ceux de l'Angleterre, des États-Unis, de la Grèce, de la Hongrie, du Japon, du Mexique, etc., qui ont bien voulu prendre part à nos travaux. Je suis heureux qu'ils soient à nos côtés parce que, je tiens à le dire hautement, si nous connaissons beaucoup en France ce qui se fait à l'étranger — ce qui se fait dans les conférences aux États-Unis, en Angleterre; aux cours d'adultes en Suisse, en Allemagne — eh bien! il faut en convenir, à l'étranger, on nous ignore, parce que les Sociétés d'instruction populaire sont, comme disait Voltaire, personnes un peu trop modestes. Elles ne s'affirment pas assez, elles ne font pas assez parler d'elles, et si elles font beaucoup de besogne, elles ne font pas beaucoup de bruit. Elles ne sont vraiment pas assez connues. Je crois, Messieurs, qu'elles s'ignorent elles-mêmes de ville à ville.

Or, j'ai la conviction, parce que j'ai examiné les choses sur place, que les Sociétés laïques d'instruction et d'éducation populaires font œuvre excellente, surtout depuis quelques années, qu'il faut les en remercier et les faire connaître au dehors.

Ce Congrès international, Mesdames et Messieurs, n'est pas le premier qui se soit tenu. Je me rappelle, en 1895, avoir assisté à un Congrès international des Sociétés d'instruction populaire, au Hâvre. Mais il y a une grande différence entre les deux congrès.

Le Congrès du Hâvre avait été administrativement préparé.

Je ne puis pas dire du mal de l'Administration, à laquelle j'appartiens, ce serait ingratitude et injustice; mais enfin elle est l'Administration, elle marque ce qu'elle organise d'une empreinte officielle. Ce Congrès avait pour objet une entente entre deux forces, entre deux pouvoirs. Il y avait à la fois des représentants de l'initiative privée, vous autres, — je reconnais beaucoup d'entre vous qui sont venus au Hâvre — et des instituteurs. Il s'agissait, en 1895, à la lumière de votre expérience, de savoir comment des instituteurs s'y prendraient pour s'inspirer de votre exemple et pour fonder l'École prolongée; comment aussi l'union entre les représentants de l'État, les tenants de l'État, et les représentants de l'initiative privée pourrait se réaliser. Vous savez ce qui s'est produit depuis 1895, l'admirable mouvement qui s'est affirmé dans tout le pays et grâce auquel nous avons aujourd'hui environ 40,000 cours d'adultes, résultat dû, en grande partie, à la combinaison des efforts, à l'harmonie du travail qui s'est produite entre les instituteurs et les représentants de l'initiative privée.

Le congrès d'aujourd'hui ne ressemble pas du tout à ce congrès initial. C'est uniquement un congrès des Sociétés d'instruction et d'éducation populaires laïques et j'espère — comme nous sommes dans un congrès, on peut bien émettre des vœux — j'espère, dis-je, j'exprime le désir du fond de mon cœur, qu'il sorte une organisation solide du Congrès que vous tenez aujourd'hui. Car, il faut l'avouer, nous péchons un peu, disons-le entre nous, par l'organisation; je souhaite que dans chaque grand centre, là où il est nécessaire qu'il y ait des Sociétés d'éducation populaire, c'est-à-dire là où les instituteurs cèdent sous le faix du travail et peuvent se surmener, je souhaite que les Sociétés combinent leurs efforts, que dans chaque Centre il y ait un conseil de ville, une sorte de secrétariat où les présidents, les secrétaires généraux, qui devraient en faire partie, viennent se concerter les uns les autres, afin d'éviter les doubles emplois, afin de ne pas demander des salles là où il n'y en a pas, afin de ne pas créer des cours lorsque d'autres cours sont déjà fondés. Je souhaite aussi qu'un annuaire soit publié par département tous les ans — il y en a déjà huit — afin que vous sachiez ce qui existe, non seulement dans la ville où vous exercez mais dans la ville d'à côté. Ainsi, et, bien entendu, sans qu'aucune de vos Sociétés perde son autonomie, vous pourrez au moins vous connaître, vous concerter, et porter vos efforts là où il est nécessaire qu'ils se manifestent.

A certains endroits, dans des villages, dans des hameaux, les instituteurs ne peuvent pas faire de conférences. Il est utile que ce soient les Sociétés d'intruction populaire qui s'entendent entre elles pour y venir des villes voisines. La chose est absolument indispensable si nous voulons que l'œuvre rende tous les services dont elle est susceptible.

Enfin, Mesdames et Messieurs, je vous demande d'avoir, non pas seulement pour Paris, mais pour toute la province, un Comité central, une sorte d'office de l'éducation populaire, qui serait composé de représentants de l'initiative privée et où quelques-uns d'entre nous, si vous vouliez bien les admettre, seraient reçus aussi. Je ne vous demande pas de concentrer trop vos efforts, mais de ne pas trop les éparpiller. L'union n'est pas la centralisation. Il me semble que je me trouve devant une poussière d'efforts disséminés sur toute la surface du territoire. L'émulation y gagne certainement; mais je crois qu'au point de vue de la méthode, de la persévérance dans l'élan, il est utile que nous ayons une sorte de Comité central. Et j'élargis encore ma pensée : Ce Comité se combinerait lui-même avec le Bureau international qui a été réclamé, d'une part, par le Jury des récompenses, dont le président est M. Léon Bourgeois — mon ami, M. René Leblanc, qui était là il n'y a qu'un instant, pourrait vous renseigner à ce sujet — par le Congrès international de l'enseignement primaire, par le Congrès des œuvres post-scolaires, par le Congrès de la Presse de l'Enseignement. Toutes les personnes qui ont assisté à ces Congrès ont demandé que de pays à pays l'on s'entendît entre représentants, que l'on concertât ses efforts. Il est nécessaire que les magnifiques résultats que nous avons constatés et admirés dans les sections étrangères ne demeurent pas oubliés chez nous. Il faut qu'il reste trace de ce qui a été fait en 1900. L'École internationale de l'Exposition l'a demandé aussi.

Et bien! je vous prie, puisque ce Comité internationnal se constitue à l'heure actuelle, de demander à y avoir des représentants. Il me semble que vous êtes un peu trop oubliés. Vous êtes oubliés dans les Conseils officiels; il ne faut pas que vous soyez oubliés dans un Conseil d'initiative privée, surtout dans un Conseil internationnal, parce que ce qui se fait à l'étranger vous inspirera, et qu'à l'étranger on saura aussi ce que vous avez fait, et ce que vous avez bien fait. *(Applaudissements.)*

Je reviens sur cette idée, sur la constatation de faits bien ignorés.

Je tiens à ce que les représentants des États-Unis, de la Hongrie, de l'Angleterre sachent ce qui a été fait en France par les Sociétés d'enseignement populaire.

Je me permets donc de vous faire lecture du travail que j'ai adressé tout récemment à M. le Ministre de l'Instruction publique sur l'histoire des plus importantes Sociétés d'instruction populaire pendant les dix dernières années. Il va de soi que toutes ne sont pas comprises dans ce résumé : Comme vous le verrez, nous avons en France près de 1200 Sociétés d'instruction populaire, et par conséquent, dans un travail, qui est dans un gros volume, c'est vrai, mais qui est très restreint par lui-même, je ne pouvais pas raconter l'histoire de toutes les Sociétés d'instruction populaire. Celles qui ne sont pas mentionnées m'excuseront de ne pas l'avoir fait.

SOCIÉTÉS D'INSTRUCTION POPULAIRE

« Les Sociétés d'instruction populaire ont été les initiatrices du mouvement qui s'est produit en faveur de l'école prolongée. Quelques-unes d'entre elles, dès le début du siècle, ont montré la voie à suivre. Dans la longue décadence qui pesa sur les cours d'adultes, elles n'ont cessé de fournir des maîtres et des disciples qui, à Paris et dans quelques grandes villes de province, se pressaient pour recueillir volontairement un enseignement volontaire

« Depuis 1889, elles s'essayent à des innovations qui guident et renseignent les instituteurs. Elles expérimentent les méthodes que l'on ne saurait généraliser brusquement sans s'exposer à des mécomptes et à des erreurs.

« Prises d'émulation vis-à-vis les unes des autres elles harmonisent leurs programmes avec les besoins de leur clientèle. Surtout depuis cinq ans, elles se portent vers l'instruction pratique appliquée à l'industrie. Elles visent de plus en plus à répandre le savoir professionnel. Elles offrent aux apprentis, aux employés, le soir, les leçons qu'ils recevraient, le jour, dans les écoles techniques, si la nécessité de gagner un salaire immédiat ne les en écartait.

« C'est la tendance qui domine dans les Sociétés déjà anciennes, mais qui ne cessent de renouveler leurs plans d'études.

« Les Sociétés qui se sont fondées récemment, sous l'influence d'autres préoccupations, ne se renferment pas dans le seul enseignement. Elles répondent à des aspirations nouvelles. Elles subordonnent l'instruction, qui n'est pourtant pas sacrifiée et qui est aussi tournée vers l'utile, à l'éducation, à la protection, à l'assistance morale et fraternelle. Elles s'inspirent des idées de solidarité qui pénètrent de plus en plus dans les consciences.

« Anciennes et nouvelles Sociétés voient venir à elles, depuis quelques années, à Paris et dans les grandes cités provinciales, des étudiants, des professeurs d'enseignement primaire supérieur, d'écoles normales, d'écoles techniques, de lycées et de collèges, d'universités. Ainsi se sont établis des points de jonction entre l'enseignement supérieur, l'enseignement secondaire et l'enseignement primaire. Elles ont fourni un terrain tout préparé et comme un champ d'expériences à l'*extension universitaire* qui s'est faite en grande partie par l'accession dans leurs comités et leurs bureaux de licenciés et d'agrégés désireux de prendre contact avec des auditoires populaires.

« Une autre tendance est à signaler, qui, on peut l'assurer, est appelée à s'accuser encore davantage. Les Sociétés d'instruction populaire qui, pour la plupart, n'avaient visé que la clientèle des apprentis, des employés, des adolescents, leurs disciples à l'école du soir, se tournent vers la masse. Elles établissent des cours, elles ouvrent des centres de conférences, de lectures, de discussions que fréquente l'élite ouvrière. Elles travaillent de plus en plus à l'instruction populaire du peuple.

« On ne saurait établir une nomenclature complète des Sociétés d'instruction populaire, des cercles, bibliothèques, groupes où se font des cours du soir, car des annuaires pour l'éducation des adultes n'existent que dans de rares départements.

« Mais l'on peut évaluer à environ 1.200 les Sociétés qui mettent le savoir, les cotisations, l'influence de leurs adhérents au service des « étudiants populaires ». Il s'y fait un travail sérieux, fécond, dont plus de 150.000 jeunes gens bénéficient.

Sociétés parisiennes. — Paris et la Seine comptent environ 170 Sociétés d'instruction populaire (Sociétés mères et sections cadettes). Il ne peut s'agir de les dénombrer, de les signaler toutes. Il y a intérêt à indiquer les principales d'entre elles, celles surtout qui, par un côté de leur organisation, peuvent servir de types, qui montrent de façon tangible les efforts réalisés en vue de s'accommoder aux exigences de l'évolution économique et sociale.

La *Société pour l'Instruction élémentaire*. — je saute les noms des présidents et membres des bureaux, — fondée en 1815 par Carnot, J.-B. Say, de Gérando, Cuvier, etc., reconnue d'utilité publique en 1831, s'est occupée d'enseignement mutuel, a répandu l'usage des tableaux dans les écoles, des livres de lecture courante, de la gymnastique, etc. Elle a réparti plus de 3 millions en matériel, volumes, argent, à des écoles déshéritées. Elle a institué pour les maîtres les plus dévoués une médaille, pour les élèves des certificats fort recherchés. Elle fait des conférences pédagogiques aux instituteurs. Elle publie une revue : *Journal d'éducation populaire*, contenant des rapports sur des ouvrages dignes d'être recommandés. Elle distribue des récompenses pour encourager les éducateurs enseignant les adultes. Elle tourne ses efforts vers des cours destinés aux femmes, aux jeunes filles : enseignement commercial, coupe, peinture sur porcelaine, modelage, etc.

« L'*Association Polytechnique* a été fondée en 1830 par des polytechniciens : Auguste Comte, Alex. Meissas, Perdonnet, Adolphe Gondinet, etc. En 1831, elle a vingt sections de travail centralisées à l'Hôtel de Ville, à la Salle aux Draps, puis à la Salle Saint-Jean. En 1835, elle ne concentre plus ses cours sur un même point, ce qui forçait les auditeurs à des déplacements longs et dispendieux Elle va au-devant de la clientèle, dans les quartiers populeux. En 1847, elle a 37 cours en pleine prospérité. En 1896, dans 21 sections, elle en ouvre 605 à 12.540 élèves. En 1897-1898, elle fait 641 cours, elle a 13.450 élèves; en 1898-1899, 675 cours, 13.700 élèves; en 1899-1900, 714 cours, 14.000 élèves. Elle a établi des cours généraux pour toutes les matières de l'enseignement, mais elle offre à ses disciples ce qui est pour eux de prompte utilisation. Elle est entrée en relations avec les chambres syndicales, avec la Bourse du travail, pour organiser des cours spéciaux (mécanique, automobilisme, conduite de machines à vapeur). De plus, elle organise de nombreuses conférences scientifiques, littéraires ou artistiques, avec projections ou auditions. Elle a des sections dans la banlieue parisienne. Elle en a à Aix, Auxerre, Bernay, Fargniers, Gex, Honfleur, Nice, Orléans, Valence, Perpignan, où l'on donne d'excellentes leçons aux militaires illettrés ; Marseille, où l'on remet aux auditeurs des conférences, des résumés servant de mémentos et de guides. Elle en a même à Salonique et au Tonkin.

« L'*Association Philotechnique*, née en 1848 d'une scission de quelques polytechniciens avec leurs collègues, a célébré en 1898, avec le plus grand éclat, le cinquantenaire de sa fondation. Elle a dans les écoles, dans les mairies, 534 cours que suivent 12.000 élèves environ. Elle a établi des cours spéciaux, d'accord avec les syndicats patronaux et ouvriers. Elle a fondé, en 1896-1897, sous l'initiative du poète Maurice Bouchor, les *Lectures populaires*. La moyenne des auditeurs à ces séances littéraires et musicales a été, en 1898-1899, de 7.500 par mois, soit 1.805 pour chaque samedi. Pour aider, dans tous les pays de langue française, à l'extension des lectures populaires, la Philotechnique a publié des résumés d'auteurs classiques avec conseils et commentaires de Maurice Bouchor. En outre, l'Association tient de fréquentes réunions de professeurs qui discutent des questions relatives à leurs enseignements respectifs. (*Applaudissements*.)

« La *Ligue française de l'enseignement*, fondée en 1866, par Jean Macé, et qui, en 1896, a célébré le trentenaire de sa fondation par une cérémonie entourée d'un grand éclat, s'est d'abord occupée d'instruction primaire. Elle a, en outre, organisé des cercles affiliés au cercle parisien, centre d'action et de propagande. Elle en comptait 59 en 1870. Elle en a inscrit 2.150 en 1900. Après avoir contribué au vote des lois dites de l'obligation, de la laïcité et de la gratuité scolaires, grâce au fameux pétionnement de 1.267.267 signatures qui fut déposé à la Chambre des députés en 1872, elle s'est affirmée, depuis 1881, par des congrès nationaux et annuels. Elle s'y est d'abord occupée du tir, des exercices militaires, des bibliothèques régimentaires. Elle s'est proposé comme objet, surtout depuis 1891, l'instruction et l'éducation des adolescents. Elle fournit des vues aux conférenciers volontaires. En 1898-1899, elle en a distribué plus de 20.000 dans ses cercles provinciaux. Elle en a prêté, la même année, 45.000. Elle s'emploie à fonder des patronages dans les villes, des cours d'adultes dans les campagnes, des associations d'anciens et d'anciennes élèves. Elle vient d'instituer, afin d'encourager l'éducation populaire, de grands concours pour 1900, avec près de 40.000 francs de prix.

« La *Société nationale des conférences populaires*, fondée en 1891, publie des conférences qu'elle adresse aux instituteurs lecteurs. Elle fait sténographier des causeries qui ont pour thème un sujet d'intérêt général. Une fois le texte revu par l'auteur, elle l'expédie gratuitement à ses correspondants. En 1898-1899, elle en a distribué près de 85.000 à ses adhérents. Elle s'attache, surtout depuis deux ans, à faire pénétrer ses morceaux choisis, ses conférences, ses vues dans les régiments, surtout dans ceux qui sont casernés aux frontières, dans les forts. Elle publie enfin une encyclopédie pour lier méthodiquement ses conférences.

« *L'Union française de la jeunesse*, fondée en 1875, par cinq jeunes gens, pour organiser des lectures, cours et conférences à l'usage des jeunes ouvriers, avait, en 1876, 5 sections d'enseignement élémentaire. En 1881, elle a vivifié ses cours par l'adjonction de l'enseignement technique. En 1899, elle a, dans ses 8 sections, groupé autour de 450 professeurs 12.000 élèves. Elle a des cours d'été, d'avril à juillet, pour les langues vivantes. Elle a créé un livret post-scolaire pouvant servir de référence à ses élèves. Elle a fondé des sections à Mézières, à Charleville, à Châlon-sur-Saône, à Lille, à Toulouse (avec la Ligue de l'enseignement), à Tunis. Elle vient de célébrer le 25ᵉ anniversaire de sa fondation.

« *L'Union de la jeunesse républicaine*, fondée en 1882, développe à Paris et dans les départements, par des conférenses, l'instruction et l'éducation démocratiques.

« *La Société nationale pour la propagation des langues étrangères*, fondée en 1891, donne une idée des progrès que peut réaliser un groupement répondant à des besoins réels et bien définis. Elle avait au début 169 membres. Elle en compte près de 3,000 en 1899. Elle est passée d'un budget de 3,824 francs à des recettes de 26,400 francs;

de 60 cours à 94; de 20 professeurs à 54; de 650 élèves à 1,740; de 4 langues enseignées à 7; de 30 séances de conversation à 74; de 900 interlocuteurs à 1,600. Elle a donné, en 1898, 22 grandes conférences suivies par 3,800 auditeurs; 5 soirées littéraires et musicales devant une assistance de 1,200 personnes; 6 représentations scéniques en cinq langues qui ont groupé 30,000 spectateurs.

« Le *Comité Dupleix* a été fondé, en 1895, par M. Gabriel Bonvalot, pour la mise en valeur de notre domaine colonial. Presque aussitôt, il commence à s'occuper des questions d'éducation. Il publie une série de brochures intitulées : *Nos hommes d'action*, où sont retracées les vies des hommes qui, dans toutes les branches de l'activité, ont bien servi la France. Il y joint des affiches murales pour les écoles et des couvertures de cahiers. Il fait établir, pour chacune de nos colonies, plusieurs centaines de boîtes de conférences, contenant quinze clichés, et un texte appliqué à l'illustration. Par l'intermédiaire du Musée pédagogique, de la Ligue de l'enseignement et de ses propres succursales, il les fait circuler dans toutes les écoles et les Sociétés d'instruction. Il en envoie aussi dans les régiments. Enfin le Comité Dupleix a donné 76 bourses de 300 francs à des maîtres ou à des élèves-maîtres des écoles primaires, pour qu'ils puissent passer leurs deux mois de vacances en Angleterre et en Allemagne. » (*Applaudissements.*)

Je vous demande pardon d'être long, mais je tiens à ce que vous vous connaissiez les uns les autres et à ce que MM. les Représentants des Gouvernements étrangers soient convaincus que l'on a fait beaucoup en France pour et par l'instruction de tous par tous.

« La *Société académique de Comptabilité* dispose à Paris, Nantes, Valenciennes, Toulon, Marseille, d'un diplôme conféré après un sérieux examen des candidats. La section de Marseille est des plus prospères. Elle s'est fortifiée de cours d'arabe, d'italien, d'espagnol, de grec moderne, de droit commercial et maritime, de législation industrielle, de sténographie, de dactylographie, de science économique, d'assurances, de douane, octroi et régie. C'est une véritable Faculté d'enseignement commercial due à l'initiative privée.

« La *Société populaire des Beaux-Arts*, fondée en 1894, et qui avait, le 1er janvier 1894, 1,207 adhérents, compte en 1899, plus de 12,000 membres répartis entre 400 sections environ. Elle organise dans tout le pays des conférences qui ont pour but à la fois de susciter le sentiment du beau dans les masses et de réveiller dans certaines régions les tendances d'art local que gêne une excessive centralisation. Par la diffusion de gravures, la Société cherche à faire comprendre la portée et la valeur d'art de l'eau-forte, du burin et de la lithographie, et lutte ainsi contre les déplorables tendances de l'envahissante chromo-lithographie. Elle a mis à l'étude la question des images murales à l'école, et son comité se préoccupe de tout ce qui, sous forme de propagande accessible à tous, peut contribuer à la diffusion de l'enseignement artistique.

« Le *Cercle populaire de l'enseignement laïque*, fondé en 1890, a 10 sections, 140 cours, 2,700 élèves environ. Il a institué, en 1898, des conférences mensuelles où se font entendre penseurs et écrivains qui ont une théorie, une réforme à exposer, à propager. Il a fondé trois patronages. Il s'occupe de donner l'importance qu'elle doit avoir à l'imagerie scolaire. Il vient de fêter solennellement son décennaire.

« La *Société d'enseignement moderne*, fondé en 1884, a 34 cours et environ 2,000 élèves. Elle porte surtout son effort sur les Écoles primaires supérieures de garçons (Turgot, Colbert, Arago, Lavoisier) qu'elle dote de cours du soir. Elle a pénétré, en 1898-1899, dans les Écoles professionnelles de jeunes filles (rue de la Tombe-Issoire, rue Doucet, rue Fondary, rue de Poitou), où elle donne des leçons très appréciées de la clientèle féminine.

« La *Société républicaine des Conférences populaires* a tenu, en 1898-1899, 102 réunions à Paris dans des mairies, des préaux d'écoles ; 210 réunions dans les départements. La Société a ajouté à son programme de vulgarisation générale par la conférence, l'organisation de conférences d'enseignement technique et professionnel.

« L'*Association Philomatique parisienne*, fondée en 1895, par un groupe de médecins et de professeurs, unit l'assistance à l'éducation. Elle a 15 sections dans Paris où sont enseignées des matières correspondant à des nécessités professionnelles nettement caractérisées (préparation aux concours des postes, langues étrangères). Elle donne des consultations gratuites, le soir, quand les cliniques sont fermées.

« L'*Union démocratique pour l'éducation sociale*, fondée en 1896, établit autour des écoles des unions scolaires. Elle met ses conférenciers (étudiants, professeurs) au service des cours du soir, des Associations, des Patronages. Elle étend de jour en jour le cercle de son active propagande. Elle répartit sa tâche entre quatre sections qui, toutes, fournissent un travail vraiment original. La section des *conférences* dans les « Petites A », dans les sociétés d'instruction, unions scolaires, patronages, dans 30 groupements différents, à Paris, en banlieue, en province, a organisé 71 séances, grâce à ses jeunes et bons collaborateurs, étudiants et professeurs mêlés. La section des *hôpitaux* a apporté un peu de consolation et de distraction aux malades, en donnant 34 conférences, dont 15 à la Pitié, 11 à Laennec, 8 à Bicêtre. La section des *unions scolaires* qui sont une variété des patronages et des « Petites A », a fondé, à Paris, deux de ces institutions types. Elle en a constitué aussi dans les départements. Une section de *consultations juridiques* commence à fonctionner.

Combien d'autres Sociétés pourrait-on citer encore à Paris, s'il ne fallait resserrer, concentrer les indications! Il en est une pourtant qu'on ne saurait passer sous silence, à cause de la pensée de filiale reconnaissance qui a présidé à sa fondation : c'est la *Société des laboratoires Bourbouze* formée par les disciples du modeste et regretté savant. Les cours, tout pratiques, s'adressant aux adultes hommes qui exercent une profession industrielle, portent sur l'optique, la physique, la chimie inorganique et organique. Les cours et manipulations ont lieu le dimanche matin ».

Sociétés provinciales. — N'ayez crainte, je serai bref. — « Les Sociétés de province, celles d'hier et celles qui naissent chaque jour, ont profité, elles aussi, pour le recrutement des maîtres et des disciples, des sympathies qu'éveille l'éducation populaire.

« Un fait à noter, que nous vérifierons aussi pour les mutualités scolaires : les Sociétés d'instruction populaire de fondation récente se constituent en Sociétés de canton, d'arrondissement, même de département.

« La liste complète des Sociétés provinciales serait longue. Parmi les principales, on doit mettre tout d'abord, et hors de pair, une Société lyonnaise et une Société bordelaise qui, depuis longtemps, sont dignes de rivaliser avec les organisations les plus célèbres de Paris ou de l'étranger.

« La *Philomathique de Bordeaux*, la doyenne des Sociétés françaises (1808), a pour devise « Instruction, sciences, arts, lettres ». Elle a organisé depuis 1823, treize expositions, qui ont obtenu un plein succès et qui lui ont fourni d'abondantes ressources pour ses œuvres. Elle a fondé en 1874, avec la municipalité, l'école spéciale de commerce et d'industrie. Elle a ouvert, depuis 1870, des cours d'adultes appliqués de plus en plus aux connaissances professionnelles; elle en a 92, suivis par 3.800 élèves. Elle a créé, sur les bénéfices de l'exposition de 1895, une école d'apprentissage. » — Je crois, Mesdames et Messieurs, que ces bénéfices ont dépassé un million. — « Elle est à la veille d'installer un musée commercial et un institut colonial. Son budget est d'environ 95.000 francs. (*Applaudissements*).

« La *Société d'enseignement professionnel du Rhône* date de 1864. Elle répand chez les jeunes gens « les connaissances spéciales à l'exercice intelligent de leur profession ». Elle a des cours industriels et des cours commerciaux, leçons et applications combinées. Les *étudiants* versent 3 francs par cours, s'imposant un sacrifice qui fait trouver la leçon meilleure et favorise l'assiduité. L'organisation de la surveillance est fraternelle et démocratique. Des élèves commissaires sont désignés par leurs camarades. Ils constatent les présences, perçoivent les droits d'entrée : excellente école de discipline librement acceptée et de devoirs civiques. La Société d'enseignement professionnel du Rhône a eu 143 cours en 1899 et 5.500 élèves. Elle a gagné 700 recrues en trois ans. Son budget est de 85.000 francs environ.

« L'on peut rapprocher de ces deux grandes Associations la *Société industrielle d'Amiens* — dont je voyais tout à l'heure le Président — avec ses 62 cours, ses 1.200 élèves (cours de tissage, de teinture, de coupe de velours). Les jeunes gens payent une rétribution qu'on leur restitue en la majorant.

« Quelques Sociétés sont aussi à citer parmi le millier de groupements environ qui, à l'heure actuelle, dans les grands centres et les villes de moyenne importance, parfois dans les gros bourgs, se tournent vers l'instruction des adultes.

La *Société d'enseignement par l'aspect, du Havre*, fondée en 1880, a pour objet l'instruction et la vulgarisation par les projections photographiques lumineuses. Elle a rassemblé une riche collection de vues qu'elle a fait circuler dans 82 départements. Elle a donné à ce mode d'instruction une impulsion qui s'est communiquée à l'étranger. En 1895, elle a réuni en congrès, sous la présidence de M. O. Gréard, 560 Sociétés françaises d'instruction et d'éducation. En 1896, elle a offert à l'État 15.000 vues pour que des prêts pussent être faits, en franchise postale, aux instituteurs, par l'intermédiaire du Musée pédagogique. Elle continue à donner au Havre des conférences qui sont fort suivies. Elle a des sections à Agen, à Oran, qui continuent son action.

« Parmi les sociétés modèles dont quelques villes ont le juste droit de se prévaloir, il convient, après les aînées de citer : à Bordeaux, la *Société des amis de l'instruction*, la *Bibliothèque populaire*, l'*Association bastidienne pour l'instruction de la jeunesse*; à Marseille, la *Société de défense du commerce*, la *Polytechnique*; à Bourg, l'*Institut Carriat* ». — Cet institut est extrêmement intéressant. Je l'ai visité, comme la plupart des institutions dont je parle. C'est tout simplement un palais du peuple légué à la ville de Bourg par un ouvrier qui s'était enrichi. Certainement, la construction a coûté plus de 200.000 francs, et une dotation très forte permet de faire les cours d'adultes. C'est là une chose, j'en suis convaincu, absolument inconnue. » — A Mazamet, la *Société d'instruction populaire*; à Muret, la *Société cantonale d'éducation*: au Thillot (Vosges), la *Délégation cantonale* érigée en Société d'instruction populaire: à Sceaux, la *Société d'instruction et d'éducation populaires du canton;* à Albi, la *Société d'éducation populaire*.

« Dans la Loire, on peut enregistrer les succès obtenus par la *Société d'arrondissement de Montbrison*, par la *Société roannaise d'instruction et d'éducation*. On pourrait signaler encore : dans le Finistère, à Lorient, la *Société républicaine d'instruction de l'arrondissement;* à Morlaix, la *Société scolaire de bienfaisance;* dans le Jura, à

Saint-Claude, la *Société d'encouragement à l'instruction et à l'éducation populaires* qui est formée de cinq sociétés cantonales fédérées; dans la Seine-Inférieure, la *Société havraise d'éducation populaire*; dans le Pas-de-Calais, la *Société républicaine d'instruction et d'éducation de l'arrondissement d'Arras*, la *Société républicaine d'instruction* de Montreuil, d'Étaples, qui donne vie aux *Cercles scolaires*, variété des « Petites A. », la *Bibliothèque populaire* des communes de l'arrondissement de Saint-Pol, association de conférenciers; en Vendée, la *Société pédagogique d'instruction populaire* de l'arrondissement des Sables-d'Olonne, en Seine-et-Oise, la *Société d'encouragement à l'instruction primaire*, qui a son siège à Longjumeau — et dont je salue le président qui est ici — la *Société pour la propagation de l'instruction populaire*, dans le département de l'Yonne; l'*Association démocratique des conférenciers de la Somme.* »

Je m'arrête ici. La presse nous a mis au courant, ces temps derniers, de ce qui a été fait dans les universités populaires qui sont, dans une forme nouvelle, des Sociétés pour l'enseignement populaire.

En somme, la situation où vous êtes parvenus est très prospère. Mais je suis convaincu que vous avez un rôle encore plus important à jouer dans l'éducation des générations qui montent. Je vous demande de vous organiser par villes — en voyageant, j'ai constaté que c'était nécessaire — je vous demande de vous organiser fraternellement, harmoniquement, par départements, et ensuite d'avoir un Comité central qui lui-même sera mis en rapport avec le Comité international qu'ont réclamé, je le répète, à la fois le Jury des récompenses de l'Exposition et les Congrès de l'Enseignement primaire, des œuvres post-scolaires et de la Presse de l'Enseignement. *(Applaudissements répétés.)*

M. C. BELA AMBROZY, délégué de la Hongrie, prononce alors les paroles suivantes :

M. le Président, Mesdames, Messieurs, avec votre permission et aussi celle des délégués étrangers, je vous remercie pour les paroles aimables de M. le Président à notre égard. Nous sommes venus avec plaisir à l'invitation de la grande nation française pour nous réjouir à cette œuvre de la civilisation et pour travailler avec vous au salut de la paix, au salut de la France et du monde. *(Applaudissements).*

L'assemblée procède ensuite à la nomination du bureau général et des bureaux de sections (voir pages 14 et 15); puis M. Malétras, président, donne lecture du programme des travaux du Congrès (voir page 17).

La séance est levée à 11 heures.

A. VERNET et JULIEN ZAYD.

SÉANCE DU LUNDI 10 SEPTEMBRE 1900
(SOIR)

1re SECTION. — **Cours d'adultes.**

Président : M. Lemarignier, délégué général de la Société pour l'Instruction élémentaire.
Vice-Président : M. Deniker, directeur de la Société pour la propagation des langues étrangères.
Secrétaire : M. Barriol, membre du Conseil de l'Association Philotechnique.
Rapporteur : M. Émile Pech, membre du Conseil de l'Association Polytechnique.
La séance est ouverte à 2 heures 1/4.

M. le Président. — Mes chers collègues, M. Édouard Petit nous a donné ce matin connaissance de son excellent rapport sur l'enseignement populaire. L'ordre du jour appelle la lecture du mémoire de M. Garçon ; en l'absence de celui-ci je donne la parole à M. Léon Ricquier.

M. Léon Ricquier. — Mesdames, Messieurs, mes chers collègues,
Je vous avouerai franchement que j'ai été un peu peiné, ce matin, en entendant le rapport si remarquable de M. Édouard Petit, rapport si bien documenté, plein de choses si intéressantes, et nous donnant des renseignements si précis sur les grandes Sociétés d'enseignement populaire, de ne pas voir la Société de Lecture figurer dans cette notice.

La Société de Lecture, qui a aujourd'hui vingt-huit ans d'existence, a pu donner à Paris, sans demander aucune subvention, ni à la Ville ni à l'État, se contentant de la modique cotisation de ses membres, 240 séances littéraires, former deux cours normaux de littérature et de diction, et se faire entendre à plus de 200,000 auditeurs, leur disant les plus belles pages de notre littérature française.

M. Léon Ricquier expose alors, en fort bons termes, l'origine et le développement de la Société de Lecture, et il termine en disant :

Quel était donc le but que nous poursuivions? Chercher à rassembler autour de nous une élite de jeunes gens aimant ce qui est beau dans la littérature, voulant s'y fortifier, apprenant à dire et surtout à penser; car notre œuvre n'est pas seulement une œuvre d'instruction, c'est aussi une œuvre de moralisation : nous sommes persuadés qu'en apprenant à dire ce qui est bien nous apprenons à comprendre ce qui est beau; nous ne voulons pas faire seulement de bons diseurs, mais aussi de bons citoyens aimant leur patrie, aimant l'humanité, s'appliquant à former leur cœur et à s'éloigner de tous ces vains plaisirs qui corrompent l'homme et qui sont la cause principale de sa dégénérescence.

Je vais prier M. Rispal de vous donner lecture des détails de la création et des travaux de notre Société. (*Applaudissements.*)

M. Rispal donne lecture du mémoire présenté au nom de la Société de Lecture et de Récitation. (Voir un extrait de ce mémoire, dans la 3ᵉ partie).

M. le Président. — Vous avez entendu le remarquable rapport de M. Rispal, il s'en dégage le vœu *que des cours de lecture expressive soient institués dans les écoles normales, dans les écoles primaires et dans les cours d'adultes.*

M. Bourgès. — En ce qui concerne l'Association Philotechnique, il existe des cours de lecture à haute voix et de diction dans la plupart des Sections.

M. Priou. — J'ai fondé à Rennes des cours de diction dont le directeur est M. Grivot.

M. Joseph Leblanc. — Je crois que nous sortirions de la question si nous faisions l'énumération des cours professés. Nous nous trouvons en présence d'une proposition très intéressante à laquelle je crois que nous devons nous rallier. Il ne s'agit pas de savoir si la lecture expressive est enseignée dans telle ou telle Société, il s'agit de savoir si elle est une nécessité scolaire et de voter un vœu donnant une sanction aux paroles de M. Léon Ricquier. (*Bravos.*)

M. le Président. — Il est incontestable que cette question a été parfaitement étudiée.

Je mets aux voix le vœu de la Société de Lecture et de Récitation. — Adopté à l'unanimité.

M. Roinval. — Il y a deux questions dans le vœu présenté. Il s'agit, d'une part, de savoir si des cours de lecture seront donnés dans les écoles normales, et je crois que sur ce point il n'y aura pas de difficulté; mais au sujet des écoles primaires, nous avons déjà l'instituteur qui fait l'enseignement de la lecture; la question est de savoir s'il doit le donner d'une autre façon. Et puis, traitons-nous ici des questions nationales ou des questions internationales?

M. Joseph Leblanc. — Pardonnez-moi de revenir à cette tribune, mais je crois que nous dévions le débat. La question qui est ici posée est, à mon avis, celle de la manière de lire, ce n'est pas la lecture, ne confondons pas. Or, la manière de lire, la lecture expressive, comme l'a parfaitement dit M. Léon Ricquier, est une chose absolument internationale; il y a la manière de lire en allemand ou en anglais, par exemple, comme en français. Ce que nous devons adopter ici, c'est un vœu général d'admettre dans l'enseignement envisagé au point de vue international la lecture expressive et non pas simplement la lecture ordinaire qui ne laisse souvent dans l'esprit que des mots vagues et qui fait de nos élèves de vulgaires perroquets. Ce que nous voulons faire, ce sont des élèves sachant comprendre ce qu'ils lisent et ce qu'ils disent. (*Applaudissements.*)

M. le Président. — Je crois que la question est terminée et que nous sommes parfaitement d'accord.

M. Kownacki. — Je demanderai que les auteurs de rapports veuillent bien abréger autant que possible tout ce qui est l'historique de leurs Sociétés, d'éliminer tout ce qui ressemblerait à un plaidoyer en faveur de ces Sociétés.

M. Arcambeau. — Après les paroles si sensées que vient de prononcer M. Kownacki, je voudrais également que l'on pût réunir plusieurs rapports. Il y a, par exemple, quatre rapports sur les langues étrangères; on pourrait grouper ces rapports et voter ensuite sur le vœu auquel pourrait donner lieu chacun d'eux.

M. Lazard donne lecture de son rapport sur l'emploi de la femme dans les administrations publiques. (Voir la 3e partie.)

M. Roy. — Je demande la parole. Je crois que, d'une manière générale, il est nécessaire que tous les rapporteurs indiquent d'abord le vœu qu'ils viennent émettre, de façon que chacun puisse bien comprendre les arguments proposés à l'appui de ce vœu.

M. le Président. — Voici le vœu présenté par M. Lazard :

« *Le Congrès émet le vœu que les Sociétés d'enseignement populaire*
« *développent les cours techniques destinés à donner aux élèves femmes*
« *les connaissances nécessaires pour occuper les différents emplois aux-*
« *quels elles peuvent être appelées.* »

Mais cela existe dans toutes les Sociétés dont vous avez entendu l'historique ce matin.

M. Lazard. — On pourrait développer un peu plus les cours.

M. le Président. — Cela existe partout : nous n'avons absolument qu'à continuer ce que nous faisons.

M. Lazard. — Je n'ai pas vu de cours de banque à la Polytechnique.

M. Roy. — Je vous prie, monsieur le Président, de vouloir bien mettre ma proposition aux voix.

M. le Président. — Mais, je crois que tout le monde est unanime. Je mets aux voix la proposition de M. Roy.

— Adoptée.

M. le Président. — Le vœu de M. Lazard tend à continuer les

cours actuellement existant en leur donnant plus d'extension. Je le mets aux voix.

— Adopté.

La parole est à M. de Béthencourt.

M. DE BÉTHENCOURT. — J'exprime le vœu *que l'enseignement de la langue portugaise soit généralisé dans les Sociétés d'enseignement populaire et gratuit.* Voici maintenant mon rapport.

M. DE BÉTHENCOURT donne lecture de son rapport dont la péroraison est accueillie par des applaudissements. (Voir la 3e partie).

M. LE PRÉSIDENT. — Je mets aux voix le vœu de M. de Béthencourt. — Adopté.

Un de nos collègues veut bien présenter le vœu de M. Schwarz, qui est absent ; je lui donne la parole.

M. BARRIOL. — La communication de M. Schwarz tend au vœu *d'augmenter le nombre des bourses de voyage à l'étranger pour favoriser la connaissance des langues étrangères.*

M. LE PRÉSIDENT. — Je mets aux voix le vœu de M. Schwarz. — Adopté.

La parole est à M. Joseph Leblanc.

M. JOSEPH LEBLANC. — Mon rapport n'est pas long, il comprend à peine cinq pages. Je me permets de vous demander toute votre indulgence, parce que je vais traiter une question un peu spéciale qui, dans mon esprit, et même dans l'esprit de notre Président — je l'ai vu ce matin — est d'une importance capitale pour l'avenir des Sociétés laïques d'enseignement populaire : c'est celle de leur fédération.

M. Joseph Leblanc donne lecture de son rapport (voir la 3e partie) et il ajoute :

Voici le vœu que j'ai l'honneur de vous soumettre :

« Le Congrès accepte le principe d'une fédération des Sociétés
« laïques d'enseignement populaire ; nomme une commission
« chargée d'élaborer les statuts et de les présenter pour l'adoption
« définitive aux Sociétés intéressées ; l'établissement d'un concours
« général annuel sera prévu dans le projet ; les frais nécessités par
« l'étude et la mise au point du projet seront couverts par des sous-
« criptions volontaires. » (*Applaudissements*).

M. KOWNACKI. — Je demande la parole pour proposer la division sur le vote de ce vœu. Dans la dernière partie M. Leblanc parle de la création d'un concours annuel à étudier par la commission qu'il propose de nommer, et c'est cela que je désire combattre.

Le principe de la fédération est, je crois, excellent ; c'est un vœu qui est national, il est vrai ; je pense cependant que nous pouvons le discuter. La fédération est difficile à réaliser ; on propose de nommer une commission pour étudier les moyens à employer, je crois que nous pouvons adhérer à cette proposition. Quant à l'établissement d'un concours annuel analogue au grand concours de nos lycées, j'avoue que je repousse énergiquement cette proposition (*adhésion*), car les concours n'ont jamais donné que des résultats désastreux, et parce que ce serait fausser immédiatement le but que nous poursuivons. Sur quelle base établirait-on ce concours? est-ce d'après le nombre des élèves ou d'après les résultats que les cours auraient donnés? Je crois que nous aboutirions à ceci : c'est qu'on formerait exclusivement quelques élèves en vue de ce concours, malheureusement peut-être au détriment des autres. (*Applaudissements.*) Or notre but à nous, Sociétés d'enseignement populaire, c'est d'élever tout le monde, et de donner beaucoup plus à ceux qui éprouvent plus de difficulté à s'instruire qu'à ceux qui ont des dispositions naturelles. (*Nouveaux applaudissements.*)

Je crois que nous sommes à peu près tous d'accord sur cette question, je n'insiste donc pas; je demande qu'on repousse l'établissement d'un concours général entre les différentes Sociétés d'enseignement populaire. (*Applaudissements*).

M. JOSEPH LEBLANC. — En proposant ce concours, je n'ai pas eu du tout dans l'esprit — je le regretterais même très fort — de jeter parmi vous une idée de désunion et de détruire ainsi la première partie de ma proposition, à laquelle j'attache un grand prix. Mais tout en reconnaissant que l'objection a une très grande valeur, je me permettrai de faire moi-même une autre réflexion et de vous démontrer que la proposition d'un concours général est basée sur des faits précis. Nous sommes tous ici membres de différentes Sociétés d'enseignement populaire, nous connaissons la manière d'opérer de ces Sociétés et nous savons tous qu'il y a des concours annuels. Puisque cela se fait dans de très bonnes conditions dans chaque Société, je me suis dit que cela pouvait se faire d'une façon générale et donner des résultats meilleurs encore en formant une sélection et en établissant une émulation qui n'existerait plus seulement entre les élèves mais entre les Sociétés. J'avais donc basé ma proposition sur ce qui existe ; si vous n'êtes pas d'avis de l'accepter, je m'inclinerai devant votre décision, ne voulant pas jeter un germe de division et considérant que ma proposition de concours général n'est pas encore mûre.

Je suis très heureux de voir que la première partie de ma proposition a reçu un accueil favorable, je me contenterai de ce léger succès. Je vous suis très reconnaissant d'avoir bien voulu m'écouter.

M. HENRIET. — On demande de voter sur la proposition faite ce matin dans le rapport de M. Édouard Petit; mais les personnes habituées à l'enseignement populaire se demandent si réellement il y a nécessité de se réunir et de faire une grande fédération des Sociétés d'instruction populaire. Nous avons à Marseille un grand nombre de ces Sociétés, elles sont toutes autonomes et elles donnent des résultats magnifiques. Nous ne voyons pas du tout quel serait le résultat obtenu en les réunissant. Nous pouvons nous réunir pour chercher ensemble des lieux d'enseignement ou des méthodes, mais nous ne pourrons jamais faire une fédération utile. Nous avons, à Marseille, la Chambre de Commerce qui fait des cours de mécaniciens et de chauffeurs qui sont d'une grande prospérité ; nous avons la Bourse du Travail qui fait des cours professionnels ; que peuvent-elles faire en s'unissant? la Chambre de Commerce est réactionnaire, et la Bourse du Travail socialiste. Nous avons les cours de la Société académique de comptabilité et ceux de la Société pour la défense du commerce ; ces deux Sociétés ne s'entendront jamais, parce qu'elles sont concurrentes, ayant des cours analogues qui sont tous fort bien faits. L'Association Polytechnique fait des cours généraux et des cours professionnels qui sont déjà faits par la Bourse du Travail et la Chambre de Commerce ; il n'y a aucune raison pour que l'Association Polytechnique s'unisse à ces Sociétés. Nous ne voyons donc pas à quoi pourrait aboutir une fédération des Sociétés d'enseignement populaire. Est-ce pour le choix des professeurs? mais il y aura toujours des désaccords.

Depuis vingt-cinq ans je m'occupe d'enseignement populaire. En 1848 il y a eu dans l'Association Polytechnique des questions de personnes et on a fondé l'Association Philotechnique ; elles ont toutes deux des cours parfaitement organisés ; eh bien ! comment voulez-vous réunir ces deux Sociétés? Il ne faut pas perdre notre temps à faire des fédérations.

M. BERNIER. — Nous sommes un congrès international. Je demande s'il n'y aurait pas dans la salle des étrangers qui pourraient nous donner leur opinion sur la discussion qui a lieu en ce moment.

M. GUÉRARD. — Je vous demande seulement quelques instants d'attention pour appuyer la proposition de notre collègue M. Joseph Leblanc, et réfuter les arguments qui viennent d'être exposés à cette tribune.

L'avantage de la fédération serait de mettre en rapport les élèves des cours d'enseignement populaire avec leurs camarades de tous les coins du monde. A Marseille les membres de la Société du Tonkin échangent leur vues avec leurs camarades d'autres pays sur les rapports commerciaux qu'il y a lieu d'établir entre la France et les Colonies. On peut étendre cela à tous les pays du monde ; j'appuie donc la proposition de M. Joseph Leblanc.

Pour le concours général, il appartiendra au comité d'études de trancher la question.

Tous les peuples cherchent à se rapprocher : l'Exposition actuelle en est un symbole. Il faut rapprocher les cœurs et il appartient aux éducateurs de le faire. Je vous demande d'émettre le vœu que des délégations viennent gratuitement à Paris ; la Ligue de l'Enseignement est aménagée pour recevoir 3,000 délégués.

M. LE PRÉSIDENT. — La Ligue de l'enseignement n'a pas attendu jusqu'à aujourd'hui pour convier les instituteurs et institutrices à l'Exposition ; elle leur offre le logement et la nourriture moyennant 20 francs par semaine. Comment voulez-vous que, si tout le monde vient, elle puisse donner le logement à tout le monde ?

UNE VOIX. — Quelle relation y a-t-il entre le vœu de M. Guérard et la fédération des Sociétés laïques ? .

M. ROTIVAL. — En ce qui concerne la fédération des Sociétés laïques d'enseignement populaire, comme on l'a fait remarquer, il y a deux questions : celle du concours général qui a été présentée si habilement par M. Leblanc, et celle de la fédération. Le concours général est évidemment très difficile à mettre en application ; en comparant un tel concours avec ceux des lycées on voit que, dans ce dernier cas, on a affaire à des élèves ayant suivi une classe déterminée et ayant le même âge. Dans les cours d'adultes il en est différemment ; nous avons des élèves de 12, 13 et jusqu'à 40 ans. Je crois qu'il serait très difficile d'organiser un concours général par exemple en ce qui concerne l'enseignement de la langue anglaise, et pouvant donner un bon résultat ; il y aura toujours une différence évidente d'âge et de capacité. Je pense que cette question ne pourrait être étudiée qu'après celle de la fédération.

La question de la fédération a déjà été étudiée ; mais ce sont les conditions d'application qui en ont empêché l'adoption. M. de Lapommeraye, ancien président de l'Association Polytechnique, avait mis cette idée en avant, mais on n'a pas pu aboutir. Ce qui a souvent gêné, c'étaient les questions à étudier, parce que quelquefois une de ces questions n'intéressait pas les autres Sociétés, et il restait juste en sa faveur la Société qui avait fait la proposition. J'ai déposé un vœu qui pourrait peut-être donner satisfaction à tout le monde. et qui est celui-ci :

« Le Congrès émet le vœu qu'en vue des intérêts généraux qui
« leur sont communs, un groupement de délégués des Sociétés laïques
« d'enseignement populaire soit formé. »

M. LE PRÉSIDENT. — Cette question est excessivement difficile à résoudre. Permettez à un des plus vieux agents de ces Sociétés de vous dire que tout cela a été étudié et que jamais nous n'avons pu aboutir. Voici ce que nous avions trouvé de mieux, et ce que selon moi, il y aurait encore de mieux à faire : il y a à Paris beaucoup de Sociétés d'enseignement populaire : Il y a la Ligue de l'enseignement qui rayonne à peu près partout et qui peut rendre les plus grands services; puis, à côté d'elle, l'Association Polytechnique, l'Association Philotechnique, l'Union Française de la jeunesse et la Société pour l'Instruction élémentaire ; eh bien ! je crois que si dans chacune de ces Sociétés on nommait une commission de deux ou trois membres se réunissant périodiquement pour étudier les questions d'intérêt général, c'est ce qu'il y aurait de mieux, parce que, comme on vous le disait tout à l'heure, nos intérêts ne sont pas les mêmes. Les intérêts de la vieille Société pour l'Instruction élémentaire ne sont pas ceux, par exemple, de l'Association Polytechnique : celle-ci fait ses cours le soir ; nous, nous les faisons dans la journée ; l'Association Polytechnique s'adresse aux personnes, nous nous adressons à l'enseignement complet, nous examinons les livres, les méthodes. Les intérêts de toutes ces Sociétés sont différents : comment voulez-vous les grouper ? Il est fort joli de le proposer en théorie, mais j'avoue qu'en pratique je n'y crois pas du tout.

Permettez-moi à mon tour d'exprimer un vœu, c'est que dans chacune de ces Sociétés on désigne une commission composée de deux ou trois membres, ou même simplement du secrétaire général, devant se réunir à des époques fixées pour étudier les questions d'enseignement populaire, en particulier dans le département de la Seine où nous sommes.

M. Roy. — Nous sommes à Paris, seulement Paris n'est pas la France tout entière. Et la province, qu'est-ce que nous en faisons ? Je ne suis pas de la province, je suis parisien ! Si une modification doit se faire ce n'est pas seulement à Paris, c'est dans toute la France. Je ne crois pas que nous puissions faire, quant à présent, une fédération avec les Sociétés étrangères parce que nous n'avons pas les mêmes principes, mais le but de la proposition, c'est une fédération nationale.

M. Joseph Leblanc. — Les questions personnelles détruisent en quelque sorte l'intérêt général, ou tout au moins lui font un grand tort. Il y a une question à se poser : Y a-t-il intérêt ou non à unir nos efforts pour le bien commun ? Je crois qu'il est d'un intérêt capital pour la cause que nous défendons de concentrer tous nos efforts : nous obtiendrons des résultats d'autant plus grands que nous serons groupés par un lien commun.

Le mot « fédération » effraie peut-être quelques-uns. Mais, je n'ai pas eu l'intention d'imposer la fédération, ni au Congrès, ni même aux Sociétés qui ne voudraient pas y adhérer, j'ai voulu seulement poser le principe ; j'ai dit à nos collègues : nous sommes au seuil d'un siècle qui sera certainement encore plus grand que celui qui vient de s'écouler, ne serait-il pas sage, alors que nous allons célébrer le centenaire de l'éducation populaire, de consacrer ce centenaire par une œuvre remarquable ? Eh bien ! cette œuvre, à mon avis, c'est l'union de toutes les Sociétés laïques d'enseignement populaire, et je crois que ce sera le couronnemment de notre œuvre centenaire.

Il s'agit d'un vœu à émettre par le Congrès et d'une Commission à nommer; les Sociétés qui ne voudront pas adhérer à la fédération n'y adhèreront pas ; nous réunirons quelques collègues pour constituer un noyau, ce noyau grossira dans l'avenir. Ce que je vois surtout, c'est l'union, et cette union est une question de principe. Je vous demande de faire abstraction — pardonnez-moi le mot — des questions de personnes, et de ne voir que l'intérêt général.

M. ÉDOUARD PETIT. — Je suis bien de l'avis de M. le Président, la question n'est pas facile, mais ce n'est pas une raison pour en repousser l'examen. Nous ne sommes pas ici pour résoudre des questions faciles, nous sommes ici pour discuter des questions de solution malaisée.

Je me rallie absolument à l'idée de M. Leblanc. Il est incontestable que le mot fédération fait peur à quelques-uns, mais vous devez avoir une *Union* des Sociétés d'instruction et d'éducation populaire laïques de France? Pourquoi? Parce qu'il y a une autre union en face des Sociétés laïques. Au nom des principes de liberté, de justice et de vérité, nous devons avoir une Union où ces principes soient nettement affirmés! (*Applaudissements*).

Tout à l'heure on a rendu justice à la Ligue de l'enseignement; ce n'est pas moi, qui en suis vice-président, qui écarterai l'idée de prendre la Ligue de l'enseignement comme centre de cette union des Sociétés laïques d'instruction populaire, mais j'avoue que je n'avais pas qualité pour la présenter; mais puisque tout à l'heure M. le président de la Section a eu l'idée de mettre en avant la Ligue de l'enseignement, je me rallie entièrement à son opinion.

On a dit que les intérêts des Sociétés étaient quelquefois divergents, mais c'est précisément parce qu'ils sont divergents que je vous demande de les faire converger vers le même but; c'est parce que, quand je vais dans une grande ville, je vois une Société fonder des cours exactement semblables à ceux déjà existants, c'est parce que je vois qu'il y a parfois rivalité entre ces Sociétés pour obtenir des subventions, c'est parce que je vois des Sociétés faisant très bien leur devoir qui se trouvent évincées des subventions dont elles jouissaient auparavant, que je suis obligé de vous dire : « Prenez garde : il y a multiplicité excessive, dispersion du corps enseignant. »

Je vous demanderai donc de fonder un Comité, non-seulement national, mais international. N'oubliez pas que le Jury des récompenses vient de fonder un Comité international d'instruction et d'éducation laïques, que les représentants de l'étranger qui ont été membres du Jury des récompenses sont délégués officiellement à ce Comité par les pays qu'ils représentent, que d'un autre côté les œuvres post-scolaires y sont représentées, que la presse de l'enseignement y a quatre délégués, dont j'ai l'honneur d'être; vous ne pouvez pourtant pas vous exclure de votre plein gré d'un Comité où vous devez être représentés alors que les nations étrangères le sont — quelques-unes au moins — au nom de l'éducation populaire et laïque. Je ne vois pas en quoi les intérêts de Sociétés urbaines, rurales, parisiennes, provinciales, puissent s'entrechoquer au point qu'elles s'excluent les unes les autres et qu'elles ne puissent pas se fondre dans l'harmonie d'un Comité international.

Je vous demande, Messieurs, de déléguer quatre de vos membres, que vous choisirez et nommerez immédiatement, à ce Comité international de l'instruction laïque et de l'éducation populaire. Il y a déjà là un moyen de vous faire représenter.

Remarquez que votre rôle a été singulièrement atténué depuis quelques années, puisqu'aucun de vous ne fait, au titre de l'éducation populaire, partie du Conseil supérieur de l'instruction publique. Je ne sais si vous y avez fait attention, mais peut-être serait-il bon de demander qu'un membre élu par les Sociétés d'éducation populaire de France fasse partie du Conseil supérieur de l'instruction publique...

M. Roy. — Je demande l'utilité de votre plaidoyer au fond! (*Rumeurs*).

M. ÉDOUARD PETIT. — Je ne fais pas un plaidoyer au fond. Je vous demande simplement de voter un vœu tendant à ce qu'un délégué des Sociétés d'instruction populaire pour Paris, et un autre pour la province, soient envoyés au Conseil supérieur de l'instruction publique. Je ne pense pas que cela puisse rencontrer une grande opposition. Je vous demande qu'un Comité d'études veuille bien mettre à l'ordre du jour cette question de l'union des Sociétés d'instruction populaire, et enfin que vous déléguiez deux de vos membres au Comité international — ceci, je vous le demande d'une façon ferme.

Vous devez vous entendre entre vous, vieilles Sociétés parisiennes e provinciales, et vous devez pouvoir aboutir. Il est incontestable que nous sommes arrivés aujourd'hui à un moment où toutes nos discussions doivent tomber, où toutes nos divergences d'idées doivent se combiner en une action commune pour le progrès de la démocratie et de la République! (*Applaudissements.*)

M. GUÉRARD. — Je demande qu'on nomme une Commission qui étudiera la question : elle est trop complexe, trop délicate, pour qu'on vote immédiatement.

M. DE MONTRICHER. — Je n'avais pas l'intention de prendre la parole dans cette discussion, parce que la question pour laquelle je suis inscrit est absolument analogue, mais je suis à la disposition du Congrès pour développer les quelques considérations que j'ai à lui exposer sur la question que j'ai à examiner et qui est absolument analogue à celle en discussion maintenant : celle de la fédération des œuvres post-scolaires que nous avons réalisée à Marseille.

Je ne puis m'empêcher, jusqu'à un certain point, de m'étonner que ce soit un membre d'une Société post-scolaire de Marseille qui vienne requérir contre la fédération des Sociétés d'enseignement, alors que cette fédération a été réalisée à Marseille, et que la Société à laquelle appartient notre honorable collègue a adhéré à cette fédération, et que le délégué de cette Société n'est autre que le très honorable M. Abeille, représentant de la Société Académique de comptabilité, qui fait partie de notre Bureau. Si vous le jugez à propos, je vais vous faire connaître en quelques mots ce que nous avons fait à Marseille à ce point de vue, et alors on pourra continuer l'examen du vœu qui doit consacrer cette discussion.

Je vous ferai grâce du rapport que j'ai préparé, d'autant plus que je ne pourrais que répéter une partie des réflexions qui ont été faites; je me bornerai à dire qu'à l'instigation de notre très honorable ami M. Édouard Petit, qui est une sorte d'apôtre non-seulement de la vulgarisation scientifique et de l'éducation populaire, mais encore de cette fédération que je crois être absolument nécessaire des forces pédagogiques de la France, nous avons à Marseille organisé cette fédération après la constitution de l'Association Polytechnique.

M. DE MONTRICHER entre alors dans de très intéressants détails sur l'Association Polytechnique et différentes autres Sociétés d'enseignement de Marseille et sur leur réunion en une Université populaire autorisée sous le nom de « Fédération de l'enseignement supérieur du peuple. » Le Bureau comprend des délégués de toutes les Sociétés adhérentes et des représentants officiels de l'Instruction publique.

L'orateur poursuit en ces termes : Je tenais à vous citer cette fédération de Marseille, parce qu'elle a réussi, parce qu'elle est entrée dans le domaine de la pratique. Donc une fédération dont les liens seraient moins serrés et qui réunirait toutes les Sociétés d'enseignement populaire de France, serait parfaitement praticable.

Il est un argument qui a été présenté par la personne qui me contredisait tout à l'heure : qu'il est absolument inutile et même fâcheux que des Sociétés n'ayant entre elles aucun lien soient réunies, et que, par exemple, il serait insensé de vouloir placer dans la même catégorie la Chambre de commerce composée de réactionnaires et la Bourse du travail qui a dans son sein des socialistes et des révolutionnaires. Eh bien! je suis étonné qu'une pareille théorie soit soutenue dans cette enceinte; il me semble au contraire que cette antinomie qui existe entre la Chambre de commerce et la

Bourse du travail, nous avons pour devoir et pour souhait de la faire disparaître, et d'amener ce rapprochement social qui est l'un des buts de l'enseignement populaire, de façon à permettre à tous de travailler en commun et de s'aimer. Voilà un des côtés de la question, et ce n'est pas l'un des moins intéressants.

Une Voix. — Nous sommes ici un congrès d'enseignement, mais non un congrès chargé de discuter des questions politiques.

M. de Montricher. — Je ne crois pas avoir fait d'incursion dans le domaine politique.

La fédération a été continuée à Marseille par la création de la Société d'enseignement supérieur qui a la mission de centraliser l'enseignement populaire, par ce qu'on a appelé l'extension universitaire, qui est si florissante en Angleterre. L'extension universitaire qui a rendu en Angleterre de très grands services à la cause sociale pourrait se pratiquer en France, et nous nous demandons si le mouvement de la fédération d'enseignement populaire ne doit pas, pour entrer dans le vœu de M. Édouard Petit, se combiner avec l'extension universitaire. Est-ce qu'il ne serait pas souhaitable de s'entendre avec la Société d'enseignement supérieur et avec les sections départementales de cette Société pour créer une espèce de Commission qui s'occuperait de l'extension de l'enseignement populaire? La Société d'enseignement supérieur ayant discuté la question en congrès, il a été émis un vœu pour que l'extension universitaire soit placée sous le patronage immédiat de l'Université; je crois qu'il y a là un élément qui peut être utile à la discussion à laquelle nous nous livrons en ce moment, et que l'on pourrait introduire dans le vœu quelque chose qui réunit ces deux éléments.

M. le Président. — J'appelle, mes chers collègues, toute votre attention sur les conclusions que va vous donner M. Édouard Petit.

M. Édouard Petit. — Je vous apporte simplement les vœux; voici le premier :

« Que deux délégués, l'un de Paris, l'autre de province, puissent être
« élus au Conseil supérieur de l'instruction publique. »

M. le Président. — Je mets aux voix ce premier vœu.
— Adopté.

M. Édouard Petit. — Voici le second : « Qu'un Comité d'études,
« élu par le Congrès, mette à l'ordre du jour soit la fondation d'une
« Union des Sociétés laïques d'instruction populaire, soit l'utilisa-
« tion à cet effet de la Ligue de l'enseignement. »

Plusieurs voix. — Nous demandons la division.

M. Édouard Petit. — On pourrait voter sur la première partie ainsi conçue :

« Qu'un Comité d'études élu par le Congrès, mette à l'ordre du jour
« la fondation d'une union des Sociétés laïques d'instruction populaire. »

M. le Président. — Je mets ce vœu aux voix.
— Adopté.

M. Rotival. — Dans la proposition de M. Édouard Petit, il est dit que c'est le Congrès qui nommera les délégués, mais certaines Sociétés ne sont peut-être pas représentées. Je voudrais qu'il fût dit que les Sociétés d'enseignement populaire nommeront les délégués qui constitueront cette union.

Une voix. — Mais il s'agit d'un comité d'études.

M. Rotival. — Il y a certaines Sociétés qui ne sont pas représentées; or, si l'on veut faire une union, il est évident qu'il faut qu'elles le soient toutes. Il faudrait faire nommer des délégués par les Sociétés d'enseignement pour constituer le comité d'études.

M. Seguy. — Il y a quelque chose qui serait bien simple : pourquoi ne pas donner lecture du premier vœu que la question a fait naître? Si nous votons ce premier vœu nous n'aurons plus à examiner les autres.

M. Édouard Petit. — Voici le vœu de M. Rotival :

« *Considérant que plusieurs Congrès ont émis le vœu qu'un Bureau international de l'enseignement soit constitué pour fonctionner d'une manière permanente, le Congrès des Sociétés laïques d'enseignement populaire donne son adhésion à la création de ce Bureau et demande que les Sociétés d'enseignement populaire y soient représentées* ».

Je me rallie au vœu de M. Rotival, parce que je veux éviter qu'on se trouve en face de deux organisations contradictoires.

M. Roy. — A la cinquième section ce programme est entièrement élaboré sous ce titre : « Ouverture d'un Bureau international des sociétés populaires. » Nous allons donc au-devant d'un vœu qui sera examiné plus tard.

M. Édouard Petit. — Eh bien, ce sera du temps de gagné.

M. Joseph Leblanc. — Ce que j'ai demandé, c'est ce que l'on propose ici. Nous sommes entre Français et le mot fédération n'a pas de sens douteux. Il s'agit des Sociétés représentées par un comité central, chacune d'elles conservant son autonomie; le mot fédération n'a jamais eu d'autre sens. En émettant le vœu qu'une fédération soit faite je ne vois pas en quoi le Congrès s'engage. Il serait bien simple de rester dans le débat primitif et de dire : « Le Congrès émet le vœu qu'une fédération sera faite et décide qu'une commission sera chargée d'élaborer les statuts ».

M. Édouard Petit. — Vous ralliez-vous à la proposition de M. Rotival?

M. Joseph Leblanc. — Je n'ai pas de raisons de me rallier à une proposition qui est la mienne!

M. Édouard Petit. — Ce n'est pas un ralliement, c'est une concentration. (*Sourires*).

M. le Président. — Permettez-moi de vous relire la proposition de M. Rotival qui, je crois, donne satisfaction à tout le monde :

« Considérant que plusieurs Congrès ont émis le vœu qu'un Bureau international de l'enseignement soit constitué, etc... »

Je mets ce vœu aux voix. — Adopté.

Nous avons maintenant d'autres propositions ; voulez-vous que les secrétaires en prennent connaissance et vous soumettent les vœux ? (Adhésion).

La parole est à M. Grélez.

M. Grélez. — Voici mes vœux :

« 1° Que la fréquentation des cours d'adultes soit obligatoire pour les illettrés ;

« 2° Que les contraventions contre cette obligation soient l'objet d'un procès-verbal et entraînent une augmentation de la durée du service militaire ;

« 3° Que les cours d'adultes, gratuits pour les élèves, soient rétribués par les communes, à raison de deux francs par soirée et par maître ».

M. Lazard. — Je suis totalement opposé au premier vœu concernant les illettrés ; on doit pouvoir acquérir la science si on le veut et s'en passer si on le désire : c'est ce qu'on appelle la liberté.

M. le Dr Salmon. — Je n'admettrai pas la seconde partie du vœu qui consiste à obliger les illettrés n'ayant pas suivi les cours du soir à rester plus longtemps sous les drapeaux. Nous devons y être opposés pour toutes sortes de raisons, et je crois que sur ce point nous serons tous d'accord. Je combattrai également la troisième proposition consistant à enlever les subventions accordées aux Sociétés d'enseignement populaire pour les donner aux instituteurs. Je suis d'avis qu'on récompense les instituteurs. Dans nos Associations Polytechnique, Philotechnique et autres, nous ne pouvons pas présenter un professeur de lycée pour les palmes, on refuse de les lui donner sous prétexte qu'il les aurait trop tôt ; il paraît qu'il y a un règlement qui empêche absolument de leur donner les palmes avant un certain temps. C'est contre cela que nous devons nous élever. Les professeurs de l'État doivent obtenir des récompenses absolument comme les autres professeurs de nos Associations. Pourquoi donc ces professeurs qui, après avoir fait toute la journée de l'enseignement payé, viennent faire le soir de l'enseignement gratuit, n'auraient-ils pas les mêmes droits que les autres ? Il y a là une injustice absolue. Je demande donc à greffer sur la question soulevée par notre collègue l'ordre du jour suivant :

« *Le congrès des Sociétés laïques d'enseignement populaire, considé-*

rant qu'il serait utile d'encourager et de récompenser au même titre ceux qui leur apportent leur dévoué concours, émet le vœu que, sans se préoccuper de la hiérarchie, on accorde les mêmes distinctions honorifiques à tous leurs professeurs, qu'ils soient libres ou qu'ils appartiennent à l'État. »

M. Bernot. — Je suis contre la première partie du vœu de M. Grélez, attendu que la plupart du temps les illettrés sont astreints à des besognes fatigantes et qu'il serait impossible de les obliger à fréquenter les cours d'adultes. Je ne suis pas non plus pour la sanction pénale; mais j'admettrais volontiers la troisième partie.

Quand, en 1894, on nous a priés de faire une nouvelle expérience relativement aux cours d'adultes, nous nous sommes attelés à la besogne. Nous avons trouvé que les cours d'adultes étaient surtout utiles à ceux qui avaient déjà acquis une bonne instruction primaire, et nous avons démontré que les cours d'adultes étaient nécessaires. Ils doivent être une institution nationale; les instituteurs en doivent être chargés et ils doivent être rétribués en conséquence. Quant aux récompenses qu'on leur accorde on pourrait les étendre à l'aide d'un crédit qu'on voterait.

M. Boutillier. — Il me semble que ce vœu concernant la rétribution des instituteurs qui font des cours d'adultes ne rentre pas du tout dans le caractère de notre Congrès qui est un congrès des Sociétés populaires. Je demanderai que cette partie du vœu soit absolument supprimée comme sortant de notre programme.

M. le Président. — Je ne crois pas que nous soyons compétents pour juger cette question-là. Ce sont les communes qui votent des fonds pour rétribuer les instituteurs ou les adjoints qui font des cours d'adultes; je ne pense pas que nous ayons qualité pour traiter cette question.

Je mets aux voix le vœu de M. Salmon.

— Adopté.

La parole est à M. Arcambeau.

M. Arcambeau. — Voici les quatre conclusions que je propose en ce qui concerne l'enseignement des langues vivantes dans les cours d'adultes :

1° *Augmentation, pour les langues vivantes, du nombre des leçons hebdomadaires et prolongation des cours.*

2° *Invitation à abandonner tout livre suranné, et, quelle que soit la méthode employée, prédominance de l'enseignement verbal.*

3° *Organisation de séances de conversation, de conférences, de soirées littéraires et musicales, et de lectures.*

4° *Organisation d'une correspondance internationale entre les meilleurs élèves des cours d'adultes.*

M. Roy. — Nous sommes d'autant plus d'accord sur ce vœu qu'en ce moment il y a dans les Associations des cours de langues étrangères qui sont faits dans la langue elle-même. La Société pour la propagation des langues étrangères est dans ce cas.

M. Arcambeau. — Je parle dans ma communication de la Société pour la propagation des langues étrangères, mais j'avais également en vue d'autres Sociétés. Je connais l'Association pour la propagation des langues étrangères qui est essentiellement parisienne, et j'ai envisagé l'extension de ce vœu à la province. Vous savez qu'il y a quelques années un professeur du lycée de Draguignan a conçu l'idée de la correspondance internationale entre des élèves de l'enseignement secondaire. Pour ma part, j'ai contribué à l'organisation de cette correspondance en Allemagne. Aujourd'hui plus de 16,000 personnes sont en correspondance. Jusqu'ici, malheureusement, je ne crois pas qu'il y ait dans nos Sociétés d'adultes de correspondances établies, surtout dans les conditions où elles peuvent l'être; c'est pourquoi j'ai formulé mon quatrième vœu.

M. le Président. — Je suis heureux de pouvoir vous dire que cela se fait dans presque toutes les Associations à Paris; mais vous avez raison de dire qu'il est utile que cela se propage.

Je mets aux voix le vœu de M. Arcambeau.

— Adopté.

La parole est à M. Viales.

M. Viales. — Nous avons jusqu'à présent discuté des questions certainement très intéressantes, mais d'ordre plutôt général; je voudrais, moi modeste instituteur, vous entretenir de questions plus pratiques. Organiser des Sociétés d'instruction populaire est chose très facile sur le papier, l'important est d'amener les jeunes gens à venir aux réunions. Il y a six ans que je m'occupe de cours d'adultes; jusqu'à l'année dernière je n'ai réussi, sauf la première année, qu'à avoir un nombre d'élèves absolument dérisoire. La première année j'ai eu 30 à 40 élèves, la deuxième 15, la troisième 10, la quatrième j'ai supplié les familles de vouloir bien m'envoyer leurs enfants, et enfin la cinquième année j'avoue sans fausse honte que j'ai été obligé de fermer mon cours faute d'élèves.

Je crois que la création de Sociétés d'anciens élèves est appelée à rendre de très grands services pour la prospérité de n^s cours d'adultes. Je ne veux pas entrer dans d'autres détails à c^t égard, je signale simplement ceci : j'ai à lutter contre beaucoup de difficultés, mais j'ai réussi à fonder une Association amicale qui compte plus de 300 membres, et j'espère que j'obtiendrai de cette association une collaboration très utile pour mes cours d'adultes.

J'ai donné à cette Association amicale une tournure directement utilitaire. Lorsque j'ai commencé ma souscription j'ai rencontré des enthousiastes, plusieurs indifférents et quelques hostiles, même parmi les membres de l'Université ; je vis que la chose ne marchait pas ; alors j'eus l'idée d'acheter chaque année avec les fonds quelque chose qui pût être utile aux populations agricoles ; ainsi j'ai acheté un appareil pour mesurer le degré d'alcool des vins ; eh bien ! je n'aurais pas eu autant d'adhésions si je n'avais pas acheté cet appareil. Voici mon vœu :

« *Le congrès émet le vœu de la création de Sociétés d'anciens élèves, pour attirer et retenir les élèves aux cours d'adultes.* »

M. LE PRÉSIDENT. — Je mets aux voix le vœu de M. Viales.

— Adopté.

La parole est à M. le Secrétaire pour donner lecture des conclusions des mémoires de certains de nos collègues, qui sont absents ou qui ne sont pas désireux de les présenter eux-mêmes.

M. LE SECRÉTAIRE. — M. Bidart devait parler sur l'Education familiale et sur la Société de parents éducateurs. Voici ses vœux :

« *1° Que des leçons sur l'art d'élever les enfants dans la famille soient faites dans les cours d'adultes (jeunes filles et jeunes gens).*

« *2° Qu'il soit créé des Cercles de parents éducateurs et amis de l'école.* »

M. GUSTAVE FÉOLDE a présenté une étude sur l'organisation de cours du soir dans une commune ; il est donné lecture d'une partie de son mémoire.

M. KOWNACKI. — La personne qui a fait ce rapport donne comme exemple l'Association Polytechnique de Fontenay-sous-Bois où les cours du soir sont séparés pour les jeunes gens et les jeunes filles ; autrement dit, ils ne sont pas mixtes. Je crois que cette séparation donnée comme modèle ne peut pas être votée.

M. LE PRÉSIDENT. — La grosse question qui vous préoccupe c'est qu'il y a des cours qui ne sont pas mixtes ; il me semble qu'il n'y a pas à émettre de vœu sur cette question.

M. KOWNACKI. — Vous acceptez le vœu ?

M. LE PRÉSIDENT. — Il n'y a pas de vœu.

UNE VOIX. — Il n'y a qu'à donner acte de la communication et à passer à l'ordre du jour.

— Adopté.

M. LE SECRÉTAIRE. — M. Lettery veut bien renoncer à la parole sur son mémoire « Énoncé des questions à étudier sur l'écriture. » Mais il demande que le vœu suivant, qui en forme la conclusion soit porté à la connaissance du Congrès.

« *Que ceux qui ont à écrire écrivent lisiblement et suivant les règles de l'art, afin de ne point créer de difficultés à ceux qui sont appelés à lire des manuscrits.* »

Ce vœu est adopté.

Mlle Meyer devait parler sur « l'Enseignement populaire »; voici comment elle conclut :

« Quand l'enseignement populaire aura pour programme de développer l'homme comme être social utile à lui-même et aux autres, de permettre à la femme de remplir surtout son rôle de mère et d'éducatrice, il aura véritablement rempli sa tâche. »

Plusieurs voix. — L'ordre du jour.

M. le Président. — Êtes-vous d'avis que nous donnions acte à Mlle Meyer de sa communication et que nous passions à l'ordre du jour?

— Adopté.

Voici une autre proposition faite par Mlle Schweig :

« Le Congrès de la condition et des droits de la femme vient de voter des vœux dans sa séance de samedi pour que toutes les fonctions libérales ou autres soient accessibles sans distinction de sexe...... »

Une voix. — Je crois que cette question échappe au Congrès.

M. le Président. — Voulez-vous que nous prenions acte de cette communication et que nous passions à l'ordre du jour ou bien voulez-vous entendre la communication de Mlle Schweig? (Oui, oui!)

Mlle Schweig. — Je vous demande pardon pour ce vœu, mais il est en réponse à la proposition de cours de comptabilité qu'on avait faite sans mettre de vœu aux voix. Pour les cours d'hygiène et de comptabilité, des propositions très intéressantes ont été faites au Congrès des droits de la femme qui vient de se terminer. J'ai pensé que ce vœu pouvait répondre à toutes les questions, car il a été décidé que des cours professionnels mixtes seraient faits pour faciliter l'accès de toutes les carrières aux deux sexes.

Un congressiste. — Ces cours existent déjà. Il faudrait que nos Associations fissent des cours pour faciliter aux femmes l'accès des professions libérales. Malheureusement ou heureusement, nos cours ne sont pas faits pour faciliter aux hommes ni aux femmes l'accès des professions libérales, ils sont faits pour nos enfants de la démocratie; dans ces conditions, nous n'avons pas à parler ici des professions libérales. Vous demandez des cours de comptabilité pour les femmes; je crois qu'à cause de cela même nous devons passer à l'ordre du jour; mais je déclare que je serais très partisan de l'arrivée des femmes aux professions libérales.

M. Lebrard. — Il est des Associations où l'on essaie d'aider ceux qui se destinent aux professions libérales. Je demande donc que ce vœu soit pris en considération, parce que nous pouvons aider les femmes à acquérir l'égalité dans les professions.

Un congressiste. — Il n'y a peut-être pas à discuter ce vœu puisque les cours professés dans toutes les Sociétés s'adressent aux hommes et aux femmes. La surface sur laquelle s'étendent ces cours leur permet d'embrasser toutes les carrières ; la tendance de nos Associations est de répandre l'instruction sous toutes ses formes.

Une voix. — Il est certain que nos Associations n'ont pas pour but de préparer les jeunes gens aux professions libérales.

M. Joseph Leblanc. — Dans le vœu qui vient de nous être présenté, et qui est à mon avis excessivement intéressant, il y a, je crois, deux questions d'ordre un peu différent : il y a la question de sentiment et la question politique. Évidemment, parmi nous la question de sentiment est toute tranchée puisque nous faisons partie d'Associations qui mettent la femme sur le même pied que l'homme dans l'enseignement, qui donnent à la femme des droits égaux à cet enseignement. La seconde partie du vœu, qui est la question politique, est plus délicate. Peut-être, si nous votions le vœu tel qu'il est présenté serions-nous entraînés à mettre les droits politiques de la femme en face des droits politiques de l'homme.

M. Léon Ricquier. — Mais cela ne nous regarde pas !

M. Joseph Leblanc. — Je devrais peut-être employer les mots « les droits sociaux de la femme. » Si nous considérons purement et simplement la question d'enseignement, nous sommes d'accord ; si nous considérons la question sociale nous ne serons peut-être plus d'accord. Je crois que nous pouvons voter un vœu disant que le Congrès serait désireux de voir l'enseignement mixte vulgarisé d'une façon générale. Nous voulons faire des citoyens et également des citoyennes, mais surtout des hommes et des femmes utiles.

Une voix. — Il n'y a pas lieu de discuter, il n'y a qu'à donner acte de la communication.

M. le Président. — Etes-vous d'avis de donner acte de la communication et de passer à l'ordre du jour ?

— Adopté.

Voici une autre proposition émanant de M. Colombié.

« Le Congrès émet le vœu que l'enseignement de la cuisine ménagère soit développé au double point de vue hygiénique et pratique ».

Cette proposition est renvoyée à demain, lors de la discussion des questions d'enseignement professionnel.

La séance est levée à 3 h. 1/4.

Barriol et Emile Decaisne.

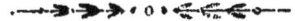

SÉANCE DU MARDI 11 SEPTEMBRE 1900
(MATIN)

2e SECTION. — Conférences et Enseignement par l'aspect.

Président : M. le Dr MEUNIER, administrateur de la Société des Conférences populaires.
Vice-Président : M. LÉON RICQUIER, président de la Société de Lecture et de Récitation.
Secrétaire : M. MANTELE1, secrétaire général adjoint du Cercle populaire d'Enseignement laïque.
Rapporteur : M. H. PERDRIX, secrétaire général de l'Union française de la Jeunesse.

La séance est ouverte à 9 h. 3/4. Le président appelle l'attention des membres du Congrès sur les importants mémoires qui sont présentés; puis il donne la parole à M. Pierre Nicolas, commissaire de l'Indo-Chine à l'Exposition universelle, ancien administrateur général de la Société des conférences populaires, trésorier du Congrès.

I. — *L'enseignement colonial laïque et le rôle des missionnaires religieux dans les colonies.*

M. PIERRE NICOLAS donne quelques explications préliminaires sur le rôle des missionnaires religieux dans l'enseignement colonial, puis il ajoute :

Il y a place, aux colonies, pour un enseignement laïque, et c'est dans cet ordre d'idées que les efforts de tous ceux qui s'occupent d'enseignement colonial doivent tendre, à mon sens. J'ai résumé cette question dans quelques pages qui vous seront distribuées d'ailleurs tout à l'heure. Il vous appartient de juger, de discuter même, tout de suite si vous voulez bien, et je ferai tous mes efforts pour vous répondre. Et peut-être, de cette discussion sur une question nouvelle et actuelle, pourra sortir un courant d'enseignement colonial et laïque qui, j'en suis persuadé, doit contrebalancer l'enseignement congréganiste pour le plus grand bonheur de nos colonies françaises. C'est, du moins, l'appréciation que j'en ai. (*Applaudissements*).

M. PIERRE NICOLAS donne lecture de son mémoire, qui est vivement applaudi (voir la 3e partie) ; puis il conclut ainsi :

« Voilà, Messieurs, en quels termes j'ai précisé l'état de la question telle qu'elle m'est apparue après des études coloniales approfondies et faites sur place. Je crois qu'il faut organiser — et nous sommes bien ici dans les termes de notre Congrès — à côté de l'enseignement religieux, un enseignement populaire laïque. La Société des conférences populaires, dont je vous parlais tout à l'heure, est entrée résolûment dans cet ordre d'idées. Elle a suivi son chef, M. Paul Doumer, et je crois que nous pouvons seconder ce grand administrateur colonial en jetant dans les jeunes âmes et dans les esprits qui viennent très assidûment écouter nos conférences, les principes qui appartiennent au gouvernement républicain et démocratique, et que nous considérons comme des principes sains et des principes d'avenir. Donc, opposition à tout enseignement confessionnel, d'un enseignement laïque; opposition à toutes les spéculations de sentiment sur le terrain colonial, par des conférences et un enseignement pratique donnant aux jeunes âmes et aux bonnes volontés des principes sérieux et des renseignements utiles. Voilà, en deux mots, comment l'enseignement colonial peut jouer un grand rôle, soit dans nos cours d'adultes, soit dans nos conférences populaires.

Je soumets ces quelques observations aux délibérations de l'Assemblée, en étant persuadé que tout le monde doit être de cet avis et comprendre qu'à la fin de notre siècle il n'y a plus de place pour toutes ces vieilles erreurs, et que, pour marcher sur un terrain pratique, il faut entrer résolûment dans la voie de l'enseignement laïque.

M. Jules Henriet, de Marseille. — Je suis resté pendant environ quinze ans dans nos colonies et à l'étranger en qualité d'ingénieur en chef. Je viens confirmer d'un bout à l'autre ce que dit M. Pierre Nicolas. Pendant que j'étais fonctionnaire du gouvernement français j'ai eu à répartir des fonds du ministère de l'Instruction publique entre les écoles françaises établies en Orient. Partout j'ai trouvé l'enseignement français entre les mains des Franciscains ou de Jésuites. Je dois dire que les Jésuites donnent un enseignement excellent au point de vue de la littérature et de la science; mais ils ont très peu d'établissements en Orient et en Égypte, où j'étais, et la plupart des écoles sont entre les mains des Franciscains. Les Franciscains sont italiens, tous ennemis acharnés de la France. Or, la France remet des fonds aux Franciscains pour combattre la France : c'est là une anomalie extraordinaire. J'ai lutté tant que j'ai pu contre cela, mais je n'étais qu'un pauvre ingénieur, je n'avais qu'à faire des rapports...

Je citerai ce fait : Un jour j'avais de l'argent à distribuer, de la part du Ministère de l'Instruction Publique, aux écoles d'Orient. Je suis allé d'école en école, et quelle ne fut pas ma stupéfaction en m'apercevant que dans une école française de Turquie, on ne parlait que l'allemand!

Je me joins donc à M. Pierre Nicolas, pour affirmer qu'il faut absolument arriver à un enseignement laïque. (*Applaudissements.*)

M. *le Président* met aux voix le vœu ainsi formulé par M. P. Nicolas :

Le Congrès des sociétés laïques d'enseignement populaire, constatant avec regret que l'enseignement dans les colonies est exclusivement donné par les congrégations religieuses, demande aux Gouvernements d'aider matériellement les Sociétés d'enseignement populaire désireuses d'y opposer l'enseignement général laïque.

Ce vœu est adopté à l'unanimité.

M. LE PRÉSIDENT donne la parole à M. Jacques Mottot, professeur à l'Association Polytechnique.

M. JACQUES MOTTOT donne lecture du mémoire dans lequel il expose un nouveau procédé idéographique pour l'enseignement de la lecture au moyen du *répétiteur phonique*, album d'images dont chacune ressemble à une lettre ou à un polygramme, et en indique la valeur par l'écho de la finale de son nom. (*Applaudissements*).

M. Mottot termine en demandant :

Que la méthode de lecture préconisée dans le « Répétiteur phonique » soit introduite d'une manière plus complète dans les Sociétés d'enseignement, dans les écoles et dans l'armée.

M. TELLIER fait remarquer que le Congrès est international et que les délégués étrangers ne sont peut-être pas à même d'apprécier la portée du vœu; qu'au surplus la plupart des auditeurs n'ont pas entendu le rapport.

M. HENRIET. — Pour des enfants, je crois la méthode excellente; mais il ne faut pas oublier que nous apprenons à lire à des personnes de quinze ans et plus, à des intelligences rétives. Je pense que le vœu eût été mieux à sa place dans un congrès pédagogique.

M. MOTTOT donne de nouvelles explications sur son système.

UN CONGRESSISTE. — Nous avons, au moins dans les Sociétés de province, des illettrés. Par conséquent, si la méthode est bonne, nous pouvons parfaitement l'admettre.

Mlle LOUISE DEBON, autorisée par le Président à prendre la parole quoique non congressiste, fait observer que la méthode serait peut-être bonne pour les enfants doués de mémoire visuelle, mais ne rendrait pas service aux auditifs. Je préfère, dit-elle, la vieille méthode où le son commence le mot au lieu de le terminer : elle ne désoriente pas l'oreille.

M. MOTTOT. — Mais ce qui reste le plus longtemps dans l'esprit c'est la dernière syllabe.

M. BERNOT. — La proposition de notre honorable collègue est, je crois, non pas une méthode, mais un procédé particulier à ajouter à nombre d'autres procédés excellents que nous trouvons dans toutes les méthodes de lecture. Je ne vois pas que nous ne puissions émettre un vœu en considérant que ce procédé-là peut donner d'excellents résultats, mais ce n'est qu'un procédé.

Le vœu proposé est adopté.

III. — Création de Musées communaux par les élèves des écoles communales.

M. LE BRETON, instituteur à Saint-Martin de la Place, expose, dans son mémoire, les avantages que pourrait donner aux élèves des écoles la création d'un musée communal rural ; il estime qu'il serait facile d'intéresser les élèves et leurs parents aux recherches que nécessiterait la formation de sections de Géologie, d'Archéologie, d'Histoire naturelle, etc. Notez bien, dit-il, que les élèves trouveraient dans cette collaboration, pendant leurs moments de loisir, une occupation aussi saine qu'intelligente, aussi morale qu'instructive. (*Applaudissements.*) — (Voir le mémoire, dans la 3e partie.)

M. LE BRETON propose donc au Congrès d'émettre un vœu favorable à la création de musées communaux ruraux par les instituteurs publics et en collaboration de leurs élèves.

M. JARRY. — Je prends la parole parce que le rapport est très intéressant et que tout le monde est persuadé que ceci donnerait de très bons résultats. Mais il faudrait introduire dans ce vœu les Sociétés d'instruction populaire et les œuvres post-scolaires, pour ne pas réserver les avantages du système aux écoles qui ne gardent leurs élèves que jusqu'à l'âge de quinze ans.

M. LE BRETON. — Ce que je veux faire serait précisément pour les paysans qui ne peuvent pas profiter des grands avantages des musées urbains.

M. PERDRIX. — Il faudrait, en effet, faire entrer dans le vœu les Sociétés d'enseignement populaire. Tel que le vœu est exprimé, le Congrès ne pourrait qu'en prendre acte et le transmettre au Gouvernement.

M. LE BRETON. — Je n'y vois pas d'inconvénient, mais il ne faudrait pas détruire l'économie du procédé, parce que les recherches doivent être faites par les élèves.

M. LE PRÉSIDENT. — On peut demander que les instituteurs soient encouragés par les Sociétés d'enseignement et le Gouvernement.

M. VIALES demande si ces musées communaux ruraux doivent faire double emploi avec les musées scolaires proprement dits. Nous enlèverions alors à notre enseignement le caractère général qu'il doit avoir.

M. LE BRETON. — Permettez-moi d'entrer dans quelques considérations pédagogiques. Si nous faisons un parallèle de ces deux sortes de musées, nous voyons que le musée scolaire instruit l'enfant en frappant ses sens, tandis que le musée communal l'instruit et le moralise. Le musée scolaire est surtout destiné à fournir à l'instituteur la matière des leçons de choses à faire. Les musées communaux seront absolument locaux, tandis que les musées scolaires ne le sont pas.

M. BERNOT. — Je crains que la création de ces musées confiés aux instituteurs soit une charge trop lourde pour eux. Je comprendrais la proposition de M. Le Breton ainsi corrigée : « Le Congrès émet le vœu que les Sociétés d'enseignement populaire favorisent le développement des musées scolaires au profit des adultes. »

La Section adopte à l'unanimité la rédaction suivante du vœu de M. Le Breton :

Le Congrès international des Sociétés laïques d'enseignement, considérant les nombreux avantages qui résulteraient de la création de musées ruraux par les instituteurs publics et en collaboration de leurs élèves, émet le vœu que les instituteurs soient encouragés par les Sociétés d'enseignement et par l'Administration supérieure à former ces musées.

IV. — De la conférence au régiment.

M. DEFRANCE, secrétaire général de la Société nationale des conférences populaires, avant de lire son mémoire sur les tentatives heureuses qui ont été faites pour répandre l'enseignement populaire laïque dans les corps de troupes, s'exprime ainsi :

« Je tiens d'abord à vous prévenir que le rapport que je vais avoir l'honneur de vous soumettre est d'un caractère bien national et non pas international. Je pense que les représentants des pays étrangers y trouveront néanmoins un avantage et pourront peut-être en appliquer le principe dans leurs nations respectives.

M. DEFRANCE donne alors lecture de son mémoire en commençant par énoncer le vœu suivant dont il propose l'adoption à l'assemblée :

« *Considérant que les projections lumineuses jouent un rôle très important dans les conférences faites à la troupe, le Congrès international des Sociétés laïques d'enseignement populaire, sur la proposition du Comité de la Société nationale des conférences populaires, émet le vœu que le décret de M. le Ministre du Commerce, de l'Industrie et des Postes et Télégraphes, autorisant à circuler en franchise par la poste les collections de vues photographiques pour projections du Musée pédagogique de l'État adressées au personnel enseignant, soit également appliqué aux officiers-conférenciers de l'armée française* ». — Puis il ajoute :

Le décret du 3 février 1896 est uniquement applicable au personnel enseignant. L'officier ne peut donc pas en profiter. Si, dans la ville où il tient garnison, il connaît personnellement un inspecteur ou un instituteur, il peut le prier de faire une demande de vues ; mais c'est un moyen peu pratique et que peu d'officiers peuvent employer. C'est pourquoi, Mesdames et Messieurs, j'ai soumis au Congrès le vœu dont je vous ai donné lecture au commencement de ce rapport.

Il faut dire encore que le Conseil d'administration de la Société des conférences populaires avait décidé de faire don à l'État des 4,000 vues qui composaient ses collections, de sorte que maintenant le Musée pédagogique possède une collection de 62,000 vues. C'est de ces 62,000 vues que nous voudrions que les officiers pussent profiter.

M. ROTIVAL. — Je demande la parole pour revenir aux Sociétés d'enseignement populaire. J'ai fait partie, au ministère de l'Instruction publique, de la Commission où furent traitées ces questions.

Je propose qu'à la suite de ce vœu il soit demandé que les membres des Sociétés d'enseignement populaire autorisées puissent aussi recevoir ces vues de l'État grâce à la franchise postale. (Applaudissements.)

M. HENRIET. — Je crains qu'avec cette circulation il y ait une complication considérable. Il faudrait créer des centres, établir des régions en France, et avoir des dépôts continuels dans les principales villes.

De Marseille, quand nous demandons des vues à Paris, c'est absolument comme de Pékin ; on ne les envoie guère, ou bien elles arrivent quinze jours après. Il faudrait des dépôts à Lyon, Marseille, Bordeaux, Toulouse, Nantes, et que la circulation se fît par régions.

M. DEFRANCE. — Je crois que le Gouvernement n'admettrait pas cette proposition, parce que, lorsque le décret du 3 février 1896 est intervenu, la Société des conférences populaires s'est engagée à assurer le service du Musée pédagogique. Ce service ne coûte rien à l'État qui ne s'est engagé qu'à augmenter le nombre des vues.

Dans ces conditions, il faudrait un musée pédagogique dans chacun des différents centres, mais le service ne pourrait plus être fait par notre Société.

M. HENRIET. — Vous pourriez avoir des représentants, nous sommes partout en communication avec vous.

M. LE PRÉSIDENT met aux voix le vœu de M. Defrance, suivi des mots : *ou aux conférenciers des Sociétés d'enseignement populaire.*

Ce vœu est adopté. La séance est levée à 11 heures 1/2.

MANIELEI et ZAYD.

SÉANCE DU MARDI 11 SEPTEMBRE 1900
(SOIR)

3ᵉ SECTION. — Enseignement professionnel.

Président : M. le Dʳ Peyré, ancien président de l'Union française de la Jeunesse.

Vice-Président : M. Boutillier, président de l'Association sténographique unitaire.

Secrétaire : M. Touzac, secrétaire de l'Association Polytechnique.

Rapporteur : M. Mardelet, vice-président de l'Association Polytechnique.

La séance est ouverte à 2 heures.

M. le Président. — Avant de donner la parole aux orateurs inscrits, permettez-moi de demander à ceux qui n'étant pas inscrits ont néanmoins des communications à faire, de vouloir bien les déposer sur le bureau, afin de faciliter la tâche du secrétaire. Ceux qui n'auraient pas de rapports importants pourraient nous apporter leurs vœux ou leurs conclusions. Il n'est pas inutile de rappeler le désir formellement exprimé par l'Assemblée de n'étudier dans les rapports que ce qui est d'intérêt général et de ne voter que sur les vœux absolument pratiques; je n'ai, par conséquent, pas besoin d'insister pour prier les orateurs de vouloir bien se conformer à ce désir, de façon à faire en très peu de temps la besogne la plus utile.

La parole est à M. Pihan.

M. Pihan donne lecture de son rapport intitulé : *L'enseignement professionnel doit-il toujours suivre un programme élaboré à l'avance?* — Voir la 3ᵉ partie. (*Applaudissements.*)

M. le Président. — Vous avez entendu la lecture du remarquable rapport de M. Pihan, qui soumet à l'assemblée le vœu suivant :

« *Que des cours de renseignements professionnels, techniques et commerciaux, soient créés autant que possible à côté des cours d'enseignement général actuellement existants.* »

M. Joseph Leblanc. — Je crois que la proposition qui vient de nous être présentée contient en elle-même un principe fort intéressant; mais je doute que, telle qu'elle est présentée, elle réunisse la majorité de l'Assemblée. En effet, il me paraît fort difficile de créer ces cours de renseignements. Nous pourrions faire un service de consultations scientifiques et industrielles, qui incontestablement pourrait donner de bons résultats. Vous savez que ces consultations sont à l'ordre du jour puisqu'on en crée dans les mairies au profit des administrés, et que, d'autre part, on voit des revu[es] scientifiques de tout ordre donner des renseignements au public. [Il] y a là une idée excellente pour nos élèves, qui font partie du [p]ublic. En dehors de cela il y a des questions d'ordre général et [p]articulier sur lesquelles il y aurait lieu de les éclairer et sur les[qu]elles ils seraient très heureux de recevoir des conseils. Je crois [qu]e cette idée est bonne sous la forme de consultations; de cette fa[ço]n, elle aura chance d'être acceptée; c'est à nous de lui donner une forme pratique.

M. KOWNACKI. — Je crois que la proposition de M. Lebla[nc] et celle de M. Pihan ne sont pas absolument les mêmes, mais que [ce]la n'empêche de les adopter toutes les deux. M. Pihan, si j'ai bi[en] compris, ne nous a pas seulement parlé d'établir des consultation[s] mais ce qu'il demande c'est que l'enseignement professionnel n[e] soit pas toujours un enseignement méthodique — l'expression n'est peut-être pas tout à fait exacte — et que la personne qui a besoin d'un enseignement très particulier ne soit pas obligée de suivre un cours général se terminant par des applications pratiques. Il nous a dit : Vous avez des jeunes gens qui ont des connaissances générales en physique et en chimie, et qui sont obligés de se perfectionner dans le maniement de certains instruments; il serait utile d'avoir un laboratoire pour leur permettre, par exemple, de se livrer à la lecture de certaines mesures d'instruments, et ce n'est pas une simple consultation qui leur permettrait d'atteindre ce but. Par conséquent, je crois que la section peut très bien adopter le vœu de M. Pihan, très spécial, et celui de M. Leblanc relatif à [c]es consultations.

M. PAGÈS. — Il faudrait s'entendre. Le vœu de M. Pihan est plus général que celui qu'on a émis au sujet des renseignements qui seraient donnés. Un élève vient suivre son cours pendant trois mois, une heure de cours lui suffit; le complément qu'on voudrait avoir, c'est que l'élève qui vient s'inscrire dise : Je désirerais être renseigné sur un sujet donné. Alors ce n'est pas le professeur qui fait le programme de son cours. Au point de vue électricité, l'un veut connaître les accumulateurs, l'autre par exemple connaît au point de vue théorique et non pratique les machines électriques, ce qui est absolument différent. Ce qu'on demande, c'est un cours de renseignements commerciaux, industriels et autres. Je crois qu'on peut comprendre de cette façon l'idée émise.

M. JOSEPH LEBLANC. — M. Kownacki a très bien fait ressortir la différence entre le cours de renseignements et celui de consultations. On pourrait établir des consultations sur toutes les matières que nous traitons. Je suis professeur de comptabilité et j'ai moi-même établi un service particulier ; je dis à mes élèves : avant même que vous ayez appris la comptabilité, si vous avez un renseignement comptable à me demander, faites-le. Mais il n'y a pas de service central organisé, un service dans lequel un membre de chacune des spécialités se trouve à la disposition des élèves pour donner des consultations. Il y a donc un ordre d'idées quelque peu différent ; c'est un véritable bureau de renseignements que nous devons créer. Voilà l'idée, je n'en ferai pas une affaire d'État, je la donne simplement, je crois qu'elle produira quelque chose et que, dans un certain délai, des bureaux de renseignements seront créés dans les Sociétés d'instruction populaire.

M. LE PRÉSIDENT. — C'est une agence de renseignements professionnels.

M. LEGUAY. — Ce cours de renseignements professionnels techniques, presque tous les professeurs le font. Je fais un cours d'électricité pratique, je n'ai pas de programme ; un groupe d'élèves me demande d'étudier une question, nous l'étudions ; on me demande l'expérimentation de la force, nous la faisons. Mon cours est absolument déterminé par les demandes des élèves.

La Section, consultée par le Président, admet le vœu proposé par par M. Pihan.

M. LE PRÉSIDENT. — La parole est à M. Joseph Leblanc.

M. JOSEPH LEBLANC. — Mes conclusions sont intimement liées à mon rapport, je vais néanmoins vous en donner lecture :

« Le Congrès, considérant, ainsi qu'il vient de l'être clairement
« démontré, que la Comptabilité est une science à la fois positive et
« morale qui impose à tous les citoyens dépositaires d'une partie
« quelconque des richesses publiques et privées l'obligation d'en
« rendre compte, qui les rend ainsi, dans quelque situation qu'ils
« soient, comptables à l'égard d'eux-mêmes, à l'égard de la famille
« et à l'égard de la société tout entière, émet le vœu :

« 1° Que des cours de comptabilité pour les adultes soient créés
« partout où il y aura possibilité ;
« 2° Que la Comptabilité élémentaire et notamment la théorie de
« la responsabilité comptable reçoivent à l'école communale tout le
« développement qu'elles comportent ;
« 3° Que l'enseignement officiel de la Comptabilité soit définiti-
« vement organisé dans les écoles normales et primaires supérieures,
« ainsi qu'il en est question depuis longtemps déjà. »

Voilà les vœux ; ils demandent le développement de l'idée. Mon rapport n'est pas plus long que celui d'hier ; je l'ai établi un peu à la hâte, aussi je vous prie d'excuser la forme.

M. JOSEPH LEBLANC donne lecture de son rapport. (V. la 3º partie.)

Une voix. — Qu'entend-on par responsabilité comptable?

M. Joseph Leblanc. — On entend cette obligation dans laquelle nous nous trouvons tous d'être moralement responsables de ce que nous possédons. Tout ce que nous possédons, d'après ce qu'on dit, en Économie, est une richesse, or cette richesse est ce que nous possédons à titre de dépôt. (*Bruit.*)

M. le Président. — Je crois qu'il y a de la part de l'assistance un désir de ne pas prolonger cette discussion.

M. Roy. — Ce sont des idées d'économie politique!

M. Joseph Leblanc. — Je suis un comptable professionnel et j'ai la conviction que tout le monde est comptable vis-à-vis de la société. Nous assistons à des transformations sociales et économiques, et l'Économie c'est de la Comptabilité.

M. Roy. — C'est de la Psychologie! Les professeurs de Comptabilité trouvent que la grande difficulté pour l'enseignement de cette science est de faire comprendre aux élèves la différence entre le mot *doit* et le mot *avoir*.

M. Edouard Petit. — J'ai le plus profond respect pour la Comptabilité, pour toutes les sciences humaines et quelques autres (*rires*). Je crois que la comptabilité a sa place dans les cours d'adultes; je me suis assis à pas mal de cours d'adultes dans les villes et j'ai remarqué que la comptabilité y était fort bien enseignée. Mais je laisse la question à part; toutes les Sociétés sont libres de l'enseigner ou non, et, comme vous êtes un congrès d'initiative libre, je crois que vous feriez bien de ne pas empiéter sur ce que les Sociétés ont à faire et sur les brassières dont il faut les envelopper, et de laisser chacune se tirer d'affaire comme elle peut. Chacun vient ici recommander sa spécialité, et en somme je crois qu'on s'évertue à enfoncer des portes ouvertes, ce qui n'est pas le but du Congrès. Enfin, au point de vue des écoles primaires et des écoles élémentaires, je vous demande de ne pas imposer encore à l'instituteur l'obligation de faire entrer l'idée du doit et avoir dans la tête des enfants. Nous demandons beaucoup à l'instituteur français, nous lui demandons trop : n'en faisons pas un professeur de Comptabilité. Je m'oppose en ce qui me concerne, au point de vue primaire, à ce qu'on enseigne la Comptabilité dans les écoles normales. Il y a au Ministère du commerce une organisation qui répond admirablement à ce que demande M. Leblanc; il y a des écoles au Havre et à Châlons où on enseigne la Comptabilité, on l'enseigne aussi dans les écoles supérieures de commerce; mais je vous supplie de ne pas demander à l'instituteur de devenir professeur de Comptabilité. Je vous demande donc d'écarter la seconde partie du vœu.

M. Joseph Leblanc. — J'ai été très heureux d'entendre la parole autorisée de M. Edouard Petit ; permettez-moi cependant de vous demander d'accepter la première partie de la proposition. Je considère la proposition que je fais ici comme ayant une portée beaucoup plus haute. Puisque nous nous adressons à l'ouvrier, il n'est personne plus que nous qui ne déplore la facilité avec laquelle il va dépenser son argent au cabaret ; eh bien ! pensez-vous que lorsqu'on aura appris cela à l'ouvrier dès l'école communale on n'aura pas fait un grand pas vers...

M. Roy. — C'est de la morale civique !

M. LE PRÉSIDENT. — Je vais vous donner lecture de la proposition et vous voterez par division.

M. Roy. — Je demande qu'on ne mette pas aux voix les considérants parce que ce sont des considérations philosophiques.

M. LE PRÉSIDENT donne lecture des considérants.

M. Roy. — Je suis très gêné : je serais très disposé à admettre les trois parties du vœu, mais je n'admets pas les considérants, parce qu'ils n'ont rien à faire avec le vœu.

M. LE PRÉSIDENT. — Je mets aux voix les considérants.
— Repoussés.

Nous passons à la première partie du vœu.
— Repoussée.

Reste la seconde partie.

PLUSIEURS VOIX. — L'ordre du jour pur et simple !

M. LE PRÉSIDENT. — Je mets aux voix l'ordre du jour pur et simple.
— Adopté.

La parole est à M. Henriet.

M. HENRIET. — Mon mémoire est très long et il serait conséquemment très ennuyeux d'en entendre la lecture.

Voici les conclusions :

« Considérant que les employés de bureau devraient être assimi-
« lés aux ouvriers manuels, qu'ils ont les mêmes droits et les mêmes
« devoirs, à ce titre la règlementation de la journée de travail de
« huit heures devrait être appliquée aussi bien par les maisons de
« commerce que par les maisons industrielles. Les employés sont
« retenus tous les jours fort tard par leurs occupations de bureau ;
« dans ces conditions, ils ne peuvent consacrer utilement et d'une
« façon suivie une heure au moins par jour au développement de
« leur instruction professionnelle. »

Il y a à Marseille des maisons où les employés sont tenus jusqu'à 9 heures du soir, et ils menacent de faire grève ; ils ne peuvent pas suivre nos cours d'enseignement populaire ; ils commencent à s'inscrire à nos cours et les patrons les empêchent d'y venir. C'est afin que nos collègues puissent venir écouter nos leçons que nous demandons que les employés finissent plus tôt leur journée de travail. Vous pourrez passer à l'ordre du jour lorsque j'aurai émis le vœu suivant, au nom de la Société académique de Comptabilité, qui est présidée par M. J. Abeille et qui joue un grand rôle à Marseille :

« Le Congrès émet le vœu que les maisons de commerce soient
« invitées à fermer leurs bureaux au plus tard à 7 heures du soir,
« afin de permettre aux employés et travailleurs de la plume de
« suivre les cours post-scolaires. »

M. Roy. — Je suis étonné de voir l'orateur faire une délimitation entre l'employé et l'ouvrier. Nous avons dans nos cours des ouvriers qui arrivent en bourgeron, qui n'ont pas le temps d'aller dîner. Ce que vous demandez pour les maisons de commerce, vous devez le demander pour les fabriques ; cependant, je crois que ce n'est pas notre rôle. (Si, si !)

M. Henriet — Je suis un élève des cours populaires. A 14 ans je travaillais dans la maison Cail, et je me souviens du mal que j'ai eu pour apprendre ce que je sais. On est très peu apte, après 14 heures de travail, à suivre des cours. Les bourses du travail ont fait abaisser les heures de travail. L'employé n'a pas encore pu se syndiquer et arriver à faire abaisser le nombre les heures de travail. Il faut que la classe des employés puisse avoir les jouissances morales qu'ont les patrons ; il faut que les employés soient comme les ouvriers, qu'ils puissent largement s'instruire. Les employés, notamment à Marseille, arrivent à nos cours fatigués, n'ayant pas le temps de travailler leurs leçons, et la plupart des patrons les blâment de suivre les cours. Quand un employé sort à 9 heures de son bureau et vient au cours, il dîne à 11 heures du soir.

M. Edouard Petit. — Je vous demande pardon d'abuser de la parole. Je me rallie absolument à la proposition de M. Henriet. Je crois que nous pouvons parfaitement demander que les maisons de commerce et d'industrie — car il faut élargir le vœu — donnent toutes les facilités aux ouvriers et employés de venir aux cours. J'ai constaté en effet à Marseille même, aux cours de la Chambre de Commerce, que les jeunes gens venaient l'estomac complètement vide. Cela tient à ce que, à Marseille, le courrier se fait très tard, mais c'est tout à fait spécial à cette ville. En Allemagne, la même question a été posée et a été résolue dans un sens tout à fait large. Les jeunes apprentis, dans certaines villes, ainsi qu'il résulte du rapport très documenté rédigé par MM. Maurice Wahl et Antony Valabrègue, sont à gardés dans les maisons d'industrie deux heures, trois fois par semaine, pour suivre des cours de perfectionnement.

Je ne demande pas que nous imposions telles ou telles heures, mais nous pouvons émettre le vœu que les jeunes ouvriers, les jeunes employés, obtiennent des maisons d'industrie toute facilité pour suivre les cours soit industriels soit commerciaux, qui leur permettront de se perfectionner dans leur profession.

L'apprentissage en France a besoin d'être perfectionné; on arrive, avec les machines-outils, à renfermer le jeune apprenti dans une spécialité. C'est aux Sociétés d'instruction et d'éducation populaires — et j'espère que ces Sociétés seront mixtes, c'est-à-dire à la fois patronales et ouvrières — à remédier à cela et à faire comme en Allemagne, où le patron se prive de deux ou trois heures de travail de l'apprenti pour l'envoyer se perfectionner. Je vous demande donc d'élargir le vœu de M. Henriet.

Je suis convaincu que lorsque les employeurs comme on dit — nous sommes dans un congrès de Sociétés d'instruction populaire qui ont des rapports avec les Bourses du travail, et les mots et les idées ne nous font pas peur — seront convaincus qu'il y a intérêt pour eux à envoyer leurs apprentis se perfectionner, ils soutiendront vos cours professionnels.

M. Pagès. — Le directeur de la Pharmacie centrale envoie ses employés aux cours Bourbouze, et il est assez aimable pour y envoyer des produits.

M. Henriet. — Je suis heureux de voir M. Edouard Petit donner son assentissement à mon rapport. J'ai été un peu brutal en donnant cette forme à mon vœu....

M. Edouard Petit. — Vous êtes marseillais ! (*Sourires*).

M. Rotival. — M. Edouard Petit a dit tout ce que je voulais dire. Je voulais vous faire remarquer qu'un congrès qui s'est tenu dans une salle voisine, le Congrès de l'enseignement technique, a demandé que les chefs d'établissements donnent toutes facilités à leurs employés et ouvriers pour suivre les cours d'enseignement commercial et industriel. Évidemment nous ferons de bonne besogne en venant aider le Congrès de l'enseignement technique. Nous n'en sommes pas encore au point, qu'indiquait M. Edouard Petit, de certains États d'Allemagne où chaque chef d'industrie est tenu d'envoyer ses ouvriers aux cours. Je crois que nous devons pour l'instant voter le vœu de M. Edouard Petit.

M. Lazard. — Je me permets bien modestement d'appuyer le vœu de M. Edouard Petit, parce que j'ai vu très souvent — je suis dans une administration financière — des jeunes gens se spécialiser dans certains bureaux et être ensuite incapables de faire autre chose, de sorte que les bons postes étaient donnés au dehors à ceux qui avaient eu la facilité de suivre des cours. Ceci arrive dans certains bureaux d'escompte ou de recouvrement ; c'est pourquoi

Je m'associe de tout cœur au vœu émis par M. Henriet et M. Edou a Petit.

M. LE PRÉSIDENT. — Je mets aux voix le vœu, qui est ainsi conçu :

Que les chefs d'établissements commerciaux et industriels donnent toute facilité à leurs employés et ouvriers des deux sexes, et surtout aux apprentis, pour assister aux cours professionnels.

— Adopté.

M. HENRIET. — Mon rapport, que vous lirez ultérieurement, comprend un second vœu :

« Le Congrès émet le vœu que l'autorité militaire, en tant que les exigences du service le permettront, accorde les plus grandes facilités aux soldats sous les drapeaux, afin de leur permettre de suivre les cours du soir et de continuer et compléter ainsi leur éducation professionnelle ».

Vous savez que le malheur de l'art militaire c'est de faire perdre beaucoup de temps aux jeunes gens. Etre soldat est très honorable, mais on perd beaucoup de temps au régiment. Nous voudrions que les soldats pussent suivre nos cours.

UN CONGRESSISTE. — A l'Association Philotechnique de Saint-Denis. nous avons sollicité l'autorisation pour les militaires de suivre nos cours, et elle a été refusée.

M. BERNOT. — A Troyes, le commandant d'armes a accordé à une vingtaine de soldats l'autorisation de fréquenter les cours d'adultes.

M. HENRIET. — Ceci n'a pas été généralisé.

M. JOSEPH LEBLANC. — J'ai l'honneur et l'avantage de faire des cours dans une ville de garnison. J'ai tous les ans un certain nombre de soldats qui se font inscrire à mon cours. Evidemment les chefs accordent dans une certaine mesure des facilités aux soldats, mais il n'en est pas moins vrai qu'il y a des interruptions résultant des nécessités du service, et beaucoup d'élèves très méritants se trouvent dans l'impossibilité de suivre les cours. Il serait désirable d'émettre un vœu qui pourrait être pris en considération par l'autorité militaire.

M. ROTIVAL. — Je crois que nous sommes d'accord sur la question de principe. Ce qui fait la difficulté au point de vue militaire, c'est qu'une fois l'autorisation donnée les soldats n'en profitent pas. Nous avons trouvé un appui de la part de certains chefs à la condition de constater la présence des soldats. Il faudrait ajouter au vœu que les Sociétés d'enseignement constateront la présence des jeunes gens.

M. ROY. — Il faudrait que l'autorité militaire sût qu'un contrôle effectif sera exercé.

M. ÉDOUARD PETIT. — Je crois que l'on peut, sans entrer en conflit avec qui que ce soit, adopter le vœu de M. Henriet en ajoutant le mot contrôle. J'ai constaté que les autorisations étaient devenues de plus en plus nombreuses et que beaucoup de colonels avaient permis à leurs soldats de suivre les cours d'adultes.

Le contrôle est parfois amusant. A Perpignan, je suis allé assister à un cours d'adultes, j'ai remarqué que les soldats n'avaient pas de ceinturon ; en effet, on les faisait conduire à l'école, et pour les cas où ils seraient allés vagabonder ensuite, de façon à les reconnaître, on leur avait ôté leur ceinturon.

Ailleurs, j'ai vu des faits extrêmement amusants. Un colonel d'une ville du centre m'a demandé d'aller voir ses cours d'adultes. Ce n'était pas le régiment à l'école, c'était l'école au régiment. Il m'a fait monter dans un grenier — où l'on était bien à 20 ans — et j'ai constaté que 178 soldats étaient illettrés sur deux régiments ; les maîtres étaient des instituteurs qui faisaient leur service militaire. Ce colonel était d'espèce très rare : il corrigeait les devoirs de ses soldats ! Seulement il m'en a expliqué la raison : Je suis le fils d'un proviseur et je suis le proviseur de mes jeunes conscrits. (*Sourires*). Ce colonel est devenu général.

Tel colonel peut refuser, tel autre accorder la permission de faire des cours. Une Société a fait une démarche auprès d'un ministre de la Guerre que je ne veux pas nommer, en vue d'obtenir l'autorisation pour les soldats de suivre les cours d'adultes, et on lui a répondu qu'on n'avait pas d'action sur les chefs de corps.

Si l'union des Sociétés d'instruction populaire, que je me permettais de vous recommander hier, était constituée, tout cela n'arriverait pas ; lorsque les représentants des Sociétés d'instruction populaire s'adresseraient au Ministère de la Guerre je suis convaincu qu'ils auraient le même succès que les représentants de l'Union des Sociétés de gymnastique et de tir (*Très bien*) qui vient d'obtenir de grands avantages. (*Applaudissements*).

M. LAZARD. — Si un contrôle doit exister, c'est affaire non pas à l'autorité militaire mais aux Sociétés d'instruction ; nous n'avons pas, il me semble, à en parler. Nous engageons seulement les chefs de corps à envoyer les soldats à nos cours publics et gratuits.

M. ROY. — Voici un vœu qui se relie au précédent :

« Le Congrès émet le vœu que les jeunes soldats puissent suivre « les cours du soir sous le contrôle de l'autorité militaire et en « tenant compte des nécessités du service. »

C'est pour que l'autorité militaire puisse avoir un contrôle sur les soldats.

M. THIVET. — Les soldats sont accompagnés, le plus souvent.

M. LE PRÉSIDENT. — Je crois que, additionnellement, on pourrait ajouter au vœu adopté tout à l'heure les mots suivants :

Il exprime aussi le vœu que les mêmes facilités soient accordées aux soldats par l'autorité militaire. (Adhésion).

Je mets cette addition aux voix.
— Adopté.

Nous remercions notre collègue de Marseille qui nous a apporté des vœux excellents.

M. HENRIET. — Ce matin on a parlé des conférences populaires ; un de mes collègues, M. Viales, m'a prié de présenter en son nom le vœu suivant :

Dans le but d'assurer aux conférences populaires l'homogénéité et l'unité d'action qui leur ont fait trop souvent défaut jusqu'ici, le Congrès émet le vœu : que, chaque année, des séries de vues se rapportant à un même ordre d'idées soient mises à la disposition de chaque circonscription d'inspection primaire.

Je crois que l'auteur du vœu aurait voulu que des centres de vues fussent déterminés. Dans les villes où il y a des Facultés, les mouvements de vues seraient en effet considérables.

UNE VOIX. — Qui se chargerait de la distribution des vues ?

UN CONGRESSISTE. — Voilà toujours l'utilité de la fameuse Union :

M. HENRIET. — Cela pourrait être renvoyé à la Commission d'études.

M. LE PRÉSIDENT. — *L'assemblée est-elle d'avis que des centres de vues existent dans diverses villes de France, par exemple dans celles où il y a des Facultés, et que la question soit renvoyée à une commission supérieure ?*
— Adopté.

M. HENRIET. — Mon quatrième vœu devient absolument inutile. Je vous remercie, messieurs, de l'accueil que vous avez bien voulu me faire.

M. LE PRÉSIDENT. — C'est nous qui vous remercions, mon cher collègue. (*Applaudissements*).

M. *Claudel* veut bien présenter un rapport sur le caractère des cours professionnels dans l'enseignement des adultes ; je lui demanderai de nous donner d'abord ses conclusions, l'assemblée verra ensuite si elle doit passer à un examen plus approfondi.

Le vœu de M. Claudel est « que ses collègues veuillent bien assister aux conférences qu'il fera à la Société académique de comptabilité ». Y a-t-il un intérêt général à ce que nous assistions à ces conférences ?

M. ROUVAL. — Il faut laisser à chacun la liberté d'y assister.

M. le Président. — Nous pourrions demander à M. Claudel le jour et l'heure auxquels il fait son cours.

M. Roy. — Je ne comprends pas très bien la relation entre le vœu et le rapport.

M. Claudel. — Il faudrait lire mon rapport, qui a seize pages.

M. le Président. — Les conclusions sont uniquement d'assister aux conférences de M. Claudel.

M. Claudel. — Il s'agit de l'enseignement intégral qui doit être donné dans l'école primaire.

Une Voix. — Nous lirons tous le rapport.

M. le Président. — L'assemblée prend en considération le rapport qui vient de lui être présenté, et souhaite qu'il puisse être imprimé.

M. Claudel. — Aussitôt que j'ai reçu l'avis du Congrès, j'ai écrit à M. Malétras que je désirais faire un rapport sur la nécessité de subordonner les cours professionnels à l'éducation intégrale, car il faut créer l'enseignement intégral. Dans un livre que j'ai publié cette chose est faite, seulement il faut commencer par faire des conférences et donner un corps à cette éducation intégrale.

M. Roy. — Je crois qu'il sera très intéressant d'aller à vos conférences précisément quand nous aurons lu votre rapport.

M. le Président. — Nous remercions M. Claudel de la communication qu'il vient de nous faire et nous passons au rapport de M. Thiercelin sur les cours professionnels de la Bourse du Travail à Paris.

M. Thiercelin. — Je prévois le sourire qui s'épanouira sur vos lèvres quand je vous exprimerai le désir d'être bref.

M. le Président. — Je vais vous demander vos conclusions, comme à tout le monde : c'est une règle générale.

M. Thiercelin. — Mon rapport est l'historique des cours de la Bourse du Travail, et comme conclusion je présente mes vœux :

« Premier vœu : « Que les Sociétés de professeurs d'enseignement populaire puissent utiliser pour l'enseignement professionnel les modèles, dessins et appareils de démonstration dont disposent les écoles où elles font leurs cours ».

Une voix. — Cela se fait tous les jours !

M. Roy. — Est-ce que l'orateur nous apporte des arguments nouveaux ? Cela se fait partout.

M. Voisin. — Ce qui se fait chez nous peut très bien ne pas se faire chez nos voisins.

M. le Président. — On me fait remarquer que nous devons aller au Trocadéro à 5 heures ; je prie mon excellent collègue de conclure ; et je vous prie de nous faire parvenir les vœux que vous désirez présenter.

M. Agussol. — Je désire présenter un vœu qui se relie un peu au vœu de M. Thiercelin. Dans certaines écoles, les objets dont nous pouvons avoir besoin sont placés dans des armoires fermées à clé ; je me range donc au vœu de M. Thiercelin demandant que nous puissions avoir la libre disposition des objets qui se trouvent dans les écoles.

M. Alfred Biraud. — On nous cache même la craie et les chiffons !

Voix nombreuses. — Aux voix !

M. Pagès. — Je crois qu'il vaut mieux passer à la discussion.

M. le Président. — Je mets cette proposition aux voix.
— Adoptée.
La discussion permet toujours à l'orateur qui présente un vœu de l'expliquer. Je donne d'abord la parole à M. Thiercelin.

M. Thiercelin. — Certainement si on m'avait laissé faire, ma lecture serait terminée à l'heure actuelle. J'ai été poussé dans la mauvaise voie...

M. Pagès. — Voyons, il y a deux questions : la lecture des vœux et leur discussion.

M. Thiercelin. — On m'a prié de faire tout à la fois l'historique des cours de la Bourse du Travail qui ont un intérêt général... (Bruit). Je faisais la lecture de mon rapport parce qu'on m'avait demandé de la faire, si vous ne voulez pas l'entendre je n'ai qu'à me retirer.

M. le Président. — Nous sommes limités par le temps, mais nous avons pris la détermination de vous entendre ; veuillez continuer.

M. Thiercelin. — Je passe sur l'historique de la Bourse du Travail, puisque son succès paraît vous chagriner... (Protestations). Je voulais vous dire que le meilleur moyen d'avoir des modèles, c'était d'avoir des cours à dix centimes, d'avoir des élèves versant au commencement de chaque leçon dix centimes qui seraient employés à acheter des modèles. Nous pourrions faire payer cette cotisation à tous les cours, alors que quelques-uns n'ont pas besoin de modèles.

M. Roy. — Je suis très heureux des observations de M. Thiercelin. Je n'aime pas que dans une Société d'instruction populaire et gratuite il soit demandé un centime à des élèves, cela je ne l'admets pas. Je voterai contre ce vœu.

M. Thiercelin. — Alors je vous proposerai de constituer un fonds spécial pour la constitution de modèles.

M. Roy. — Employez un autre mode !

M. le Président. — Il y a un moyen de trancher la question. Je mets aux voix la question de la suppression de la gratuité de nos cours.

— Repoussée.

Je mets aux voix le vœu suivant :

« Que les professeurs des Sociétés d'enseignement populaire « puissent utiliser, pour l'enseignement professionnel, les modèles, « dessins et appareils de démonstration dont disposent les écoles « où elles font leurs cours ».

M. Gras. — Il serait excellent qu'un vœu pareil pût être accepté par l'Administration, mais pensez-vous qu'elle puisse le faire ? Nous-mêmes, mettant sous clé nos appareils, nous les retrouvons détériorés parce que forcément les élèves ne peuvent pas en avoir le soin voulu.

M. Kownacki. — Je serais d'avis d'accepter cette proposition très importante, de façon à donner à nos cours le moyen de les rendre le plus intéressants possible.

M. le Président. — Il y a une école qui prête tout à notre section — je ne veux pas la nommer. Je ne vois pas pourquoi d'autres écoles ne pourraient pas également nous prêter des modèles. C'est un vœu général.

M. Pagès. — Ne vous exposez pas à avoir un refus, même celui de salles. Je citerai le cas d'un lycée où on a demandé une salle, ensuite le professeur de physique a dit : J'ai assez de responsabilité quant à la craie et aux chiffons.

M. Beurdeley. — Il y a des écoles dans lesquelles certains appareils sont prêtés ; dans d'autres, pour des raisons particulières, soit par crainte de responsabilités trop grandes, soit parce que les appareils sont très délicats, les directeurs se refusent au prêt des instruments. Je crois qu'il faut tenir compte de cette double situation. Le vœu qui est émis peut être accepté, mais à une condition, c'est qu'on l'atténue, et le moyen de l'atténuer c'est d'y mettre les mots « autant que possible » ; de cette façon vous arrivez à *prier* l'Administration de vous prêter les appareils.

M. Gras. — Je répondrai à M. Kownacki que, dans certaines écoles, si nous demandons qu'on nous prête des appareils et des salles nous n'aurons rien du tout. Je crois le vœu dangereux.

M. le Président. — M. Thiercelin admet très bien l'atténuation proposée par M. Beurdeley ; je mets donc ainsi le vœu aux voix :

Que les professeurs de Sociétés d'instruction populaire puissent, autant que possible, utiliser pour l'enseignement professionnel, les modèles, dessins et appareils de démonstration dont disposent les écoles ou établissements dans lesquels les Sociétés ont leurs salles de cours.

— Adopté.

Il y a un deuxième vœu présenté par M. Thiercelin :

« Que les municipalités interviennent auprès des industriels et des manufacturiers pour qu'ils facilitent dans leurs établissements les visites et conférences techniques ».

M. Thivet. — J'appartiens à une Société assez importante ; jamais nous n'avons eu de refus de la part des industriels.

M. Thiercelin. — Cela se présente quelquefois.

M. Roy. — Je crois qu'un chef d'industrie accorderait beaucoup plus facilement l'autorisation à une Association qu'à une municipalité.

M. Thivet. — Dans le cas que j'ai cité il n'a jamais été question de la municipalité ; c'est le président de la Société lui-même qui a fait la demande et il n'a jamais subi aucun refus.

M. le Président. — Nous sommes en présence de deux propositions : celle de M. Thiercelin qui demande que les municipalités interviennent auprès des industriels et des manufacturiers, et celle de M. Roy qui dit que les Associations doivent agir de leur propre initiative.

Plusieurs voix. — L'ordre du jour !

M. Gobet. — Je demande que les municipalités ne soient pas inscrites au procès-verbal, parce qu'il arrive que certaines municipalités sont en désaccord avec les Sociétés.

M. Beurdeley. — Je crois que nous pouvons résoudre la question d'une façon satisfaisante. On vous a dit : « Il y a des municipalités qui ont de la bonne volonté et qui ne demanderaient pas mieux que d'intervenir auprès des directeurs de fabriques ou d'usines, et d'autres auxquelles la dignité des professeurs ne permettrait pas de demander une intervention. » Eh bien ! puisqu'il y a des municipalités qui vous sont favorables et qui ont un certain crédit, pourquoi n'en pas profiter et ne pas rédiger le vœu de la façon suivante :

« Il est désirable, que, soit directement, soit par l'intermédiaire des municipalités — républicaines si vous voulez — on intervienne auprès des directeurs d'usines et de fabriques ». (*Applaudissements.*)

M. Roy. — Ne parlez pas des municipalités républicaines.

M. le Président. — Je reprends le vœu :

Il est désirable que, soit directement, soit indirectement par l'intermédiaire des municipalités, on intervienne auprès des industriels et manu-

facturiers afin de faciliter aux Sociétés d'instruction populaire les visites et conférences techniques dans leurs établissements.

Je mets ce vœu aux voix. — Adopté.

Nous avons un autre vœu présenté par Mlle Smyth, au nom de Mme Menon-Daressy, directrice des cours professionnels de Levallois-Perret.

Que des concours de composition décorative soient créés ou développés à l'usage des apprentis et ouvriers des professions pour lesquelles cette étude est nécessaire; les concurrents devront être classés en différentes sections suivant leurs professions spéciales.

M. Roy. — Comment ces concours seraient-ils organisés ?

M. le Président. — Cela n'est pas dit dans le vœu.

M. Gras. — On nous présente un vœu, c'est à nous de l'accepter ou de le refuser. Il y a des Sociétés qui ont déjà des concours de broderie décorative.

M. le Président. — Il s'agit de créer des concours pour ouvriers d'art. Je mets ce dernier vœu aux voix.

— Adopté.

Enfin M. Auguste Colombié, professeur à l'Association Philotechnique, fondateur de l'école de cuisine, émet le vœu :

Que le congrès use de son influence auprès des municipalités et des pouvoirs publics, pour donner un plus large développement à l'enseignement de la cuisine ménagère, au double point de vue hygiénique et pratique.

— Adopté.

La séance est levée à 4 h. 1/2.

ÉMILE DECAISNE.

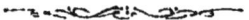

VISITE A LA SECTION D'INDO-CHINE

(Exposition du Trocadéro.)

Les membres du Congrès des Sociétés laïques d'enseignement populaire, sous la conduite de leur président M. Malétras, se sont rendus le mardi 11 septembre à 5 heures du soir à la section de l'Indo-Chine au Trocadéro.

La réunion eut lieu sur la terrasse du Palais des Arts. Les congressistes furent reçus par M. Lemire, délégué de M. Nicolas, commissaire de la Section et trésorier du Congrès. Après les souhaits de bienvenue adressés aux membres du Congrès au nom de M. Nicolas, la visite commença par une description de la *pagode mortuaire du Tonkin*. Les bois sculptés et les bronzes niellés, les incrustations et les broderies annamites furent d'abord examinées et, en passant devant le buste de M. Doumer, les congressistes lui adressèrent un respectueux salut. La bijouterie et l'orfèvrerie des cinq pays indo-chinois motivaient de curieuses comparaisons, et l'attention fut attirée sur les fleurs d'or et d'argent du Laos, les ouvrages d'incrustation anciens et les tableaux de broderies sur soie écrue. Les émaux anciens et les statuettes de facture annamite et kiam excitèrent l'admiration. On passa rapidement devant les maisons tonkinoises avec leurs artisans des deux sexes, pour gagner la *pagode chinoise de Cholen*, qui sert de palais des produits. On s'y attarda, parce qu'il fallait s'expliquer la différence entre cette construction et la précédente, puis s'arrêter devant les modèles des ponts, phares et autres grands travaux entrepris par M. Doumer. Il fallait, surtout pour un Congrès d'enseignement, examiner les collections bibliographiques, les travaux des écoles, de la Société d'enseignement mutuel des Tonkinois, les cartes, les plans mervart, la typographie cambodgienne, la photographie, etc. Les étoffes annamites, cambodgiennes, laotiennes, aux éclatantes couleurs, attiraient le regard des dames, non moins que les pyramides de thé d'Annam, les produits alimentaires, les textiles, pendant que les hommes s'intéressaient surtout aux produits miniers et principalement aux minerais carbonifères de la collection Leclère.

On se dirigea ensuite vers le *Phnôm* où s'étagent le temple khmer, la pagode des arts religieux, la pyramide, les ruines khmers et les maisons laotiennes. Le voyage commença par les dioramas du peintre Dumoulin, puis la salle Pavia, avec ses gracieux types des femmes laotiennes. Les sculptures cambodgiennes et les monuments d'où elles proviennent furent décrits. La tour du Baïoni montra les principes de construction et les causes de destruction de ces œuvres grandioses. Enfin, les vues cinématographiques complétèrent la leçon de choses : on assista à la revue des troupes françaises et indigènes à Hanoï, à la fête des fleurs, à la procession du Dragon à Saïgon, à un enterrement — puis aux danses des ballerines du roi Norodom, aux scènes du marché, aux exercices des tirailleurs; on fit même une excursion en mer par gros temps et l'on se rendit au Cambodge pour le défilé des éléphants du roi et les régates de pirogues avec leurs trente-deux rameurs debout, pagayant à toute vitesse. On ne pouvait se détacher de cet attrayant spectacle. Le temps pressait. Il fallait bien monter par l'imposant escalier du dôme intérieur pour rendre un pieux devoir aux Bouddhas si étranges de la pagode et pour leur demander la « Félicité parfaite. » Le gros Bouddha ventru semblait la promettre en dodelinant de la tête et en souriant placidement. On admira les peintures murales, les linteaux dorés des portes, la terrasse, avec ses géants et ses serpents à neuf têtes déployées en éventail.

M. Guinant avait bien voulu se joindre à nous et M. Nicolas eut la gracieuseté de faire remettre aux congressistes la notice si documentée et si bien illustrée sur l'Indo-Chine, la notice-guide sur la section khmer et la notice de M. Dumoutier sur l'enseignement au Tonkin. Nous ne saurions trop remercier M. Nicolas pour ces documents qui seront gardés comme un souvenir instructif de cette intéressante visite, trop courte au gré des nombreux congressistes et des dames qui les accompagnaient. Rien ne pouvait mieux faire connaître et apprécier la valeur et les ressources, en même temps que les productions artistiques de notre belle colonie asiatique, que ce rapide voyage où l'on a pu se rendre compte *de visu* des hommes et des choses, sans frais et sans fatigue. Sur ces pays lointains, les idées sont vagues. On acquiert, dans l'Indo-Chine du Trocadéro, des notions insoupçonnées sur la vie coloniale, sur les progrès de la colonisation, sur les travaux accomplis, sur les industries indigènes, sur les variétés des races qui y vivent côte à côte. C'est presque un voyage de découverte. Nous ne pouvons donc qu'exprimer à M. Doumer notre reconnaissance pour nous avoir permis de faire, sans quitter Paris cette instructive et attrayante exploration dans les vastes domaines acquis à la France qu'il met si fructueusement en valeur. L'impression de cette visite restera durable parmi tous les membres de notre Congrès.

Ajoutons que notre excellent cicerone dans cette agréable visite-conférence, M. Charles Lemire, résident honoraire de France, a guidé les congressistes avec une bonne grâce parfaite et un talent d'exposition qui a été très apprécié. Tous les assistants lui en ont exprimé leurs sincères félicitations.

SÉANCE DU MERCREDI 12 SEPTEMBRE

(MATIN)

4ᵉ SECTION. — **Enseignement des Beaux-Arts.**

Président : M. Léonce Dariac, président de l'Association Philomathique.

Vice-Président : M. Mario Sermet, président de l'Association Polymathique.

Secrétaire : M. Honoré Barra, secrétaire général de l'Association Polymathique.

Rapporteur : M. de Saint-Mesmin, secrétaire général de la Société populaire des Beaux-Arts.

La séance est ouverte à 9 h. 1/4.

M. le Président. — Mesdames, Messieurs, ma qualité de Président de l'Association Philomathique et de membre du Jury des récompenses de l'Exposition Universelle m'ont valu le très grand honneur d'être présenté à vos suffrages pour présider la 4ᵉ Section du Congrès. Je me félicite d'avoir été ainsi désigné pour diriger vos travaux et déclare la séance ouverte. La parole est à M. Milliet, pour la lecture de son rapport sur l'enseignement pratique de l'histoire de l'art.

M. Milliet, professeur à l'Association Polytechnique, appelé à la tribune auprès du bureau, procède à la lecture de son mémoire. Son premier vœu est : « Qu'il soit créé dans chaque pays une ou plusieurs écoles normales destinées à former des professeurs de l'histoire de l'art et des conservateurs de musées. »

M. Paul Séguy demande la parole pour appuyer en principe la proposition de M. Milliet ; mais il fait observer que le vœu tel qu'il est formulé paraît sortir des aspirations que peuvent se permettre les Associations d'enseignement populaire.

M. Édouard Petit, inspecteur général de l'Instruction publique, déclare qu'il se rallie aussi au principe du vœu ; mais il émet l'opinion que le Congrès des Associations privées d'enseignement populaire aurait peut-être tort de s'ériger en une sorte de Conseil supérieur de l'Instruction publique, en signalant que telle école ou telle chaire devrait être instituée pour les besoins de l'enseignement, alors surtout qu'il s'agit non des élèves ou des auditeurs des Associations, mais des professeurs en général. Il suffirait, ajoute-t-il, de souhaiter que « quelques élèves de toutes les écoles normales soient plus spécialement initiés à la Science de *l'histoire de l'art.* »

Sur ces observations, M. Milliet modifie le texte de son vœu et lui donne cette forme :

Qu'il est nécessaire de donner aux Instituteurs, dans les Ecoles normales, des notions sommaires de l'Histoire de l'Art, les mettant à même de transmettre ces notions à leurs élèves.

Le vœu est adopté à une forte majorité.

M. MILLIET reprend la lecture de son rapport.

La conclusion de la deuxième partie tend à l'adoption du vœu suivant : « Que des concours soient institués entre les photographes pour les meilleures reproductions des principaux chefs-d'œuvre de l'Art. Les reproductions primées auraient pour but de servir à la décoration des écoles, ou bien elles viendraient enrichir les collections conservées dans les musées et les bibliothèques. »

M. DUCHÊNE. — Pourquoi ne pas s'adresser aussi aux nombreuses Sociétés de photographie qui existent et participeraient volontiers à ces concours?

M. DE NEVREZÉ, professeur à l'Association Polytechnique. — Il serait bon d'étendre ce vœu et d'ajouter aux photographes et aux Sociétés de photographie, les graveurs. La décoration des écoles et les collections des musées ne pourraient qu'y gagner. Il faudrait même demander et obtenir que les photographies et gravures résultant de ces concours fussent distribuées à titre de prix aux élèves des écoles et des associations.

Plusieurs congressistes appuient cette proposition.

M. LE PRÉSIDENT donne lecture du vœu de M. Milliet, complété ainsi qu'il suit : « *Que des concours soient institués entre les photographes et les graveurs pour les meilleures reproductions des principaux chefs-d'œuvre de l'Art. Les reproductions primées auraient pour but de servir à la décoration des écoles, ou bien elles viendraient enrichir les collections dans les musées et dans les bibliothèques; elles pourraient aussi être données en récompenses dans les écoles publiques.* »

Le vœu mis aux voix est adopté.

M. Milliet lit la suite de son rapport.

Il termine la lecture de la troisième partie en priant le Congrès d'émettre le vœu : « Que les musées et les bibliothèques, propriétés nationales, dont l'entretien est payé par tous les contribuables, soient ouverts au public gratuitement et intégralement, à toute heure du jour et même le soir. »

Plusieurs congressistes demandent la parole.

Diverses objections sont faites tant contre le principe que contre la forme dans laquelle le vœu est présenté.

Le principe de la gratuité est vivement défendu, notamment au sujet de la proposition de Mlle DEBOR qui croit qu'on pourrait réserver des jours où les entrées seraient payantes, ce qui permettrait aux musées d'enrichir leurs collections par l'achat d'œuvres nouvelles. La discussion s'arrête sur l'observation faite que l'addition des mots « toutes les fois que cela sera possible » concilie tous les intérêts.

M. PAUL SÉGUY demande la suppression des mots : « dont l'entretien est payé par tous les contribuables. »

Le vœu ainsi amendé : *Que les musées et les bibliothèques, propriétés nationales et publiques, soient ouverts aux visiteurs gratuitement et intégralement, à toute heure de jour et même la nuit, toutes les fois que cela sera possible*, est mis aux voix et adopté.

UN CONGRESSISTE. — L'honorable M. Milliet devrait nous faire connaître, avant d'aller plus loin, le vœu qu'il va présenter.

Cette demande est vivement appuyée.

M. MILLIET donne lecture du vœu suivant qui résume la quatrième partie de son rapport : « Que les professeurs fassent place dans leurs leçons à l'histoire comparée des styles, afin de mettre en évidence la supériorité de quelques principes et de montrer le caractère international de l'art. »

M. DE NEVREZÉ demande la parole. — Il s'excuse d'interrompre M. Milliet, mais c'est, dit-il, pour abréger la discussion et ménager le temps. M. de Nevrezé, auteur d'un rapport sur « l'utilité de la connaissance des chefs-d'œuvre littéraires dans l'enseignement des beaux-arts, » rapport qui doit venir en discussion à la fin de la séance, expose que le vœu dont M. Milliet demande l'adoption se concilie absolument avec celui qu'il avait l'intention de présenter lui-même. En conséquence, il prie M. le président de soumettre à l'approbation des assistants son vœu et celui de M. Milliet, ainsi amendés : *Qu'il soit recommandé aux professeurs de littérature, d'histoire ou de géographie, dans les cours d'enseignement populaire, de préparer leurs auditeurs à l'intelligence des chefs-d'œuvre de l'art.*

Ce vœu est adopté.

Durant la discussion, M. PAUL SÉGUY a fait passer à M. le Président une note demandant, qu'après l'honorable M. Milliet, la durée de l'exposé des motifs relatif à chaque vœu soit réduite à dix minutes, conformément à l'usage suivi dans les congrès.

M. LE PRÉSIDENT donne lecture de cette note qui rallie tous les suffrages.

M. MILLIET lit alors son dernier vœu ainsi conçu : *Que les instituteurs, les conférenciers et en particulier les professeurs d'histoire de l'art ne laissent échapper aucune occasion d'enseigner au peuple l'horreur du vandalisme et le respect des monuments historiques.*

L'admission en est votée sans discussion.

M. LE PRÉSIDENT adresse de vives félicitations à M. Milliet pour l'intéressante étude à laquelle il s'est livré et le remarquable travail qu'il a fourni. (*Applaudissements.*)

La parole est à M. Esnault-Pelterie.

M. Esnault-Pelterie ne répondant pas à l'appel de son nom, M. le Président signale que M. Pelterie a déposé un volumineux mémoire sur l'enseignement de l'histoire de l'art dans les cours d'adultes; les conclusions n'en sont pas énoncées sous forme de vœux; mais il sera examiné par M. de Saint-Mesmin qui en rendra compte dans son rapport.

L'ordre du jour appelle Mme Menon-Daressy à la tribune.

Mlle Smyth dépose, à ce moment, au nom de Mme Menon-Daressy, un court mémoire sur l'unification des programmes de l'étude du dessin.

M. LE PRÉSIDENT donne lecture du vœu présenté par Mme Menon-Daressy, savoir : « *Qu'il s'établisse le plus de rapports possible entre les professeurs de dessin ou les Sociétés d'enseignement populaire, afin qu'ils puissent mettre en commun, autant que les circonstances le permettront, l'expériences, les idées et même les objets utiles à l'enseignement.* » Ce vœu est adopté par le Congrès qui tient à voir se généraliser ces relations déjà établies dans presque tous les centres d'enseignement.

M. Boisson monte ensuite à la tribune et fait connaître que le vœu qu'il va soumettre à l'approbation du Congrès porte *qu'à l'exception des artistes possédant déjà un diplôme d'une école musicale classée et de ceux qui ont donné des preuves indiscutables de leur compétence, il sera délivré, après examen, à tout musicien qui en fera la demande, un diplôme attestant ses capacités de professeur* — soit, en termes généraux — *création d'un diplôme de capacité à l'usage des professeurs désirant enseigner la musique.*

M. Paul Séguy demande la parole pour combattre ce vœu. Il fait connaître que déjà le congrès de musique a discuté la question d'un diplôme de professeur de musique et a rejeté le projet de création d'un pareil diplôme, inutile pour les artistes consacrés, obstacle pour les bonnes volontés qui sans être de grands talents rendent néanmoins de réels services, comme par exemple, les chefs de fanfares dans les villages.

Un autre congressiste fait observer que, par contre, de bons artistes sont incapables parfois d'enseigner et qu'il serait impossible cependant de leur refuser un diplôme.

M. Boisson répond en réfutant les arguments de M. Paul Séguy et finalement obtient l'adoption du vœu sans modification.

M. Benoit-Lévy, de sa place, fait connaître les vœux dont il aurait entretenu le Congrès si déjà les vœux présentés et adoptés ne se trouvaient les contenir implicitement. Il demande néanmoins qu'ils soient mis aux voix. Le Congrès les adopte avec prière au rapporteur de les fusionner avec les précédents. (Voir le rapport de la 4e section).

M. LE PRÉSIDENT. — Quelqu'un demande-t-il encore la parole?

M. AUGUSTE VIALES, directeur du Cours complémentaire à Saint-Jean-du-Bruel (Aveyron), désire, quoique non inscrit, présenter différents vœux relatifs à l'enseignement musical. La discussion de ces vœux devenant un colloque technique et passionné entre M. Viales et M. Boisson, M. le Président prie M. Viales de formuler ses vœux de façon qu'ils puissent être soumis au vote.

M. BENOIT-LÉVY propose, d'accord avec M. VIALES, la rédaction suivante, que le Congrès ratifie :

1° Que les Sociétés d'enseignement populaire favorisent la création de Sociétés musicales (harmonies, fanfares, chorales);

2° Que les compositeurs dévoués aux œuvres d'enseignement populaire soient invités à fournir aux Sociétés chorales des chœurs à trois voix, ayant un caractère artistique;

3° Que les subventions accordées par l'État aux Sociétés d'instruction populaire contiennent des envois de partitions musicales et de reproductions d'objets d'art.

M. LE PRÉSIDENT rappelle que les congressistes seront reçus à l'Hôtel de Ville, par le Conseil municipal de Paris, le mercredi, vers 5 heures, et que, le jeudi 13 septembre, à 9 h. 1/2 du matin, M. RENÉ LEBLANC, inspecteur général de l'Instruction publique, conduira les congressistes à travers la section de l'Exposition relative à l'enseignement professionnel.

La séance est levée à 11 h. 3/4.

Le Secrétaire,
H. BARRA,
Secrétaire général de l'Association Polymathique.

VISITE DU BUREAU

A

M. LE MINISTRE DE L'INSTRUCTION PUBLIQUE

A la suite de la réception du Bureau par M. le Ministre de l'Instruction publique et des Beaux-Arts, et au cours de la séance du mercredi matin, 12 septembre, M. MALÉTRAS, président du Congrès, a demandé la parole pour une communication importante.

Il s'est exprimé dans les termes suivants :

« Mesdames, Messieurs, j'ai l'honneur de vous faire connaître que le Bureau du Congrès, auquel s'étaient joints MM. les professeurs Buckmaster et King, délégués de la Grande-Bretagne, était, il y a quelques instants, reçu par M. le Ministre de l'Instruction publique. M. Georges Leygues nous a assurés de l'intérêt qu'il porte aux Sociétés et Associations dont les représentants sont ici, et, pour nous le témoigner, il a bien voulu nous promettre de venir présider demain la séance plénière du Congrès. M. Malétras exprime ensuite la satisfaction qu'il éprouve de la décision de M. le Ministre de l'Instruction publique, et constate avec joie qu'on peut affirmer dès à présent qu'il sortira d'excellents résultats des travaux du Congrès. ». — (Applaudissements).

SÉANCE DU MERCREDI 12 SEPTEMBRE
(SOIR)

5e SECTION. — Sociétés et Cercles d'instruction et d'éducation.

Président : M. de MONTRICHER, président de l'Association Polytechnique de Marseille;
Vice-Président : Mme ROBERT HALT, publiciste;
Secrétaire : M. ALBERT CHEVAUCHEZ, secrétaire du Conseil de l'Association Polytechnique;
Rapporteur : M. KOWNACKI, membre du Conseil de l'Association Philotechnique.

La séance est ouverte à 2 h. 20.

Avant de donner la parole aux auteurs de propositions et communications, *M. le Président* rappelle qu'il a été décidé dans les séances précédentes que chaque auteur doit d'abord donner lecture de son vœu qu'il communiquera au bureau et qu'il développera ensuite.

La parole est à *M. Robert* dont le vœu est ainsi conçu : *Le Congrès émet le vœu : 1° que dans toutes les villes de garnison il soit créé des cercles de lecture pour les jeunes instituteurs soldats; 2° que ces cercles soient ouverts à tous les militaires qui voudraient les fréquenter.* »

M. HENRICI estime que ce vœu est d'une telle utilité qu'il pourrait être voté immédiatement, sans discussion.

M. LE Dr PEYRE demande pourquoi ces cercles seraient faits seulement pour les instituteurs soldats; il lui paraît plus simple de formuler un vœu pour tous les militaires en général.

M. ROBERT dit que s'il a formulé le vœu de cette façon c'est parce que, à Orléans, l'autorité militaire a refusé d'autoriser la création d'un cercle de lecture pour les jeunes soldats. Il en a donc été créé un à l'usage des jeunes instituteurs soldats.

M. LE PRÉSIDENT fait remarquer qu'il y a là une circonstance absolument locale et que, grâce au vœu émis par le Congrès, il serait possible d'insister auprès de l'autorité militaire pour que ces cercles fussent ouverts à tout le monde. C'est, du reste, l'idée du deuxième paragraphe du vœu présenté.

M. GENTY demande si, dans la pensée de l'auteur, la création de ces cercles serait faite avec ou sans l'autorisation de l'autorité militaire. Depuis dix ans des cours professionnels sont faits à Paris avec l'autorisation de l'autorité militaire et celle-ci ne refusera certainement pas son autorisation pour des cours professionnels.

UN CONGRESSISTE dit que la pensée de l'auteur est sans doute de faire pour les instituteurs ce qui existe déjà pour les séminaristes?

M. Robert répond que c'est en effet l'idée qui l'a guidé, mais il ne s'oppose pas à ce que son vœu soit généralisé.

M. le Président donne lecture du vœu ainsi modifié : *Le Congrès émet le vœu que dans toutes les villes de garnison il soit créé des cercles de lecture pour les jeunes soldats et que ces cercles soient ouverts à tous les militaires qui voudraient les fréquenter.*

Ce vœu, mis aux voix, est adopté.

M. Chevauchez donne lecture de la proposition de *M. Holt* (Moyens à employer pour développer l'esprit de mutualité et d'épargne). Cette communication ne comporte pas de vœu ; elle forme un souhait qui est soumis aux membres du Congrès, et elle est remise à M. le rapporteur pour en faire l'exposé dans son rapport.

M. Waldbillig développe les considérations qui lui font présenter à l'assemblée le vœu suivant : *Le Congrès émet le vœu que les Sociétés laïques d'enseignement populaire créent des salons de conversation pour faciliter la propagation des langues étrangères.*

Selon M. Waldbillig, les cours faits par les Sociétés d'enseignement populaire sont insuffisants en ce qui touche l'enseignement des langues étrangères : la connaissance réelle de ces langues exige une pratique continuelle et surtout l'exercice de la conversation.

M. Pasteau dit qu'il a émis un vœu à peu près semblable à celui de M. Waldbillig ; et que, comme moyen pratique d'arriver sans trop de dépenses à la création de ces salons de conversation, où viendraient des étrangers, de façon à donner l'accent véritable à tous les auditeurs, il propose d'installer les lieux de réunion dans les mairies, sous la surveillance de l'instituteur.

M. Edouard Petit estime que l'on peut former autant de salons de conversation que l'on voudra, cela ne gênera personne ; mais il demande qu'on ne les mette pas sous la direction de l'instituteur, pour les raisons qu'il a déjà fait connaître dans une précédente réunion.

Le vœu de M. Waldbillig, mis aux voix, est adopté.

La modification proposée par M. Pasteau est, au contraire, rejetée.

M. Guérard a la parole pour donner lecture du rapport écrit en anglais par *M. Edward Flower*.

Le traducteur s'excuse de n'avoir pu parcourir préalablement ce rapport qui peut être intitulé « École complémentaire du soir » et de ne pouvoir en donner ainsi qu'une traduction imparfaite. Ce rapport, dit M. Guérard, s'exprime en termes extrêmement imagés et fleuris ; je tâcherai de cueillir quelques fleurs et vous en réunirez le bouquet qu'il conviendra...

M. Flower expose qu'il y a une quinzaine d'années les écoles du soir étaient presque inconnues en Angleterre et il fait ressortir le rôle considérable qui a été rempli depuis 15 ans par la Société des écoles complémentaires du soir. En 1884, cette société comptait 839 écoles suivies par 5971 élèves; à la fin de 1899, elle comptait 40.800 écoles suivies par 474.500 auditeurs. Le problème, dit M. Flower, est le même dans tous les pays ; mais il est intéressant, au point de vue international, de savoir comment ces écoles ont pu s'étendre aussi rapidement en Angleterre. Le moyen employé a été le suivant : Recourir à l'enseignement par les yeux et les oreilles, ou enseignement récréatif; susciter un courant favorable dans l'opinion publique, au moyen de conférences ; et *allocations obtenues du Ministère de l'Instruction publique anglais proportionnellement au nombre des élèves suivant les cours de ces écoles libres*; plus une école arrivait à avoir d'auditeurs, plus grande était son allocation. C'était donc une prime offerte à cette bonne action éducatrice.

On a dit que le prix de telles écoles était un lourd fardeau, mais il est certainement moins pénible pour l'État que le résultat du vice provenant de l'ignorance.....

En vérité, dit l'auteur, ce qui constitue le réel progrès d'un peuple, c'est qu'il ne s'adresse pas à un petit nombre, mais à la masse; qu'il développe non seulement sa puissance matérielle et intellectuelle, mais encore sa puissance sociale et son caractère. C'est la guerre contre la paresse, l'ignorance et le vice, ces ennemis du genre humain. Un tel travail et une telle guerre sont bien en rapport avec les sentiments de haut patriotisme qui appelle le meilleur de nous et qui éveille chez les autres l'esprit d'une émulation amicale. Ceci, dit M. Flower, est le noble esprit qui est incarné dans les merveilles de la grande Exposition que la France a donnée au monde, et je désire, comme Anglais, payer mon humble tribut d'admiration au génie du grand peuple qui a conçu ce plan et qui lui a donné une forme aussi splendide. (*Applaudissements*). Je m'aventure à affirmer la conviction que, quand les magnificences que rencontrent nos yeux se seront évanouies, on trouvera que les bénéfices les plus permanents et les plus importants qui en résultent sont ceux qui émanent des réunions amicales qui ont été tenues dans ce Palais. (*Vifs applaudissements.*)

M. Édouard Petit, délégué du gouvernement, profite de l'occasion qui lui est offerte par la remarquable communication de M. Édouard Flower, pour demander qu'en dehors des vœux au moins l'analyse des communications et quelques fragments, si on le peut, soient imprimés sur les fonds disponibles du Congrès. Il est utile que ces travaux qui ont coûté de la peine à leurs auteurs et qu'on a dû écourter à la tribune, ne demeurent pas enfouis dans les cartons ; il est désirable qu'ils soient réunis sous la forme d'un petit volume qui sera distribué comme souvenir aux membres du Congrès. (*Marques d'assentiment.*)

M. LE PRÉSIDENT appuie cette proposition et désire même que les communications soient publiées *in-extenso*.

M. MALÉTRAS, président du Congrès, consulté, dit qu'il pense pouvoir disposer de fonds suffisants pour faire un volume de 7 à 800 francs. (*Applaudissements.*)

M. DE MONTRICHER remercie M. Malétras pour cette bonne nouvelle et dit qu'il lui est agréable, comme président de cette Section, de s'associer de la façon la plus absolue aux paroles et aux idées de M. Flower. L'Angleterre a donné un très bel exemple que nous ne pouvons que proposer à la France. (*Applaudissements.*)

Il est ensuite donné connaissance à l'assemblée du rapport présenté par M. DE VUYST, inspecteur du ministère de l'Agriculture en Belgique, dont la conclusion est la suivante : « *Il serait désirable que « dans tous les pays il se fondît des Associations de parents dans le but « d'étudier et de pratiquer l'éducation rationnelle des enfants..... »* Ceci n'est pas positivement un vœu, mais un désir. Il existe des associations de parents, dit M. le Président, et notamment à Marseille. L'idée générale de la communication de M. de Vuyst ne peut qu'être partagée par tous nos collègues, et il semble qu'il y a lieu de la transmettre au bureau du Congrès pour qu'il en fasse la publication, dans la mesure du possible.

M. KOWNACKI, rapporteur, insiste pour donner connaissance de la communication de M. de Vuyst et que l'assemblée la discute. Il lui semble qu'il y a là un jour nouveau pour l'action éducatrice, non-seulement dans nos cours, mais encore dans la famille. La proposition semble d'ailleurs se lier avec celle de M. Bidart (*Cercles et patronages de parents éducateurs et d'amis de l'école*).

M. ROTIVAL fait remarquer que la première Section a voté une proposition du même genre et demande de fondre le vœu présenté avec celui qui a été voté par la première Section.

M. LE PRÉSIDENT pense qu'en raison de ce que l'ordre du jour est chargé, l'assemblée pourrait s'associer au vœu déjà voté par la première Section (que des leçons sur l'art d'élever les enfants dans la famille soient faits dans les cours d'adultes, garçons et filles) et renvoyer à la commission instituée la veille la proposition de M. de Vuyst.

Après une nouvelle intervention de *M. Kownacki*, les explications de *M. Henriet* sur le fonctionnement de Sociétés analogues à Marseille, et une discussion à laquelle participent *MM. de Montricher, Pasteau, Lazard, Henriet, et le D*^{r} *Peyre*, ce renvoi est adopté.

M. GUÉRARD développe sa proposition de « *Création d'un bureau international des Sociétés d'enseignement populaire* » et demande que « le Congrès déclare ouvert à Paris le bureau central interna- « tional d'informations et de correspondance des Sociétés laïques « d'enseignement populaire ». L'auteur expose les avantages qui pourraient résulter d'une pareille institution par l'échange entre Sociétés de différents pays de produits naturels, de vues photographiques, de timbres-postes de cartes postales illustrées, et même de conversations et d'élèves.

M. Genty dit qu'au point de vue pratique, il n'est pas seulement utile de déclarer que le bureau international est ouvert; il faut encore en assurer l'organisation et voir comment il pourra fonctionner.

M. Édouard Petit pense qu'il s'est produit une certaine confusion dans les esprits. Il y a deux projets : d'abord, une « Union nationale des Sociétés d'enseignement populaire ». Vous pouvez constituer son Comité dès aujourd'hui par les membres du bureau du Congrès.

Il existe un autre vœu, celui de l'ouverture d'un bureau international. Or, ce bureau existe depuis un mois. Le Jury des récompenses de l'Exposition, composé à la fois de Français et d'étrangers délégués par les divers Gouvernements, s'est constitué, à la suite de la séance de clôture des travaux, en « Bureau international » dont le président est M. Léon Bourgeois. Ce bureau était un peu officiel, ainsi que nous l'avons fait remarquer dans divers Congrès touchant l'Enseignement et qui ont précédé celui-ci, mais nous avons demandé et obtenu de faire adjoindre à ce bureau des délégués, de Paris et de province, des Sociétés laïques d'instruction et d'éducation populaires.

Après un échange d'observations entre MM. *de Montricher, Edouard Petit, Guérard, Genty, Henriet et Gras*, la 3ᵉ Section s'associe à la proposition de M. Guérard et la renvoie, pour la suite qu'elle peut comporter, à l'examen de la commission spéciale constituée par le Congrès, et composée des membres mêmes du Bureau.

M. Kownacki soumet à l'assemblée la proposition de M. *Nourisson* tendant à la « création d'un ordre laïque militant des deux sexes, indépendant de tout dogmatisme; cet ordre militant prendrait sous sa direction les Sociétés d'enseignement populaire présentes et futures. »

Voix nombreuses. — L'ordre du jour!

L'ordre du jour, mis aux voix, est adopté.

M. Chevauchez, secrétaire, donne ensuite lecture du vœu présenté par Mᵐᵉ Menon-Daressy : *Il est à souhaiter qu'à côté des cours professionnels, nos élèves forment entre eux des groupes...*

Voix nombreuses. — L'ordre du jour!

L'assemblée décide de passer à l'ordre du jour.

. M. Kovacki, rapporteur, fait un résumé succinct du mémoire de M. Musart. C'est un exposé très intéressant de ce qui se passe à Valenciennes. Il n'y a pas de vœu.

L'ordre du jour appelle une communication par laquelle le Bureau international de la paix demande « *que les éducateurs de la jeunesse répandent les sentiments d'humanité, de fraternité et de paix parmi leurs élèves, en leur inculquant les principes de l'arbitrage et de la solidarité humaine* ».

La lecture de ce vœu, faite par M. Kownacki, est vivement applaudie.

M. le Président dit que c'est une communication anonyme des Sociétés de la Paix qui trouve évidemment sa place dans un congrès s'intéressant à l'Enseignement populaire. Mais ce rapport ne comporte aucune autre sanction que son insertion dans le compte-rendu.

La parole est à M. Albert Iven.

M. Albert Iven s'étonne que M. Edouard Petit, dans son Rapport sur les Sociétés d'enseignement populaire, ait semblé éliminer la question des Universités populaires, et il formule ainsi son vœu : « L'empressement que les ouvriers mettent à répondre à l'appel des organisateurs des cours populaires, conduit à demander : *Que les conditions du travail soient modifiées de façon à permettre aux ouvriers une fréquentation plus assidue des Sociétés d'éducation.* »

Plusieurs voix. — Mais cela a déjà été voté.

M. Iven. — Ce vœu a quelque chose de plus précis, car il se termine ainsi : *et une possibilité plus grande de relations cordiales avec les étudiants.*

M. le Président. — Il y a là une considération dont il faut tenir compte. La communication de M. Iven trouvera donc sa place dans le compte-rendu des travaux du Congrès; quant au vœu qui la termine, il rentre dans les vœux déjà émis et adoptés.

Si c'est ainsi que le considère notre honorable collègue, nous pouvons passer à l'ordre du jour.

M. Édouard Petit. — En effet le vœu présenté par M. Iven fait double emploi avec un vœu voté précédemment. Mais il me semble bien que nous pourrions compléter le vœu émis hier, car à côté des enseignés, les élèves, il y a ceux qui enseignent et qui sont fort intéressants. J'ai été professeur pendant dix-sept ans et je me rappelle avec quelle terreur j'abordais mes élèves lorsque j'ai débuté dans un collège de Paris. Je n'avais jamais enseigné. L'apprentissage n'existe pas dans l'enseignement secondaire. Eh bien! pourquoi les étudiants qui se destinent au professorat ne s'astreindraient-ils pas à faire une sorte de stage en préparant leur licence? Ces professeurs ne sont-ils pas trop souvent une façon de savants ayant une tendance à propager un enseignement qui passe par-dessus la tête de leurs auditeurs? Il peut donc y avoir, par l'enseignement populaire, une école d'apprentissage dans les villes de facultés. Lorsqu'ils auront ainsi pris contact avec l'élément populaire, ces étudiants estimeront les fils d'ouvriers comme ils estiment les fils de bourgeois. (Applaudissements.)

Je crois en outre que lorsqu'un jeune homme aura donné cette preuve de générosité intellectuelle d'être venu s'asseoir dans cette chaire improvisée et d'avoir enseigné sa science à des frères déshérités, à des camarades pauvres, alors que d'autres se seront enfermés dans la tour d'ivoire. ... il devra lui en être tenu compte.

Je veux qu'on établisse une distinction entre celui qui se donne tout entier aux ouvriers, aux apprentis, et l'égoïste intellectuel dont de plus en plus, nous devons désirer le départ. (Applaudissements).

Je crois que nous devons montrer aux jeunes gens de la classe ascendante que nous sommes prêts à leur dire merci et, s'il le faut, merci administrativement. (Bravos).....

UN CONGRESSISTE dit que, comme sorbonnien, il s'associe complètement au vœu de M. Édouard Petit.

M. ÉDOUARD PETIT répond qu'il est heureux de cette marque d'assentiment, et qu'il voudrait que le jour où l'on donne une chaire, on tînt compte du stage fait dans les Sociétés d'enseignement populaire. Il dépose en conséquence le vœu suivant : *Le Congrès émet le vœu que les étudiants des Universités de l'Etat soient invités à prêter leur concours comme professeurs et conférenciers à l'œuvre de l'instruction populaire sous toutes les formes, et que le stage volontaire accepté par ceux d'entre eux qui seront professeurs de l'Université soit considéré comme un apprentissage dont il devrait être tenu compte par l'Administration.* »

M. LE PRÉSIDENT pense que le Congrès ne peut que s'associer de tout cœur aux paroles prononcées par l'honorable délégué de M. le ministre de l'instruction publique. (Applaudissements).

Le vœu de M. Édouard Petit, mis aux voix, est adopté à l'unanimité.

Mme YVANOFF dépose un vœu tendant à ce que les Sociétés différentes d'enseignement populaire de tous les pays trouvent le moyen de se mettre en relations plus suivies et plus constantes, afin de pouvoir se consulter et s'entr'aider ».

M. LE PRÉSIDENT dit que le vœu présenté par Mme Yvanoff paraît devoir être transmis à la commission spéciale, avec le souhait de voir aboutir cette question le plus rapidement possible.

Le renvoi à la Commission, mis aux voix, est adopté.

L'ordre du jour étant épuisé, la séance est levée à 4 h. 1/2.

Le Secrétaire : ALBERT CHEVAUCHEZ.

Réception, à l'Hôtel de Ville, du Congrès international des Sociétés laïques d'enseignement populaire

(EXTRAIT DU *Bulletin Municipal Officiel* DU 16 SEPTEMBRE 1900)

Le 12 septembre, à cinq heures, les membres du Congrès international des Sociétés laïques d'enseignement populaire ont été reçus par la municipalité de Paris, à l'Hôtel de Ville, dans les salons des Arcades, où un lunch leur a été offert.

MM. Edmond Lepelletier, secrétaire du Conseil municipal, Gay, syndic du Conseil, Hyérard, directeur du cabinet du Préfet de la Seine, Chardenet, directeur du cabinet du Préfet de police, ont fait les honneurs de la réception.

Parmi la nombreuse assistance on remarquait: MM. Malétras, secrétaire général de l'Association Polytechnique, président du Congrès; Debauge, président de la Société industrielle d'Amiens, vice-président du Congrès; Veyret, secrétaire général; MM. Pech, Touzac, de Montricher, Chevauchez, de l'Association Polytechnique; Mlle Bignon, M. Kownacki, de l'Association Philotechnique; M. Léon Riequier, président de la Société de Lecture et de Récitation; M. Léonce Dariac, président de l'Association philomathique, et les délégués officiels des États-Unis, de l'Espagne, de la Grande-Bretagne, de la Grèce, du Mexique et de l'Équateur.

Après la présentation des membres du Congrès par M. Malétras, leur président, M. Edmond Lepelletier, secrétaire du Conseil municipal, a souhaité la bienvenue aux congressistes en ces termes:

> Monsieur le Président,
> Mesdames et Messieurs les Sociétaires,
>
> Je vous remercie, Monsieur Malétras, d'avoir bien voulu conduire ici, dans cet Hôtel de Ville de Paris, qui est tout acquis aux questions d'enseignement et aux Sociétés laïques d'instruction populaire, les membres de ce Congrès et de nous avoir présenté les délégués étrangers.
>
> Leur présence montre que partout, en Europe, on se préoccupe de la question si haute, si importante de l'instruction populaire.
>
> La diffusion du savoir, c'est l'excellent moyen de faire régner parmi les diverses nations de l'Europe un esprit de concorde, un esprit d'égalité, car il est nécessaire que les différents peuples soient rapidement mis au même niveau au point de vue intellectuel (*Approbation.*)

Nous avons peut-être quelque orgueil, nous, en France, à nous féliciter d'avoir devancé beaucoup d'autres nations dans cette voie si utile, si bienfaisante de l'enseignement populaire.

C'est dans la patrie de Lakanal que l'instruction publique a été pour la première fois érigée en principe de droit public, de droit obligatoire pour tous.

Le principe était posé. L'application seule a tardé.

Depuis, le gouvernement de la République a ajouté la laïcisation et la gratuité à l'obligation. Grâce à ce progrès définitif, nous parviendrons à façonner des générations meilleures.

Il est sans doute difficile d'affirmer que le Savoir, répandu partout, amène dans l'ensemble de l'humanité la véritable perfection morale, c'est-à-dire arrive à supprimer le mal, le vice, et à enrayer la débauche; mais il est bien évident que le Savoir — qui n'est pas une panacée universelle — contribue largement à l'amélioration de la condition morale des nations et au perfectionnement moral des individus (*Très bien! — Vifs applaudissements*).

Il ne faut donc pas se laisser effrayer par quelques statistiques pessimistes qui montrent qu'il y a toujours des vicieux et des criminels, des vicieux et des criminels un peu plus instruits qu'autrefois, il est vrai; mais nous devons faire la part de la nature humaine et considérer qu'à force de sarcler le champ de l'humanité nous arriverons à extirper les mauvaises herbes et à permettre au bon grain de grandir et de se développer. (*Applaudissements*).

C'est là votre œuvre à vous, les éducateurs populaires, à vous dont les Associations arrivent à étendre leurs ramifications bienfaisantes dans toute la France, dans toutes les nations éclairées.

Vous formez une digue bienfaisance contre les flots de l'ignorance, vous tendez un vaste filet dans lequel vous pêchez les hommes ignorants, et vous arrivez à en faire non pas des savants, mais des êtres pensants, éduqués, dégrossis progressivement. Vous êtes comparables à ces dieux anciens qui prenaient les faunes et les satyres et qui les menaient, comme dans la belle pièce de Victor Hugo, jusqu'à l'Empyrée, où ils voyaient Dieu, le grand Pan, où ils voyaient, et comprenaient le Grand Tout. (*Applaudissements prolongés*).

Vous arriverez ainsi à faire des générations non pas d'hommes de lettres, de savants, de tribuns, — il y en a peut-être trop dans toutes les régions de la France, et il doit en être de même dans tous les autres pays, — vous arriverez à faire des hommes capables de réfléchir, aptes à comprendre, habiles à juger et à enseigner. (*Très bien! Très bien!*).

A l'aide de votre enseignement mis à la portée de l'adulte, du travailleur rentrant au logis et, la journée terminée, profitant de ce court répit pour aller s'instruire à vos cours du soir, chaque père de famille peut devenir un précepteur autour de lui. Quand il sent qu'il lui manque des notions ou des méthodes d'enseignement, il peut suivre un cours d'adultes pour se perfectionner, pour apprendre ce qu'il doit enseigner à son tour et, dans cet apostolat du savoir, devenir capable de pratiquer cette évangélisation des siècles nouveaux qui est votre œuvre de chaque jour, votre tâche d'hier et de demain.

Ils auront pour bible, ces siècles qui sont devant nous, le Savoir, — tout en laissant à chacun ses croyances et ses préjugés, — parce que si le Savoir ne peut pas tout, ne mène pas à tout, du moins est-il le grand purifiant, le grand assainisseur de l'humanité. L'histoire du passé nous montre assez clairement ce rôle bienfaisant du Savoir.

Quand il fallut, dans les premiers âges, préserver l'humanité des fléaux et des monstres, les anciens n'ont pas chargé de cette mission quelque dieu puissant armé de la foudre, un Zeus brandissant le tonnerre, un Neptune ayant le trident à la main. Celui à qui ils ont confié cette tâche auguste, c'est Apollon, dieu du savoir, dieu de l'éloquence et de la poésie, dieu de la lumière. (*Très bien! Très bien!*).

C'est pourquoi nous voyons à travers les âges, dominant le sabre ou la tiare, Apollon qui porte la lyre! (*Salve d'applaudissements*).

Messieurs, je vous félicite de vos efforts et je remercie votre honorable président de m'avoir fourni cette occasion de les reconnaître. J'espère que vous remporterez de votre court passage dans cet Hôtel de Ville un bon et sympathique souvenir, correspondant à la cordialité de notre accueil et à notre sympathie pour les Sociétés laïques d'enseignement populaire. (*Applaudissements répétés*).

M. Hyérard, directeur du Cabinet du préfet de la Seine, prononce ensuite les paroles suivantes :

Messieurs,

M. le Préfet de la Seine aurait été heureux de se trouver aujourd'hui au milieu de vous et de vous dire toute la sympathie qu'il éprouve pour vos œuvres si intéressantes et d'une si haute portée sociale.

Appelé au dernier moment au ministère de l'Intérieur, il m'a chargé d'être auprès de vous son interprète pour vous exprimer tous ses regrets et vous offrir ses meilleurs compliments de bienvenue dans cet Hôtel de Ville. (*Applaudissements*).

M. Chardenet, directeur du Cabinet du Préfet de Police, s'associe, au nom de M. le Préfet de police, aux sentiments exprimés par le représentant du Préfet de la Seine.

Enfin M. Malétras, président du Congrès, a remercié M. Edmond Lepelletier, secrétaire du Conseil municipal, des éloquentes paroles qu'il avait prononcées en l'honneur des congressistes, ainsi que de la sympathique réception qui leur a été faite.

LE JEUDI 13 SEPTEMBRE (Matin.)
VISITE A L'EXPOSITION UNIVERSELLE

(ENSEIGNEMENT PROFESSIONNEL, CLASSES 1 ET 6)

sous la direction de

M. RENÉ LEBLANC, *Inspecteur général de l'Instruction publique.*

Nous empruntons au journal *La Fronde* le petit compte-rendu suivant qui est dû à la plume alerte de Mlle LOUISE DEBOR.

« Le Congrès était convié hier matin à visiter les classes 1 et 6. — Enseignement professionnel — sous la direction de M. René Leblanc, inspecteur général de l'Instruction publique. Au cours de cette promenade, aussi instructive qu'attrayante, M. René Leblanc nous fit connaître les procédés nouveaux d'enseignement concret, expérimental et pratique, mis en usage par les écoles et associations professionnelles. Parmi les innovations les plus heureuses nous signalerons le *Jardin d'essai* qui permet, avec quelques mètres carrés de terrains judicieusement employés, des expériences agricoles, des pratiques d'horticulture et d'arboriculture. Ainsi, nous avons pu constater les résultats différents obtenus par les différentes qualités de fumure : nous avons comparé un poireau prospère, nourri de phosphates et d'azote, avec un misérable poireau abreuvé d'eau claire. Tristes effets de l'injustice des sociétés... d'agriculture ! —

Une œuvre qui nous a paru excellente et qui mériterait de susciter des imitations, c'est la *Société des laboratoires Bourbouze*, laboratoires ouverts gratuitement aux adultes qui ont besoin, afin de se perfectionner dans leur profession, d'exécuter des manipulations de physique, de chimie, d'électricité, de photographie.

Nous avons admiré en passant les beaux travaux d'élèves exposés par l'Association Philotechnique, l'Association Polytechnique, la Société Philomatique de Bordeaux, les Sociétés industrielles d'Amiens, de Marseille, etc. etc. »

Ajoutons simplement que les assistants garderont le plus agréable souvenir de cette très intéressante Visite Conférence, et que le Bureau remercie très vivement M. RENÉ LEBLANC du précieux concours qu'il a bien voulu donner à l'organisation et aux travaux du Congrès.

SÉANCE PLÉNIÈRE DU JEUDI 13 SEPTEMBRE 1900

(SOIR)

La séance est ouverte à 2 h. 10 sous la présidence de M. MALÉTRAS. En présence de M. GEORGES LEYGUES, Ministre de l'Instruction publique et des Beaux-Arts, de MM. ERNEST COUTANT et ÉDOUARD PETIT, inspecteurs généraux de l'Instruction publique, des membres du Bureau du Congrès et de plusieurs délégués des Gouvernements étrangers.

M. le PRÉSIDENT. — La parole est à M. Gras, rapporteur général du Congrès.

RAPPORT GÉNÉRAL

présenté par M. CAMILLE GRAS, *secrétaire général de l'Association Philotechnique.*

MESDAMES ET MESSIEURS,

Le premier Congrès international des Sociétés laïques d'Enseignement populaire s'est ouvert le lundi 10 septembre 1900, sous la présidence de M. ÉDOUARD PETIT, inspecteur général de l'Instruction publique, délégué du Ministre. Nous avons eu la grande satisfaction de voir prendre place à ses côtés, avec le Bureau de la Commission d'organisation, les délégués des Gouvernements

de Belgique,	de la Hongrie,
de l'Équateur,	du Mexique,
de l'Espagne,	du Pérou,
des États-Unis,	de la Perse,
de la Grande-Bretagne,	de la Russie,
de la Grèce,	de la Suisse,

que nous remercions tous de l'honneur qu'ils nous ont fait en participant d'une façon effective à nos travaux.

Monsieur ÉDOUARD PETIT, l'apôtre des œuvres post-scolaires, le dévoué collaborateur de toutes les œuvres d'Enseignement populaire a, dès le début, après une brillante improvisation, donné lecture d'un rapport adressé par lui au ministre de l'Instruction publique sur l'ensemble des principales Sociétés d'Enseignement populaire de France, dans le but de faire connaître à nos hôtes étrangers les œuvres auxquelles se consacrent, dans notre pays, une quantité considérable de gens de cœur et de dévouement. Il est certain, et vous penserez assurément ainsi, que dans un congrès du genre de celui-ci, la glorification, pour ainsi dire, des œuvres qui en fournissent les principaux éléments ne peut surprendre en aucune manière, car la modestie qui laisse dans l'ombre le bien accompli, louable chez les particuliers, n'est pas une vertu lorsqu'il s'agit de groupements et d'impersonnalités.

Le Président a insisté vivement sur la nécessité, pour toutes les Sociétés d'Enseignement, de coordonner leurs efforts et de former un groupement destiné à constituer une sorte de fédération, pour leur permettre de marcher de pair avec les Universités et de se voir enfin représentées, comme elles, au Conseil supérieur de l'Instruction publique.

Les cinq sections du Congrès ont travaillé consécutivement, ce qui a permis à tous ses membres de participer à tous les travaux, de les discuter, de les analyser et d'en tirer les meilleures déductions. Ce qui est ressorti essentiellement de la physionomie de toutes ces séances, c'est le désir manifesté d'une façon bien catégorique d'éliminer tout ce qui pouvait avoir un caractère personnel et de mettre en relief, au contraire, tout ce qui s'affirmait comme ayant un caractère général, libéral et progressiste.

Cependant on a fait souvent, avec quelque raison, le reproche aux races latines de leur tendance à l'individualisme et l'on ne peut pas dire, d'une façon absolue, que notre barque n'a pas parfois effleuré cet écueil, mais nous espérons bien que, pour la réussite de nos projets d'union, des passes aussi dangereuses seront évitées, chacun ayant à cœur de s'effacer pour travailler au bien général, au bien de la collectivité.

Bien que le Congrès fût international, beaucoup de vœux n'ont pas toujours revêtu ce caractère; néanmoins leur importance au point de vue national les a fait admettre quand même, chacun pouvant y trouver, malgré cela, une utilisation possible pour son pays.

Dans l'Enseignement proprement dit, ce sont les méthodes, particulièrement, qui ont été visées; méthodes pédagogiques, musées communaux-ruraux, études et moyens de propagation des langues étrangères, de l'enseignement colonial, de la participation des instituteurs aux distinctions honorifiques, et de la prise en considération des cours faits par les étudiants de l'Université.

Pour ce qui concerne l'Enseignement professionnel, ce sont les moyens propres à y concourir, tels que : visites dans les Établissements industriels, usage des musées scolaires, facilités données par les industriels et le haut commandement militaire pour la fréquentation des cours et cercles de lectures, franchise postale des vues photographiques pour ces conférences.

Dans l'Enseignement du dessin et des Beaux-arts un certain nombre de vœux ont été adoptés, et leur application contribuera certainement au développement de cet enseignement : Formation de professeurs, respect des monuments historiques, notions d'histoire de l'art, reproduction de chefs-d'œuvre des musées, création de diplômes des professeurs de musique, etc...

Parmi les vœux qui concernaient les rapports des Sociétés d'Enseignement populaire entre elles, celui présenté dès le début par le représentant du Ministre et repris, sous des formes diverses, par d'autres congressistes, a recueilli l'unanimité des suffrages. Les Sociétés d'Enseignement populaire, bien que l'on pourrait à tort croire le contraire, sont, a dit M. Édouard Petit, en rappelant un mot de Voltaire, personnes trop modestes, elles ne s'affirment pas assez et font trop peu parler d'elles. Leur groupement est donc indispensable et il est nécessaire de concentrer toutes ces bonnes volontés et de les rendre encore plus fructueuses et profitables par une union qui en synthétisera surtout la valeur morale et l'importance indiscutable. Un autre vœu d'une valeur considérable recevra, nous l'espérons, prochainement son application et aura pour résultat l'entrée de deux représentants de l'union des Sociétés dans le Bureau international de l'Enseignement.

Au point de vue éducatif les vœux ont été nombreux et des plus intéressants, et cela, avec juste raison, car le but primordial de nos Sociétés n'est-il pas l'Éducation? Ne devons-nous pas tendre, quelle que soit la nature de nos leçons, à développer chez nos élèves les facultés latentes, tout en modérant la sensibilité et l'imagination qui sont des dons précieux à la condition d'être dominés et réglés par des facultés supérieures? Ne devons-nous pas apprendre à tous ces pouvoirs indisciplinés à se plier à la règle, à garder dans la direction de la conduite le rôle secondaire qui leur a été attribué par la nature et à laisser le gouvernail aux facultés maîtresses qui sont seules susceptibles de le tenir ferme et d'introduire dans la vie, du bon sens, du jugement, de la cohérence et de l'unité? C'est le moyen pour nous de faire des citoyens et de former d'honnêtes gens. Sénèque, d'ailleurs, n'a-t-il pas dit que c'était faire œuvre d'art que de faire un honnête homme?

En somme, ce premier Congrès nous a permis de nous mieux connaître, et, par suite, de nous apprécier davantage. Malgré des tâtonnements bien naturels et je pourrais dire inséparables d'un premier début, de bonnes et fortes idées, que nous espérons voir devenir fécondes, ont été émises. Evidemment, un grand nombre d'autres auraient dû se faire jour dès maintenant, mais elles formeront pour le prochain Congrès les éléments d'une plus ample moisson.

Mais, revenant au présent, nous avons tout lieu d'espérer que les travaux de ce Congrès porteront leurs fruits car tous ses membres ont montré, comme disait, dans une circonstance analogue, un de nos éminents maîtres, M. Buisson, un amour de l'indépendance s'alliant à la plus stricte discipline volontaire, beaucoup de décision avec beaucoup de persévérance, un certain faible cependant pour ce que les sages, trop sages quelquefois, appellent des utopies, mais un programme pratique néanmoins, qui tient plus qu'il ne promettait, un fonds inépuisable de bonnes volontés, travaillant allègrement, croyant au bien, tendant au mieux et ne consentant jamais à désespérer de la nature humaine. (*Applaudissements.*)

Camille Gras.

M. Georges Leygues, ministre de l'Instruction publique et des Beaux-Arts, se lève alors et prononce l'éloquent discours suivant :

DISCOURS DE M. GEORGES LEYGUES

Mesdames, Messieurs,

J'ai tenu à présider la séance de clôture de votre premier Congrès international de l'enseignement populaire : j'étais appelé au milieu de vous par la nature de vos travaux, par le but commun que vous vous proposez d'atteindre quel que soit le point de l'horizon duquel vous soyez venus; j'y étais aussi appelé par mon inclination naturelle et, si je peux dire, par mes traditions d'esprit. Je pense, comme vous, que l'un des problèmes les plus importants qui se dressent devant l'esprit de tout citoyen libre et soucieux de l'avenir est le problème de l'éducation populaire. Quel que soit le régime sous lequel vivent les différents pays — nous ne sommes pas ici pour faire de la politique — ils ont un intérêt supérieur qui est le suivant : c'est de former chez eux de plus en plus et en aussi grand nombre que possible des âmes droites, des esprits justes et des jugements fermes. (*Applaudissements*).

Ce ne sont pas, messieurs, des lycées, des gymnases, des universités, des écoles qui peuvent suffire à cette tâche; on ne peut pas tout dire dans le lycée, dans le gymnase ou dans l'école, on n'y peut pas tout faire, et lorsque l'élève quitte les mains du maître à qui il avait été confié il lui reste encore beaucoup à apprendre.

Il y a pour les jeunes gens et les jeunes filles de tous les pays du monde une heure particulièrement difficile et critique, c'est celle qui se place entre leur sortie du collège ou de l'école et leur entrée dans une famille. Les enfants qui ont la bonne fortune d'être nés sous une bonne étoile, d'avoir des parents qui peuvent consacrer beaucoup de temps à leur éducation et qui ont reçu eux-mêmes un fonds suffisant pour le transmettre à leurs fils, ces enfants-là sont privilégiés, et les œuvres d'instruction populaire ne peuvent pour eux que bien peu. Mais c'est le petit nombre, c'est la petite armée des heureux de la vie. La grande armée des travailleurs, cette armée qui constitue dans tous les pays du monde la force vive d'une nation, celle-là a besoin que l'on vienne à elle; eh bien! c'est cette œuvre que vous accomplissez; vous constituez des Sociétés qui se proposent d'organiser des lectures du soir, des cours d'histoire, de géographie, de comptabilité, de sciences, qui apprennent aux enfants à lire : non pas seulement à détacher de la grammaire les mots qu'ils lisent, mais à pénétrer le sens vrai, à bien comprendre la pensée des auteurs. Vous faites, peut-être sans vous en douter, une chose qui est la plus belle part de votre œuvre : vous rapprochez dans une communion intime, dans une confiance réciproque et salutaire, je dirai patriotique, les divers membres de la société que des inégalités inévitables séparent et frappent! (*Applaudissements*).

Professeurs, pédagogues, industriels, rentiers, agriculteurs, hommes qui avez au cœur la flamme qui fait que l'on cherche toujours le mieux, vous prenez sur votre temps quelques heures que vous consacrez à cette œuvre de l'éducation populaire. Vous montrez par là aux moins heureux — et c'est le plus grand nombre — que ceux qui sont privilégiés dans la vie ne sont pas aussi égoïstes qu'on le voudrait croire; vous montrez qu'il y a partout de l'enthousiasme, de la générosité, et en rapprochant ce qui est divisé par la force des choses vous aboutissez à une œuvre d'union nationale dans chaque pays, et c'est un des plus beaux fleurons de votre couronne !

Messieurs, la France a l'habitude de se calomnier; c'est un peu, comment dirai-je?... une espèce de coquetterie; nous avons souvent dit que jamais nous ne nous étions intéressés aux œuvres d'éducation populaire, et on l'a même imprimé dans des brochures. Eh bien ! on vous a démontré que cela était inexact.

Nous ne revendiquons pas le mérite et l'honneur d'avoir inventé l'éducation populaire; mais il était peut-être bon que ce Congrès international se tînt en France, parce que peu de pays ont fait plus pour l'éducation populaire que le nôtre. Le Gouvernement auquel j'ai l'honneur d'appartenir se pique d'obtenir une amélioration de la collectivité, de la situation sociale, et une force plus grande pour notre pays par l'éducation et par l'instruction; nous considérons que l'instruction et l'éducation sont les deux grands leviers à l'aide desquels nous élèverons toujours à plus de fierté et de confiance en elle-même la grande famille des travailleurs : (*Applaudissements.*)

Vous avez émis beaucoup de vœux; j'entendais dire tout à l'heure que parmi vous quelques-uns ne s'étaient pas privés de poursuivre quelque belle chimère ailée et de marcher dans la voie commune aux utopies. Mon Dieu! il ne faut pas s'en plaindre : c'est souvent en poursuivant ce que l'on croit être une chimère, en s'attachant ce qu'on considère comme une utopie, qu'on arrive à la vérité. Vous connaissez l'axiome « Erreur aujourd'hui, vérité demain »; quand on remue beaucoup d'idées, il est certain qu'on en remue beaucoup de fausses; mais il suffit d'avoir le bonheur d'en trouver de temps en temps quelques-unes de justes pour rendre vraiment service à son pays! *(Applaudissements.)*

J'ai parlé de remueurs d'idées; c'est en effet un point sur lequel je voudrais appeler votre attention. Votre œuvre est excellente pour les raisons que je viens de dire; vous savez vous-mêmes mieux que personne pourquoi votre œuvre est bonne, puisque vous la poursuivez; mais elle est bonne justement parce que vous apprenez aux enfants qui répondent à votre appel à vivre un peu par l'idée. Les hommes sont très portés à s'occuper beaucoup de leurs intérêts et fort peu des idées généreuses qui planent au-dessus d'eux; de là cette erreur et ce danger, surtout pour les pays démocratiques comme la France, de voir la collectivité perdre de vue les intérêts supérieurs et permanents de la nation pour ne s'attacher qu'aux intérêts immédiats. Eh bien! vous remuez des idées, vous faites entrer des idées générales dans un jeune cerveau, dans la tête d'un homme qui ne sera peut-être demain qu'un charpentier ou qu'un maçon, qu'importe? c'est un citoyen, il constitue une individualité qui a sa valeur, il est une force dans la collectivité, il apporte à l'avenir national un grain d'enthousiasme (*Très bien*) et il n'est pas indifférent que cet homme ait, lui aussi, des vues générales sur le bien et sur le mal, sur la politique de son pays, sur l'économie politique et les questions sociales!

Jusqu'à ce jour ce point de vue était négligé; beaucoup de jeunes gens étaient — pardonnez-moi le mot — lâchés dans l'existence comme de jeunes chevaux échappés; qu'y faisaient-ils? un travail de manœuvres, et quelquefois pas autre chose. Eh bien! vous voulez qu'à côté de l'œuvre manuelle de l'ouvrier, de l'artisan, à côté de l'ouvrage de métier, le jeune homme ou la jeune fille s'élève à une conception plus haute de l'existence, vous voulez créer dans son cœur une sorte d'asile, de manière qu'après le labeur terminé il puisse s'y réfugier un instant et vivre de la vie supérieure. (*Bravos et applaudissements.*)

C'est pourquoi, Messieurs, j'ai voulu venir vous remercier de l'œuvre à laquelle vous vous êtes attachés, et vous dire au nom du Gouvernement de la République : Nous sommes fiers de vous avoir offert l'hospitalité, de vous abriter sous notre toit; nous sommes heureux que vous ayez, pendant quelques jours, été en quelque sorte des citoyens de France, car vous avez vécu pendant quelques jours de notre vie. Quelle que soit votre nationalité, j'espère que vous remporterez de cette vie et de cette collaboration communes quelque bon souvenir, et que rentrés dans vos différentes patries, vous penserez quelquefois avec joie et satisfaction aux heures que vous avez passées dans cette grande ville, au milieu de toutes ces forces en action, pensant à quoi? non pas à notre pays seulement, mais au bien supérieur de l'humanité tout entière. Vous aurez peut-être collaboré — car vous n'êtes pas des absolus — au bien supérieur de la collectivité, et vous aurez fait tomber bien des préjugés; en vous voyant plus souvent, vous aurez appris à vous mieux connaître, par conséquent à vous plus estimer, et ainsi vous ne serez pas loin de vous aimer.

Vous êtes venus dans ce Congrès où vous avez accompli une œuvre bonne, et je crois qu'au point de vue international ceci ne sera pas perdu. Au nom du Gouvernement de la République, je vous apporte le salut le plus cordial et je vous dis : merci ! (*Double salve d'applaudissements.*)

En réponse au discours si applaudi de M. le Ministre de l'Instruction publique et des Beaux-Arts, M. MALÉTRAS s'est exprimé dans les termes suivants :

RÉPONSE DE M. MALÉTRAS.

MESDAMES, MESSIEURS,

Après l'éloquent discours que vous venez d'entendre et que vous avez si chaleureusement et si justement applaudi, je renoncerais bien volontiers à faire entendre ma modeste parole, s'il ne m'incombait une obligation à laquelle vous ne sauriez mauvais gré de chercher à me soustraire. C'est d'ailleurs un devoir qui m'est agréable et doux à remplir.

Je dois en effet vous remercier bien vivement, Monsieur le Ministre, du grand honneur que vous nous faites en venant ici apporter, non seulement l'assurance de toute votre sollicitude pour nos œuvres d'éducation et d'enseignement, mais aussi la preuve de votre grande bienveillance pour les hommes courageux et dévoués qui participent à ces œuvres bienfaisantes et qui les font prospérer. (*Approbation.*)

Je dois ensuite vous montrer que vous vous trouvez réellement en face d'hommes qui aiment passionnément l'enfance et la jeunesse et qui cherchent tous les moyens de les rendre plus heureuses et meilleures, sans s'inquiéter s'ils recevront tôt ou tard la légitime récompense de leurs efforts, ce qui démontre qu'ils font le bien comme il doit être fait, c'est-à-dire, sans arrière-pensée d'intérêt, simplement, pour le bien lui-même. (*Applaudissements*).

Il n'entre pas dans ma pensée, Monsieur le Ministre, de faire cette démonstration en reprenant devant vous tous les travaux du Congrès; les nombreux mémoires qui y ont été présentés et que nous avons étudiés dans les séances spéciales de nos sections, ont eu pour conclusion des vœux dont la ratification sera demandée dans quelques instants à cette assemblée; ils vous seront ensuite soumis et vous les examinerez, nous en sommes assurés, avec le plus bienveillant intérêt; mais ce que je crois pouvoir faire, c'est de me livrer à un rapide examen des sentiments dont tous les congressistes sont animés.

Quels que soient les titres des Sociétés étrangères ou françaises représentées au Congrès, quelle que soit la pensée dominante de ceux qui y sont venus individuellement, nous cherchons tous à atteindre le même but : Munir les jeunes gens d'un bagage moral, intellectuel ou professionnel qui leur donne les moyens de soutenir honorablement les durs combats de la vie, dont leur âge ne leur permet pas encore de connaître toutes les difficultés.

Pour obtenir ce résultat : nous tenons à ces jeunes gens le même langage en leur disant : Venez dans nos Sociétés ou à nos réunions ; vous nous y trouverez, prêts à vous porter aide morale ou assistance matérielle, prêts aussi à vous rendre plus instruits pour que vous deveniez meilleurs.

Nous serons là, près de vous, cherchant à vous attirer par la curiosité, à vous retenir par l'intérêt, désireux en un mot de vous voir profiter le plus largement possible des leçons, des conseils et des exemples qui vous seront donnés.

Nous ferons ensemble tous les efforts possibles pour perfectionner votre éducation, pour développer en vous cet instrument d'émancipation qui s'appelle l'instruction et pour vous donner, en même temps que l'amour du travail, la conception du beau et du juste, la pratique du bien. (*Vive approbation*).

Sachez, leur dirons-nous encore, que l'égalité que nous cherchons à établir, n'est point un nivellement dans les bas-fonds, mais qu'elle est tout au contraire, dans notre pensée, un idéal de bonté, de solidarité et de fraternité établi et réglé intellectuellement sur des sommets. (*Applaudissements.*)

Je suis certain de ne rencontrer ici aucun contradicteur en affirmant hautement que c'est bien le langage déjà tenu dans les Sociétés qui ont envoyé ici leurs représentants, car toutes sont des Sociétés de liberté et de progrès.

Je puis donc vous assurer, Monsieur le Ministre, et cela, sans nulle crainte d'erreur, que tous les membres de ces Sociétés, que tous les adhérents qui ont assisté aux séances de notre Congrès, — dans quelque partie du monde que se trouve le pays qu'ils représentent, le pays qui les a vus naître et qu'ils aiment, — sont de ceux qui pensent qu'il est permis à tous les hommes, même à ceux qui sont chargés des travaux les plus humbles, de chercher à s'élever au-dessus de leur situation ; qu'ils sont de ceux qui croient que tous les citoyens peuvent gravir les degrés de l'échelle sociale par leur travail, par leur courage, par leurs talents, par leurs vertus ; qu'ils sont enfin de ceux qui estiment que chez les hommes, toute ambition est légitime, à une condition, essentielle, absolue : — c'est qu'il n'y ait pas disproportion entre l'effort dont on est capable et le but qu'on veut atteindre, — mais que, cette condition essentielle étant remplie, on les trouve, sans la moindre hésitation, toujours prêts à contribuer de toutes leurs forces à ce que les hommes de bonne volonté réalisent leurs espérances. (*Vifs applaudissements*).

A tous les jeunes gens qu'ils convient, et qui répondront à leur appel, ils continueront donc à dire :

« Venez sans fausse honte à nos cours du soir, assistez à nos conférences littéraires ou scientifiques, soyez assidus aux réunions de nos Sociétés amicales, associez-vous a nos groupements d'assistance ou de mutualité, pour compléter votre éducation, pour vous instruire davantage, pour apprendre à perfectionner votre travail, pour vous aider les uns les autres.

« Tenez pour certain, leur dirons-nous en complétant notre pensée, que, dans ces conditions, le travail auquel vous vous livrez habituellement se ressentira de votre éducation et de votre instruction ; vous produirez plus, vous produirez mieux, et en même temps que vous améliorerez ainsi votre situation personnelle, vous rendrez un véritable service à votre pays, en contribuant à sa grandeur et à sa prospérité. » (*Applaudissements.*)

Peut-être me dira-t-on que tout cela n'est, à la vérité, que ce que nous faisons déjà et depuis bien longtemps, sous des formes très variées, avec des systèmes extrêmement différents ; mais je répondrai que nous voulons le faire mieux encore, que nous voulons le faire davantage, et c'est ce dont nous avons cherché ensemble les moyens dans les séances de ce Congrès où chacun a apporté, avec une foi ardente, des convictions profondes et une sincérité absolue.

Il me plaît d'espérer, ou plutôt je désire de tout mon cœur, et je suis assuré que vous désirez comme nous, Monsieur le Ministre, que les résultats que nous avons obtenus, que l'action que nous allons préconiser, soient tels que nous puissions, dans toutes nos Sociétés d'éducation et d'instruction, non seulement continuer, mais accentuer la marche, toute de travail, de progrès et de lumière de ces Sociétés, pour le plus grand bien des petits, des faibles, des modestes et des humbles qui pourront ainsi profiter largement d'une action bienfaisante qui ne leur sera jamais refusée. (*Très vifs applaudissements.*)

(M. GEORGES LEYGUES se retire.)

M. LE PRÉSIDENT. — Nous avons maintenant à résumer les vœux présentés dans les Sections et à vous prier de les adopter. Je donne la parole à M. Émile Pech, membre du Conseil de l'Association Polytechnique, et rapporteur de la 1re Section.

Ire SECTION. — Cours d'adultes.

RAPPORT DE M. ÉMILE PECH
Membre du Conseil de l'Association Polytechnique.

MESDAMES, MESSIEURS,

J'ai l'honneur de vous exposer dans un résumé très concis, très rapide, mais, je crois, parfaitement exact, le résultat des travaux de la première Section du congrès international des Sociétés laïques d'enseignement populaire.

Les vœux émis à la suite des mémoires soumis à l'examen de cette Section du Congrès, ont pour la plupart une importance des plus sérieuses, mais ils ne se révèlent généralement, nous devons le constater tout d'abord, par aucun caractère de réelle nouveauté.

La seule question qui paraisse n'avoir pas été soulevée dans les précédents congrès ouverts aux Sociétés d'Enseignement populaire, notamment, en 1895, au Hâvre et à Bordeaux, est celle d'une fédération de ces Sociétés en vue d'une action commune, identique, quant au but, quoique pouvant être différente par les moyens.

Cependant, une autre proposition, neuve également, a été faite, dont l'importance ne pouvait échapper à la première Section : c'est celle que M. ÉDOUARD PETIT a développée avec son éloquence lumineuse, familière et entraînante, et à la suite de laquelle l'Assemblée a émis le vœu :

Que les Sociétés laïques d'Enseignement populaire des grandes villes apportent leur appui moral et, autant que possible, leur aide matérielle aux Sociétés similaires créées dans les petites localités du même département ou du même arrondissement.

De nombreuses communications ont été ensuite présentées à l'Assemblée en ce qui concerne l'enseignement des langues étrangères.

Justement préoccupé de l'insuffisance de cet enseignement, tant au point de vue du nombre de leçons données qu'à celui des méthodes adoptées par la plupart des professeurs volontaires, M. ARCAMBEAU fait adopter une série de vœux se rattachant tous à cet enseignement, et dont la réalisation se traduirait, pour les élèves, par une connaissance plus sérieuse, plus pratique, plus approfondie, des idiomes qu'ils se sont proposé d'apprendre.

A la suite des explications fournies par M. Arcambeau, la première Section a, en effet, émis le vœu :

1ᵉ Que le nombre des leçons de langues vivantes soit augmenté, et que la durée des cours soit prolongée.

2ᵉ Que l'enseignement verbal des langues vivantes soit préféré à l'emploi de toute méthode écrite.

3ᵉ Que des conversations, des conférences, des lectures à haute voix en langues étrangères, ainsi que des soirées littéraires et musicales, soient organisées partout où cela pourra se faire.

4ᵉ Qu'une correspondance internationale soit engagée entre les meilleurs élèves des cours de langues vivantes

Dans le même ordre d'idées, l'Assemblée s'est montrée favorable aux propositions présentées par M. ROBERT SCHWARZ en ce qui touche : d'une part, la nécessité d'augmenter le nombre des bourses de voyage à l'étranger à accorder aux meilleurs élèves des cours de langues vivantes; et, d'autre part, les moyens à employer pour donner aux cours de langues vivantes une publicité plus efficace que celle qui résulte des affiches.

Ces propositions ont été parfaitement justifiées par leur auteur dans un excellent mémoire où il constate avec regret que, trop souvent, les cours de langues étrangères sont faits par des professeurs n'ayant jamais habité le pays dont ils enseignent l'idiome, ou n'y ayant passé qu'un temps trop court pour acquérir de cet idiome une connaissance réellement utile et pratique.

C'est pour remédier dans la mesure du possible à ces inconvénients, que M. Schwarz voudrait que les bourses de voyage à l'étranger fussent distribuées plus généreusement.

A la suite de ces explications, la première Section a émis à l'unanimité les vœux suivants :

Que des bourses ou fractions de bourse de séjour à l'étranger soient accordées le plus largement possible, par la voie du concours, aux meilleurs élèves des cours d'adultes;

Que le concours de la presse soit sollicité en vue de la publicité à donner à ces cours.

Enfin, et pour épuiser les questions se rattachant à l'enseignement des langues étrangères, il y a lieu d'enregistrer le vœu proposé par M. de Béthencourt et voté par la première Section, tendant à ce que :

L'étude de la langue portugaise soit généralisée dans les cours gratuits faits par les Sociétés d'Enseignement populaire.

La proposition de M. Léon Ricquier tendant à ce **que les Sociétés d'Instruction populaire fassent, dans leurs leçons, une plus large place aux exercices de lecture expressive et de diction** ne pouvait manquer d'être favorablement accueillie.

Si la lecture des yeux, la lecture mentale, est utile comme moyen d'instruction au point de vue de la connaissance de la langue, la lecture à haute voix, dit M. Léon Ricquier, est bien plus utile encore, car elle permet de goûter, d'apprécier d'une manière plus complète les belles œuvres de notre littérature, si féconde en chefs-d'œuvre.

Elle développe en outre à un très haut degré le sens critique, puisque le talent du lecteur consiste précisément à rendre les beautés de l'œuvre qu'il interprète et à en voiler les imperfections.

L'assemblée était si bien d'avance acquise aux idées de M. Ricquier, que quelques membres ont pu lui faire observer que la plupart des Sociétés d'Instruction populaire, et notamment les Associations Polytechnique et Philotechnique, convaincues comme lui de l'utilité des cours de lecture expressive et de diction, avaient depuis longtemps déjà ouvert des cours de ce genre dans leurs diverses sections; que ces cours étaient généralement très fréquentés, et qu'ainsi son vœu se trouvait d'avance réalisé.

On aurait pu ajouter même que quelques-unes de ces Sociétés font entendre à leurs distributions de prix, ou dans des séances spéciales d'auditions, leurs meilleurs élèves des cours de lecture et de diction comme pour mieux affirmer l'existence de ces cours et les résultats qui y sont obtenus.

Le mouvement féministe, auquel les hommes ne restent pas indifférents, soit qu'ils s'efforcent de l'activer et de l'étendre, soit qu'ils fussent plutôt enclins à l'enrayer, a inspiré à M. René Lazard, ainsi qu'à Mlle Schweig, le vœu adopté par la première Section du Congrès.

Que les Sociétés d'Enseignement populaire s'appliquent à donner aux élèves-femmes les connaissances nécessaires pour occuper les différents emplois administratifs auxquels elles peuvent être appelées.

Une longue discussion s'est ensuite engagée au sujet de la proposition de M. Joseph Leblanc ayant pour objet une Fédération des Sociétés laïques d'Enseignement populaire et la création, entre les élèves de ces diverses Sociétés, d'un concours général annuel.

Plusieurs membres ont fait observer que, quoique concourant à un même but, qui est l'amélioration morale et intellectuelle du plus grand nombre, les œuvres post-scolaires avaient des origines, des tendances, des destinations, des intérêts et des moyens d'action différents et qu'en raison de ces inégalités de conditions, une Fédération générale de ces Sociétés devenait d'une réalisation à peu près impossible.

Quelques-unes des congressistes auraient voulu cette Fédération internationale, ce qui en eût encore compliqué les difficultés ; d'autres l'eussent désirée simplement nationale ; et des arguments assez confus, assez contradictoires, ont été présentés en faveur de l'une ou de l'autre de ces hypothèses ; mais les orateurs n'ont pu réussir à convaincre l'Assemblée de l'opportunité d'une Fédération, soit nationale, soit internationale, non plus que de l'utilité d'un concours général annuel, dont la règlementation serait des plus difficiles et les effets sans grande importance au point de vue des résultats à obtenir.

Aussi la première Section s'est-elle bornée, sur la proposition de MM. Édouard Petit et Joseph Leblanc, à émettre le vœu :

Qu'un comité d'Études constitué par le Bureau du Congrès mette à l'ordre du jour la fondation d'une Union nationale des Sociétés laïques d'Instruction populaire.

Une autre proposition, qui témoigne de l'importance que le Gouvernement attache aux services rendus par les Sociétés d'Enseignement populaire et de la considération dont elles méritent d'être l'objet, est celle que M. Édouard Petit, *Inspecteur général de l'Instruction publique*, a fait voter par le Conseil, et qui est ainsi conçue :

Le Congrès émet le vœu :

Que deux délégués des Sociétés laïques d'Enseignement populaire, l'un de Paris, l'autre de province, soient élus au Conseil supérieur de l'Instruction publique.

Cet autre vœu de M. Rotival, appuyé par M. Édouard Petit, a été également adopté ;

Considérant, en outre, que plusieurs Congrès ont

déjà émis le vœu qu'un Bureau International de l'Enseignement soit constitué pour fonctionner d'une manière permanente, l'assemblée donne son adhésion à la création de ce Bureau et demande que les Sociétés d'Enseignement populaire y soient représentées.

Parmi les communications faites au Congrès, il en est une que son auteur n'a pu venir développer, mais dont les conclusions ont été soumises aux délibérations de la première Section.

Pénétré de cette idée que le sort des humains dépend en grande partie de l'influence bonne ou mauvaise exercée sur eux par leurs parents, et que cependant on n'a jamais rien fait jusqu'ici ni à l'école, ni au lycée, ni dans les cours d'adultes, pour préparer les jeunes gens des deux sexes à remplir plus tard avec sagesse et discernement leurs devoirs de pères et mères de famille, M. BIDART a proposé le vœu suivant, qui a été adopté :

Que des leçons sur l'art d'élever les enfants dans la famille soient faites dans les Cours d'adultes, garçons et filles.

L'une des questions soumises à l'examen du Congrès actuel a déjà donné lieu, dans les précédents Congrès des Sociétés laïques de l'Enseignement populaire, à des débats assez passionnés : c'est celle qui se rapporte à la situation faite, au point de vue des récompenses, aux instituteurs publics qui, en dehors de leurs classes, prêtent un concours plus ou moins actif à l'œuvre de l'enseignement des adultes.

Jusqu'à présent, l'Administration, se retranchant derrière des considérations d'ordre hiérarchique, a exclu ces professeurs des distinctions qu'elle accorde à ceux qui, n'appartenant pas à l'enseignement officiel, ingénieurs, médecins, avocats, fonctionnaires de tout ordre, commerçants, ouvriers même, apportent le secours de leurs connaissances spéciales ou professionnelles à tous ceux qui veulent bien venir écouter leurs leçons.

Emu de cette sorte d'ostracisme, qui, en raison de leurs fonctions régulières, pèse sur les Instituteurs publics, M. LE Dr SALMON a plaidé avec une éloquence simple et persuasive la cause de ces dévoués collaborateurs ; et l'Assemblée,

Considérant qu'il serait utile d'encourager et de récompenser, au même titre, tous ceux qui apportent leur concours à l'œuvre de l'Instruction populaire.

Émet le vœu que, sans se préoccuper de la hiérarchie, on accorde les mêmes distinctions à tous les professeurs, qu'ils soient libres ou qu'ils appartiennent à l'État.

Enfin M. VIALES a justifié, en quelques paroles empreintes de cordialité et de conviction une proposition ayant pour objet la constitution de Sociétés amicales entre Anciens élèves de cours d'adultes appartenant à un même groupement.

On aurait pu faire observer à l'auteur de cette proposition que des Associations semblables existent déjà, du moins à Paris; que ceux qui ne font partie ont pu apprécier comme il convient les avantages matériels et moraux qui leur sont offerts par ces Associations, et que, dans l'état actuel de notre législation, les Anciens élèves des cours d'adultes, quelle que soit la Société enseignante dont ils ont suivi les leçons, ont toute latitude, moyennant l'observation des formalités nécessaires, de se constituer en Association et de répondre ainsi aux généreuses préoccupations de M. Viales.

Quoi qu'il en soit, la première section du Congrès, adoptant cette proposition, a émis le vœu :

Que partout où existent des Sociétés d'Enseignement populaire, il se fonde entre Anciens elèves de ces Sociétés, des Associations comme il en existe déjà entre Anciens élèves d'un même lycée ou d'une même école.

Quelques autres desiderata ont été en outre formulés dans divers mémoires déposés au Congrès. Ces desiderata étant, ou étrangers à l'objet même du Congrès, ou s'appliquant à des réformes qui sont depuis longtemps déjà entrées dans le domaine des faits, la première Section n'a pu qu'en prendre acte, en remerciant les auteurs de ces communications.

En résumé, il ressort du court exposé qui précède que, parmi les mémoires examinés et discutés par la première Section (cours d'adultes), bien peu se sont signalés par l'invention ou la nouveauté. La plupart s'appliquent, en effet, à des améliorations déjà accomplies ou en voie de réalisation.

Il ne nous reste donc qu'à exprimer l'espoir que, de toutes les communications faites, celles qui visent un progrès encore à naître, n'auront pas été soumises en vain aux délibérations du Congrès.

(*Applaudissements*).

E. PECH.

M. de Nevrezé. — Je considère que notre collègue a très clairement résumé les travaux de la 1re Section, et je crois être l'interprète de l'unanimité du Congrès en disant que nous n'avons qu'à adopter purement et simplement son rapport. (*Applaudissements.*)

M. le Président. — Je mets aux voix l'ensemble du rapport de M. Pech.

— Adopté.

M. Rotival. — Nous avons décidé qu'il y aurait un Cercle d'études chargé d'examiner la question de l'union des Sociétés. Il n'y a qu'à se mettre au travail. On a décidé, d'autre part, que cette commission d'études serait composée du Bureau qui préside le Congrès, et cette décision est excellente. J'ai cependant une observation à faire : nous sommes habitués, dans nos Sociétés à tendances très larges et très libérales, à introduire dans les commissions qui examinent des propositions les auteurs de ces propositions. Eh bien ! les auteurs de la proposition ne se trouvent pas dans le Bureau. Je crois qu'il faut réparer cet oubli, et je vous demande d'ajouter le nom d'un des auteurs de la proposition de fédération, M. Joseph Leblanc, et un autre nom, celui de M. Édouard Petit. Je crois que, pour le succès même de cette tentative d'union, il est nécessaire que M. Édouard Petit fasse partie de la commission.

Un Congressiste. — Je crois que M. Rotival a oublié quelqu'un : c'est M. Rotival lui-même.

M. le Président. — Il fait partie de la commission du Congrès. Je mets aux voix les deux noms de MM. Joseph Leblanc et Édouard Petit.

— Adopté.

M. Lazard. — Puisqu'il y a un bureau constitué, il s'adjoindra les collaborateurs dont il aura besoin.

M. le Président. — Je préfère régler la question tout de suite en ce qui concerne M. Rotival et vous demander d'approuver l'adjonction du nom de M. Rotival au Bureau pour constituer la commission d'études.

— Adoptés.

M. le Président. — Nous passons au rapport de la 2e Section ; je donne la parole au rapporteur M. Perdrix, secrétaire général de l'Union française de la jeunesse.

2e SECTION

Conférences et Enseignement par l'aspect.

RAPPORT DE M. H. PERDRIX

Secrétaire général de l'Union Française de la Jeunesse.

Mesdames, Messieurs,

Je viens vous présenter le rapport sur les travaux de la 2e Section dont l'ordre du jour portait :

Conférences. — Enseignement par l'aspect.

L'importance qui s'attache aux deux points de cet ordre du jour nous a valu de très intéressants mémoires ; mais nous pouvons regretter que quelques-uns d'entre eux aient parfois un caractère de personnalité que nous eussions préféré ne pas trouver dans un congrès international. Cette remarque faite en passant, nous devons reconnaître que le résultat de nos travaux s'est traduit par un certain nombre de vœux importants.

La communication très documentée faite par M. Pierre Nicolas sur : *L'enseignement colonial laïque et le rôle des missionnaires religieux dans les colonies*, a jeté la lumière sur bien des points jusqu'alors obscurs, et attiré tout particulièrement l'attention des membres du Congrès sur la nécessité de seconder les grands administrateurs coloniaux en jetant dans le cerveau des adultes qui viennent à nos cours des principes sérieux et solides appuyés de renseignements utiles.

Vouloir analyser plus complètement la communication serait l'amoindrir ; je préfère vous renvoyer au mémoire même de M. Pierre Nicolas (voir la 3e partie).

Cette communication amenait à la tribune M. Henriet, de Marseille, qui, nous parlant de contrées moins éloignées qu'il a visitées étant en mission pour le compte de l'État, nous exposait le peu de diffusion de notre langue dans les pays soumis à notre influence et dans lesquels nous entretenons à grands frais des écoles dirigées par les congrégations religieuses, écoles où l'on ne parle même pas le français.

Le magistral exposé de M. Nicolas et les observations de M. Henriet conduisaient nécessairement au vœu suivant présenté par M. Nicolas et adopté par la 2e Section :

Le Congrès des Sociétés populaires d'enseignement laïque, constatant avec regret que l'enseignement dans les colonies est exclusivement donné par les congrégations religieuses, demande aux Gouver-

nements d'aider matériellement les Sociétés d'enseignement populaire désireuses d'y opposer un enseignement général laïque.

Le second mémoire, présenté par M. JACQUES MOTTOT, nous entretenait d'un procédé idéographique pour l'enseignement de la lecture et concernait l'étude d'un album d'images que son auteur appelle « le Répétiteur phonique » ; cet album comprenant 55 dessins, dont chacun a quelques traits de ressemblance avec la forme d'une lettre ou d'un polygramme, établit un lien tangible entre l'image et le signe alphabétique.

Les explications fournies par l'auteur du mémoire relevaient plus directement d'un congrès de pédagogie et amenaient de la part de Mme LOUISE DEBOR, l'aimable rédactrice de la *Fronde*, et de MM. TELLIER, HENRIET et BERNOT, d'intéressantes observations.

Néanmoins, la 2e Section, estimant que cette méthode pouvait être utilisée pour les quelques illettrés qui s'adressent à nous, a émis le vœu :

Que la méthode de lecture préconisée dans le « Répétiteur Phonique » soit introduite d'une manière plus complète dans les Sociétés d'enseignement, dans les écoles et dans l'armée.

Le troisième mémoire, présenté par M. LE BRETON, traitait de : « La création de musées communaux ruraux par les élèves des écoles communales ».

L'auteur du mémoire énumérait ce que pourrait comprendre l'une des sections ou divisions de ces musées en prenant pour exemple la section agricole (voir le mémoire de M. Le Breton, 3e partie).

L'attention des membres du Congrès a été ensuite attirée sur les avantages de ces musées constitués à peu de frais par les élèves eux-mêmes sous la direction de leurs maîtres, avantages de toute nature que M. Le Breton classait en 10 points.

Après un échange de vues entre MM. LE BRETON, JARRY, BERNOT, VIALES ET PERDRIX, le vœu suivant a été présenté et adopté :

Le Congrès international des Sociétés laïques d'enseignement populaire, considérant les nombreux avantages qui résulteraient de la création de musées ruraux par les instituteurs publics et en collaboration de leurs élèves, émet le vœu que les instituteurs soient encouragés par les Sociétés d'enseignement et par l'Administration supérieure à former ces musées.

La communication faite ensuite par M. DEFRANCE sur « La Conférence au régiment » nous donnait un aperçu des résultats obtenus par les conférences faites dans les différents corps de troupes et des avantages qu'il serait permis d'espérer de leur développement.

L'orateur nous a fait part en outre des difficultés rencontrées par les organisateurs, notamment pour l'obtention des collections de vues photographiques nécessaires à ces conférences ; il a terminé en demandant une plus large application du décret du 3 février 1896 et émetant un vœu qui, après une modification demandée par M. ROTIVAL, est devenu le suivant :

Considérant que les projections lumineuses jouent un rôle très important dans les conférences faites à la troupe, le Congrès international des Sociétés laïques d'enseignement, sur la proposition du Comité de la Société Nationale des conférences populaires, émet le vœu que le décret de M. le Ministre du Commerce, de l'Industrie et des Postes et Télégraphes, autorisant à circuler en franchise par la poste les collections de vues photographiques pour projections du Musée Pédagogique de l'État, adressées au personnel enseignant, soit également appliqué aux collections de vues adressées aux officiers conférenciers de l'armée française ou aux conférenciers des Sociétés d'Enseignement populaire.

Enfin, Messieurs, un mémoire présenté par M. BÊCHE et traitant :
« Des voies et moyens propres au recrutement et à la conserva-
« tion des auditeurs des conférences populaires et républicaines »
n'a pu être examiné par la deuxième Section ; ce mémoire, a en effet été remis trop tardivement et l'auteur ne s'est pas trouvé présent pour en donner lecture.

Le travail de M. Bêche, très documenté, peut se résumer par les desiderata suivants en ce qui concerne le recrutement des auditeurs :

1° « Fixation de 6 à 13 ans, sans aucune exception, de la période
« obligatoire de fréquentation des établissements d'enseignement. »

2° « Commissions municipales scolaires composées de membres
« aux sentiments républicains incontestables et inaccessibles aux

« préoccupations électorales. Obligation de fonctionnement dans les
« termes de la loi ;

3° « Mise à la disposition de ces commissions des ressources né-
« cessaires pour assurer des secours efficaces aux écoliers nécessi-
« teux. »

Pour retenir les auditeurs des conférences, M. Bèche préconise les moyens suivants :

« Rechercher d'éloquents et érudits conférenciers, donner à cha-
« cune des réunions un cachet de solennité et, lorsque faire se peut,
« une tournure de fête.

« Dans les communes possédant des sociétés musicales, des troupes
« artistiques, on ne doit pas hésiter à faire appel à leur concours.

« Autant que possible, la conférence doit aussi, pour être rendue
« plus attrayante, voire même plus compréhensible, se poursuivre
« à travers des projections de vues destinées à laisser une forte em-
« preinte dans l'esprit comme dans l'imagination de l'auditoire. »

Tel est, mesdames et messieurs, brièvement esquissé, l'ensemble des travaux de la deuxième Section.

Nous avons travaillé avec l'espoir de faire œuvre utile.

Quand on parle d'instruction et d'éducation, c'est généralement aux enfants que l'on pense et cependant l'éducation et l'instruction durent toute la vie : c'est pour cette raison que les travaux soumis à la deuxième Section intéressent l'enfant, l'adulte et l'homme fait.

Notre plus noble ambition doit être d'accroître et de développer sans cesse l'héritage des déshérités du sort et de leur rendre la vie plus sûre et plus brillante : nous espérons que les travaux de notre Section contribueront à la réalisation de cet idéal.

(*Applaudissements.*)

H. PERDRIX.

M. AGUSSOL. — Je crois qu'après avoir entendu le rapport si distingué du secrétaire de la deuxième Section tous les membres du Congrès ne peuvent que lui adresser de sincères compliments. Je demande donc au Congrès de voter à notre camarade Perdrix de vives félicitations, ainsi qu'aux autres rapporteurs. (*Applaudissements unanimes.*)

M. LE PRÉSIDENT. — Les félicitations paraissent votées puisque vous avez tous applaudi !

Je mets aux voix le rapport de M. Perdrix.

— Adopté.

La parole est à M. Mardelet, vice-président de l'Association Polytechnique et rapporteur de la 3ᵉ Section.

8

3ᵉ SECTION. — Enseignement Professionnel
RAPPORT DE M. CHARLES MARDELET
Vice-président de l'Association Polytechnique.

MESDAMES, MESSIEURS,

Je vais avoir l'honneur de vous faire connaître le résumé des travaux de la 3ᵉ Section (Enseignement professionnel) du Congrès des Sociétés laïques d'enseignement populaire, dans la séance du 12 courant, et je demanderai ensuite, au nom de cette Section, aux Membres du Congrès, d'adopter les vœux que nous avons émis.

Votre 3ᵉ Section a eu à examiner plusieurs questions concernant l'enseignement professionnel, qu'on peut grouper en quatre catégories, savoir :

1° Branches d'enseignement professionnel qu'il semble utile de développer ou de créer.

2° Mesures à prendre pour faciliter l'accès aux cours d'enseignement professionnel par tous ceux qui peuvent plus particulièrement profiter de cet enseignement.

3° Dispositions de nature à améliorer le fonctionnement des cours et conférences d'enseignement professionnel dans les Sociétés d'enseignement populaire.

4° Organisation de concours pour les élèves de certains cours professionnels spéciaux.

I. — Pour la première catégorie, la 3ᵉ Section a entendu d'abord la lecture d'un mémoire de M. A. PIHAN, président-fondateur de la Société des Laboratoires Bourbouze. Notre collègue a exposé avec une grande clarté que la Société des Laboratoires Bourbouze s'est préoccupée de permettre aux personnes qui fréquentent ces laboratoires de tirer immédiatement profit de la leçon qu'ils désirent recevoir. A cet effet, les élèves indiquent eux-mêmes le programme de la leçon qu'ils sollicitent, et ils trouvent à la séance suivante les produits et les appareils qui leur sont nécessaires pour faire l'expérience qu'ils ont demandée. Les élèves sont d'ailleurs guidés dans les manipulations par le « mode opératoire », rédigé d'avance par le professeur ou chef de laboratoire, et dont les collaborateurs surveillent les opérations et conseillent les détails.

Ce sont réellement des cours de renseignements dont M. Pihan désire l'extension et il a proposé à la Section d'adopter le vœu suivant :

Que des cours de renseignements professionnels, techniques et commerciaux, soient créés, autant que possible, à côté des cours d'enseignement général actuellement existants.

M. Joseph Leblanc, tout en appuyant en principe la motion de M. Pihan, a exposé qu'il conviendrait plutôt de répandre les consultations que donnent certains professeurs en dehors du cours, et d'en faire l'objet d'un service ou centre spécial dans nos Sociétés.

M. E. Leguay, professeur à l'Association Polytechnique, a fait remarquer que la méthode préconisée par M. Pihan pouvait rendre de grands services dans certains cours de sciences appliquées, et notamment dans les cours d'électricité pratique. Dans ces leçons spéciales, il convient de donner aux élèves des connaissances appropriées aux travaux qu'ils peuvent avoir à exécuter. C'est cette méthode que M. Leguay a appliquée avec succès au cours d'électricité qu'il fait à l'Association Polytechnique.

M. Kownacki a montré qu'il y avait dans la proposition de M. Pihan, appuyée par M. Leguay, et dans celle de M. Joseph Leblanc deux ordres d'idées distinctes qui pouvaient toutes deux attirer l'attention du Congrès.

M. Pagès et divers membres ont insisté pour créer autant que possible les cours de renseignements dans l'esprit qu'a exposé M. Pihan, la question des consultations dont les professeurs peuvent favoriser leurs élèves étant en dehors de la question d'enseignement qui nous occupe.

La Section a admis le vœu proposé par M. Pihan.

M. Joseph Leblanc, professeur à l'Association Polytechnique, a donné lecture d'un mémoire montrant l'utilité de la comptabilité et du développement de cette branche d'enseignement, non seulement dans les cours d'adultes, mais encore dans les écoles communales et dans les écoles normales et primaires supérieures.

Au cours de la discussion à laquelle prennent part plusieurs membres de la Section, M. Édouard Petit, inspecteur général de l'Instruction publique, se plaît à dire qu'il a constaté que l'enseignement de la comptabilité était très développé dans toutes les Sociétés ou Associations d'enseignement populaire, qu'il y était fait par de véritables praticiens, et qu'il constatait les services importants que rend cette branche de notre enseignement commercial. Il ne lui semble pas que le Congrès ait à émettre un vœu en ce qui concerne le développement de cet enseignement dans les Sociétés d'enseignement populaire, qui savent si bien créer tous les cours de cette nature lorsqu'elles en trouvent l'occasion et le besoin. Mais M. Edouard Petit s'est élevé contre l'enseignement de la comptabilité à l'école primaire. L'instituteur, quelque dévoué qu'il soit, ne peut pas, pour cet enseignement, être à la hauteur des professeurs de nos Sociétés qui sont tous des spécialistes. L'État a largement répandu l'enseignement de la comptabilité dans les écoles de commerce et dans les écoles pratiques de commerce et d'industrie. Les Sociétés d'enseignement populaire ne pourraient plus exercer aussi utilement leur initiative si elles n'avaient pas, comme actuellement, le privilège de l'enseignement pratique de la comptabilité commerciale.

La 3e Section, considérant que le Congrès n'avait pas à émettre de vœu pour l'enseignement dans les écoles communales et les écoles d'enseignement supérieur, n'a pas admis le vœu formulé par M. Joseph Leblanc.

M. CLAUDEL, professeur à la Société académique de comptabilité, a communiqué à la 3e Section un mémoire qui contient des considérations philosophiques sur la nécessité de ne pas restreindre les cours professionnels à la spécialité du métier auquel ils se rapportent, d'élargir et d'élever cet enseignement de manière à amener le travail professionnel à la hauteur d'une fonction sociale.

L'auteur du mémoire n'a pas présenté de vœu. Mais il a invité ses collègues à vouloir bien assister aux conférences qu'il doit faire à la Société académique de comptabilité.

Enfin, M. Colombié, professeur à l'Association Philotechnique, fondateur de l'école de cuisine a proposé à la 3e Section d'admettre le vœu suivant :

Que le Congrès use de son influence auprès des municipalités et des pouvoirs publics pour donner un plus large développement à l'enseignement de la cuisine ménagère, ou point de vue hygiénique et pratique.

II. — La 3e Section a discuté avec un très vif intérêt les questions développées par M. Jules Henriet, professeur à la Société académique de comptabilité (Section de Marseille) au nom de M. Abeille, président de cette Société ; ces questions tendent à permettre aux employés de commerce et aux apprentis et ouvriers de suivre le soir les cours professionnels des Sociétés d'enseignement populaire.

M. HENRIET a insisté sur l'intérêt qu'il y avait à donner aux employés de commerce les facilités qu'ils n'ont pas toujours pour venir à nos cours du soir. Les employés doivent, comme les ouvriers, être l'objet de nos préoccupations, les cours professionnels de nos Sociétés devant également profiter aux uns et aux autres.

M. HENRIET a proposé à la Section l'adoption du vœu suivant :

« Que les maisons de commerce soient invitées à fermer régulièrement leurs bureaux au plus tard à 7 heures du soir afin de permettre aux employés et travailleurs de la plume de suivre les cours scolaires particuliers. »

M. ÉDOUARD PETIT a appuyé très énergiquement cette proposition; il a toutefois demandé de l'élargir de manière à comprendre les maisons de commerce et d'industrie, pour viser à la fois les employés de commerce et les ouvriers, et surtout les jeunes apprentis. Il a montré tout l'intérêt qu'il y avait à se préoccuper de perfectionner l'apprentissage ; quand les patrons le comprendront, ils feront comme certains industriels en Allemagne, et aussi dans plusieurs villes françaises : appréciant le service que rendent les Sociétés d'enseignement populaire, ils provoqueront leur développement et ils les encourageront en leur donnant des subventions.

M. LAZARD, professeur à l'Association Polytechnique, qui sait que beaucoup d'employés de bureaux d'escompte et de recouvrement sont retenus très tard par leurs administrations, apprécie la proposition de M. Henriet.

M. ROTIVAL, agent général de l'association Philotechnique, fait observer que le Congrès de l'Enseignement technique a déjà formulé un vœu analogue à celui de M. Henriet. Il est donc utile qu'il soit également accepté par le Congrès des Sociétés d'enseignement populaire.

La 3e Section propose par suite l'admission du vœu suivant :

Que les chefs d'établissements commerciaux et industriels donnent toutes facilités à leurs employés et ouvriers des deux sexes, et surtout aux apprentis, pour assister aux cours professionnels.

Dans le même esprit, M. HENRIET a également proposé :

« Que l'autorité militaire, en tant que les exigences du service le permettront, accorde les plus grandes facilités aux soldats sous les drapeaux afin de leur permettre de suivre les cours du soir et de continuer ou compléter ainsi leur éducation professionnelle ».

MM. LEBLANC et ROTIVAL font observer que dans certains cas les soldats sont autorisés à suivre les cours de nos Associations et qu'il arrive qu'ils n'en profitent pas.

Il conviendrait de faire un contrôle qui pourrait donner satisfaction à l'autorité militaire.

M. ÉDOUARD PETIT fait constater combien il connaît bien nos Sociétés d'Enseignement populaire en signalant certaines mesures spéciales prises par quelques chefs de corps militaires, pour s'assurer que les permissions accordées aux soldats pour suivre des cours n'étaient pas détournées de leur but spécial.

Il n'y a pour lui aucun inconvénient à admettre le vœu proposé par M. Henriet, pour essayer de généraliser l'action favorable qu'on a constatée dans certains cas isolés. Il a ajouté qu'il pense que l'action de nos Sociétés pour cette circonstance sera plus efficace si on parvient à réaliser l'union des Sociétés laïques d'enseignement populaire dont il a parlé dans la séance d'ouverture du Congrès.

Après un échange d'observations de la part de MM. *Lazard, Henriet* et *Ernest Roy*, la Section a admis sur la proposition de son Président, M. le Dr Peyré, qu'il était préférable de compléter le vœu précédemment admis, de la manière suivante :

Il exprime également le vœu que les mêmes facilités soient accordées aux soldats par l'autorité militaire.

L'ensemble du vœu est adopté par le Congrès.

III. — En ce qui concerne les mesures qui peuvent faciliter et améliorer le fonctionnement des cours et conférences d'enseignement populaire, la 3e section a d'abord reçu une communication de M. *Henriet* au nom de M. *Viales* qui a formulé le vœu suivant :

Dans le but d'assurer aux conférences populaires l'homogénéité et l'unité d'action qui leur ont fait trop souvent défaut jusqu'ici, le Congrès émet le vœu que chaque année des séries de vue se rapportant à un même ordre d'idées soient mises à la disposition de chaque circonscription d'inspection primaires.

La 3e Section a pris ce vœu en considération, et demande *que la question qui en est l'objet soit étudiée par une commission supérieure spéciale.*

M. THIERCELIN, professeur à l'Association Polytechnique, a remis à la 3e Section un mémoire sur le fonctionnement des cours organisés à la Bourse du Travail pour les membres des Chambres syndicales ouvrières; ces cours uniquement professionnels, qui sont appropriés aux spécialistes des corporations ouvrières qui les fréquentent, nécessiteraient l'usage de dessins, modèles et appareils de démonstration. Cette situation étant la même fréquemment pour beaucoup de sections ou locaux de nos cours d'enseignement populaire, M. Thiercelin a proposé à la section d'admettre le vœu :

Que les Professeurs des Sociétés d'enseignement populaire puissent utiliser, autant que possible, pour l'enseignement professionnel des adultes les modèles, dessins et appareils de démonstration dont disposent les écoles ou établissements dans lesquels les Sociétés ou Associations ont leurs salles de cours.

A cette occasion, M. *Agussol* a demandé la création de modèles géométriques démontables comme le fait l'École du travail de Montpellier.

La 3ᵉ Section a admis le vœu présenté par M. *Thiercelin*, à la suite d'une discussion à laquelle ont pris part MM. *Biraud*, *Gras* et *Kounacki* et après les observations de M. *Beurdeley*, maire du 8ᵉ Arrondissement, qui a fait remarquer que, si certains directeurs consentent volontiers à prêter à nos professeurs le matériel dont ils disposent, il peut y en avoir qui se montrent moins complaisants, et que, par conséquent, il faut atténuer le vœu en y mettant les mots « autant que possible ».

Dans le même esprit, M. Thiercelin, estimant qu'il est du plus haut intérêt que nos cours d'enseignement professionnel soient complétés par des visites dans les usines, a pensé qu'il convenait que nos Sociétés sollicitassent, lorsqu'il en serait besoin, l'appui des municipalités auprès des industriels et manufacturiers. Sur sa proposition, après un échange d'observations de la part de MM. *Ernest Roy* et *Goret*, et avec l'approbation de M. *Beurdeley*, la 3ᵉ Section a admis le vœu suivant :

Il est désirable que, soit directement, soit indirectement, grâce à l'appui et au concours des municipalités, les Sociétés d'enseignement populaire obtiennent des industriels et manufacturiers que des visites-conférences aient lieu dans leurs établissements pour les élèves des cours sous la conduite de leurs professeurs.

IV. — Dans la dernière catégorie la seule proposition soumise à la 3ᵉ Section, et admise par elle, est celle de Mˡˡᵉ *Smyth*, au nom de Mᵐᵉ *Menon-Daressy*, directrice des Cours professionnels pratiques de Levallois-Perret.

Le vœu exprimé est ainsi conçu :

Que des concours de composition décorative soient créés ou développés à l'usage des apprentis et ouvriers des professions pour lesquelles cette étude est nécessaire, les concurrents devant être classés en différentes sections suivant leurs professions spéciales.

Telles sont les questions qui ont été étudiées par votre 3ᵉ Section, et nous vous demandons de vouloir bien donner votre approbation aux vœux que nous avons admis. (*Applaudissements.*)

Ch. Mardelet.

M. Henriet. — Dans le rapport, il est dit que je suis professeur à l'Association Polytechnique de Marseille ; à la vérité, c'est mon ardent désir, mais quant à présent c'est inexact. D'autre part, les deux premiers vœux ont été présentés au nom de M. Abeille, président de la Société académique de comptabilité de Marseille, et non au mien.

M. de Nevrezé. — Depuis dix ans que j'enseigne à Paris, il y a des soldats qui viennent aux cours ; je crois que le vœu relatif aux militaires a été pratiqué d'avance.

M. le Président. — Je mets aux voix le rapport de M. Mardelet avec félicitations.

Adopté.

La parole est à M. de Saint-Mesmin, secrétaire général de la Société populaire des Beaux-Arts et rapporteur de la 4ᵉ Commission.

4ᵉ SECTION. — Enseignement des Beaux-Arts.

RAPPORT DE M. J. DE SAINT-MESMIN

secrétaire général de la Société populaire des Beaux-Arts.

Mesdames et Messieurs,

La 4ᵉ Section avait pour mission d'étudier les questions relatives à l'enseignement des Beaux-Arts.

L'utilité de cet enseignement, le rôle des Beaux-Arts dans la culture intellectuelle d'un peuple, ne sont plus des questions controversées. Tout le monde s'accorde, en théorie, à reconnaître la nécessité d'éveiller chez tous, non seulement l'admiration des belles œuvres, mais encore de faire ressortir l'évolution historique des Arts qui permet de mieux comprendre le développement des peuples et leurs états d'esprit successifs.

Là-dessus, tout le monde est d'accord. Il n'en va malheureusement pas de même dans la pratique. L'enseignement des Arts a été négligé pendant longtemps et il est très loin, aujourd'hui encore, d'avoir pris tout l'essor qu'il comporte.

Il suffit de rappeler, sans insister, les actes de vandalisme qui se commettent trop souvent, ou de lire les inscriptions crayonnées sur les monuments, pour se convaincre que la compréhension des œuvres d'art est encore loin d'être généralisée.

La 4º Section s'est trouvée dans la nécessité de constater tout d'abord que si, bien souvent, le sens des belles choses échappe à la masse, c'est qu'il manque à l'enseignement des arts une pépinière.

Le premier vœu soumis à l'examen de cette Commission par M. *Milliet*, professeur à l'Association Polytechnique, est donc ainsi conçu :

« Le Congrès émet le vœu qu'il soit créé, dans chaque pays, un ou plusieurs cours spéciaux destinés à former des professeurs d'Histoire de l'Art et des conservateurs de Musées. »

Peut-être à première vue, Mesdames et Messieurs, vous semblera-t-il que, dans un Congrès des Sociétés d'enseignement populaire, la 4ᵉ Section soit un peu sortie du domaine où évoluent ces Sociétés, en abordant une matière qui a trait à l'organisation d'un enseignement officiel. Notre Section s'est elle-même posé cette question; mais, après un échange de vues dans lequel toutes les conséquences d'une telle discussion ont été étudiées, elle a reconnu nécessaire de traiter ce sujet si important de la capacité du personnel enseignant.

M. *Milliet* a exposé, dans un remarquable rapport, la nécessité de rendre l'histoire de l'Art obligatoire dans les programmes. A Paris, a-t-il dit, l'École du Louvre pourrait être une excellente pépinière de professeurs d'Art, en ajoutant à son enseignement quelques exercices pratiques. En ce qui concerne les départements, M. Milliet aurait souhaité la création d'écoles normales d'Art. Mais la 4ᵉ Section a estimé que ce serait trop demander, à bien des points de vue, et surtout au point de vue budgétaire, et elle s'est bornée à exprimer le souhait:

Que dans chaque école normale un ou deux élèves par an soient désignés pour l'étude spéciale des questions d'Art.

Si utile que fût ce débat, il s'éloignait un peu du rôle des Sociétés d'enseignement populaire. M. *Benoît-Lévy* l'y a judicieusement ramené en faisant observer qu'il est bon de créer des cours spéciaux d'histoire de l'Art dans les pays où cet enseignement *supérieur* n'est pas donné; mais que, dans notre Congrès, il s'agit d'instruction *populaire*, et de mettre tous les instituteurs à même de donner à leurs élèves des notions sommaires d'histoire de l'art. Il demande donc que l'on adjoigne au vœu de M. Milliet le paragraphe suivant :

« Le Congrès estime : .

Qu'il est nécessaire de donner aux instituteurs, dans les Écoles Normales, des notions sommaires de l'Histoire de l'Art les mettant à même de transmettre ces notions à leurs élèves.

Et comme conséquence de ce vœu, M. *Benoît-Lévy* a également proposé la résolution suivante, que nous avons aussi adoptée, car elle explique et justifie la nécessité d'avoir des maîtres initiés aux questions artistiques :

Le Congrès estime : 1° que les instituteurs doivent profiter de toutes les occasions pour donner à leurs élèves

des notions sommaires de l'histoire de l'art : conférences avec projections, visites aux monuments et aux musées;

2° Qu'il y a lieu également pour les Sociétés post-scolaires d'instruction de combler par les mêmes moyens les lacunes que présente sous ce rapport l'éducation populaire.

3° Qu'il est donc nécessaire de comprendre dans les programmes d'instruction primaire quelques leçons très sommaires sur l'histoire de l'art, et notamment sur les différents styles des monuments publics ou privés.

Chaque jour, Mesdames et Messieurs, les enfants, les jeunes gens, les adultes eux-mêmes passent inconscients dans la rue en face de monuments ou d'œuvres d'art qui éveilleraient en eux des souvenirs ou des sensations élevées s'il les comprenaient. Un porche d'église, une maison renaissance sont des documents que chacun a le droit de savoir lire puisqu'ils font partie du patrimoine national.

Il faut que l'instituteur ouvre l'intelligence des enfants sur ce qu'ils voient dans leurs promenades.

Et il faut également que ces questions soient comprises dans l'enseignement complémentaire qu'offrent les Sociétés d'enseignement populaire. Il ne peut s'agir ici, bien entendu, d'un enseignement complet, mais des notions principales qu'il importe à chacun de posséder. Déjà plusieurs Sociétés se sont préoccupées de la question et ont organisé des conférences artistiques avec projections. M. Benoît-Lévy, auteur du vœu dont nous parlons, a fondé dans ce but, vous le savez, cette grande fédération artistique qui s'appelle la Société populaire des Beaux-Arts, et il a été à même de constater avec quel empressement les instituteurs des départements, de même que les Sociétés régionales, s'engagent dans cette voie lorsque les circonstances le leur permettent. Mais il faut leur préparer la besogne et leur fournir des documents. Il faudrait surtout que les instituteurs eussent eux-mêmes reçu à l'école un enseignement artistique.

Les deux propositions de MM. *Milliet* et *Benoît-Lévy* se complètent donc à ce point de vue.

Sur ce même sujet M. *Milliet* a émis un autre vœu ainsi conçu :
« Le Congrès exprime le vœu :

Que les instituteurs, les conférenciers et surtout les professeurs d'art ne laissent échapper aucune occasion d'enseigner au peuple l'horreur du vandalisme et le respect des monuments historiques.

Inutile de vous dire que le vœu a été adopté sans discussion.

Un quatrième vœu relatif à cet ordre d'idées a été présenté à la Section. Il est ainsi rédigé :

« Le conseil émet le vœu :

Qu'il soit recommandé aux professeurs de littérature, d'histoire ou de géographie, dans les cours d'enseignement populaire, de préparer leurs auditeurs à l'intelligence des chefs-d'œuvre des arts.

Ce vœu, qui a été proposé par M. *de Nevrezé*, se rattache directement aux précédents, mais il en diffère en ce que ce ne sont plus seulement les professeurs spéciaux, mais tous ceux dont l'enseignement pourrait toucher par certains côtés aux questions artistiques, qui auraient pour mission d'aborder ce sujet. La 4e Section n'a pas pensé qu'il y eût là un empiètement d'un enseignement sur l'autre, mais, au contraire, une collaboration d'un enseignement avec l'autre, et elle a adopté le vœu.

Un remarquable rapport présenté au Congrès par M. *Esnault-Pelterie*, renfermait également de sages réflexions et d'utiles conseils sur la manière dont l'enseignement artistique doit être donné. Ce rapport se rattache directement aux vœux précédents et sa conclusion abonde dans le même sens.

Le 5e vœu retenu ensuite par la 4e Section demande :

Que des concours soient institués entre les graveurs et les photographes pour les meilleures reproductions des principaux chefs-d'œuvre de l'art. Les reproductions primées auraient pour but de servir à la décoration des écoles, ou bien elles viendraient enrichir les collections conservées dans les musées ou bibliothèques, et pourraient être données en récompenses dans les écoles publiques.

L'auteur de ce vœu est M. *Milliet* dont le rapport, si complet et d'une logique si serrée, contenait également le desideratum suivant qui a été adopté :

« Le Congrès émet le vœu :

Que les musées et bibliothèques, qui sont des propriétés nationales et publiques, soient ouverts aux visiteurs gratuitement et intégralement à toute heure du jour et même le soir, toutes les fois que cela sera possible.

La question de la gratuité des musées ne pouvait certes pas être tranchée dans le sens d'un vœu absolu. La gratuité est entièrement conforme à notre but d'enseignement populaire, ainsi qu'aux principes démocratiques établis dans notre pays. Mais il est incontestable, d'autre part, qu'un ou deux jours payants permettraient d'ajouter aux ressources de nos musées, pour l'achat d'œuvres nouvelles, et de lutter ainsi contre la concurrence des musées étrangers. La 4e Section a donc été obligée, tout en affirmant son désir de gratuité, de modifier son vœu de façon à ne point le mettre en opposition avec les nécessités budgétaires des musées, et c'est pourquoi, au vœu catégorique de gratuité défendu par M. Milliet, elle a ajouté les mots « toutes les fois que cela sera possible ». Le vœu s'étend également aux bibliothèques dont l'accès doit être facilité à tous

Enfin un vœu relatif à la coopération des professeurs et des Sociétés a été présenté par Mme *Menon-Daressy*. En voici le texte :

Le Congrès émet le vœu qu'il s'établisse le plus de rapports possible entre les professeurs de dessin et les Sociétés d'enseignement populaire afin qu'ils puissent mettre en commun, autant que les circonstances le permettront, l'expérience, les idées, et même les objets utiles à l'enseignement.

On peut heureusement constater que cette façon de procéder, que cette coopération est déjà mise en pratique dans bon nombre de Sociétés d'enseignement. Mais le vœu étant de nature à donner plus de publicité à cette excellente méthode de travail, notre Section ne pouvait hésiter à vous en proposer la ratification.

Les travaux de la 4e Section ne se sont pas bornés, Mesdames et Messieurs, à l'examen de questions touchant à l'histoire de l'art ou aux arts plastiques.

L'enseignement de la musique devait naturellement y avoir sa place et des rapports très intéressants nous ont été présentés sur ce sujet

Avec une compétence indiscutable, M. *Félix Boisson* est venu exprimer des regrets qui malheureusement sont souvent justifiés. Il est permis de reconnaître avec lui que l'enseignement élémentaire de la musique n'est pas toujours donné de manière à le rendre attrayant aux élèves. On se contente de leur apprendre des chœurs, au moyen de la mémoire seule. On se borne en quelque sorte à du seringage. Il faudrait inculquer aux élèves des notions de solfège et ses principes les plus faciles ; leur faire connaître un peu l'histoire des musiciens célèbres, de manière à rompre, par la variété, la monotonie de l'enseignement.

M. Félix Boisson estime en outre qu'il y a trop d'incapables parmi les maîtres de musique, et c'est pourquoi il formule le vœu suivant :

A l'exception des artistes possédant déjà un diplôme d'une école musicale classée et de ceux qui ont donné des preuves indiscutables de leur compétence, il sera délivré, après examen, à tout musicien qui en fera la demande, un diplôme attestant ses capacités de professeur — soit en termes généraux : **Création d'un diplôme de capacité à l'usage des professeurs désirant enseigner la musique.**

Bien qu'un vœu semblable ait été discuté au congrès de la musique et n'y ait pas, à ce qu'on nous a dit ici-même, reçu de solution immédiate par suite des difficultés que comporte, aux yeux de certaines personnes, son exécution pratique, la 4ᵉ section a cru devoir retenir ce vœu, persuadée que son intérêt serait reconnu par l'assemblée.

Et, de même, elle a retenu le vœu suivant présenté par M. Viales.

1° Que les Société d'enseignement populaire favorisent la création de sociétés musicales (harmonies, fanfares, chorales);

2° Que les compositeurs dévoués aux œuvres d'enseignement populaire soient invités à fournir aux Sociétés chorales des chœurs à trois voix, ayant un caractère artistique;

3° Que les subventions accordées par l'Etat aux Sociétés d'instruction populaire comprennent des envois de partitions musicales et de reproductions d'objets d'art.

Tels sont, Mesdames et Messieurs, les vœux que la 4ᵉ section avait à soumettre à votre approbation.

L'intérêt qui se manifeste, de plus en plus, pour ces questions d'art si intimement liées à la culture de l'esprit public, permet d'espérer un progrès pour l'objet qui nous occupe ici. Nos travaux n'auront pas été stériles s'ils contribuent, par les sujets qui y ont été traités, à attirer d'une façon efficace l'attention des Sociétés d'Enseignement sur les quelques points où leur intervention peut s'exercer pratiquement. (*Applaudissements.*)

J. DE SAINT-MESMIN.

M. Benoit-Lévy. — Je désirerais que M. le rapporteur voulût bien relire le vœu numéro 1.

M. de Saint-Mesmin. — Le voici :

« Qu'il soit créé, dans chaque pays, un ou plusieurs cours spé-
« ciaux destinés à former des professeurs d'histoire de l'art et des
« conservateurs de musées. »

M. Benoit-Lévy. — Est-ce qu'il n'est pas amendé par la Section?

M. de Saint-Mesmin. — Il a été examiné à divers points de vue, mais non amendé.

M. Benoit-Lévy. — Vous avez mis qu'au lieu de faire un cours spécial d'histoire de l'art à tous les professeurs on dirigerait spécialement un ou deux professeurs vers l'histoire de l'art. Eh bien! il s'agit de donner à tout le monde des notions sommaires d'histoire de l'art, afin de pouvoir distinguer un monument romain d'un monument gothique. Dans cet ordre d'idées il faut que tous les instituteurs reçoivent à l'École normale ces notions essentielles, de façon à les transmettre à leurs élèves, et que dans nos Sociétés d'instruction populaire on donne des notions sommaires indispensables à tout le monde. On peut affirmer qu'il n'est pas un homme qui n'apprécie à leur valeur les conférences sur l'histoire de l'art, il n'est pas un paysan qui en sortant de ces conférences ne se dise qu'il y a appris quelque chose.

Il faut donc que ce vœu soit amendé de façon que tous les instituteurs possèdent ces notions essentielles d'histoire de l'art. (*Applaudissements.*)

M. Veyret. — M. Édouard Petit demandait quels seraient les professeurs.

M. Benoit-Lévy. — Je crois que c'est plutôt une interprétation d'un vœu de M. Milliet.

M. le Président. — Voulez-vous, Monsieur Benoit-Lévy, vous entendre avec M. de Saint-Mesmin pour ajouter un amendement à ce vœu et nous le soumettrons dans quelques instants à l'assemblée.

Je mets aux voix le rapport de M. de Saint-Mesmin en réservant le premier vœu.

— Adopté.

J'y joins les félicitations d'usage.

La parole est à M. Kownacki, membre du Conseil de l'Association Philotechnique et rapporteur de la 5ᵉ Section.

5ᵉ SECTION.

Sociétés et Cercles d'Instruction et d'Éducation.

RAPPORT DE M. KOWNACKI
Membre du Conseil de l'Association Philotechnique.

Mesdames, Messieurs,

La 5ᵉ Section du Congrès international des Sociétés laïques d'enseignement populaire avait à s'occuper de la très importante question des Sociétés et Cercles d'Instruction et d'Éducation.

En qualité de rapporteur, je dois vous parler des mémoires présentés, des discussions soulevées, des vœux adoptés. Je le ferai le plus brièvement possible et en suivant l'ordre qui vous permettra de mieux saisir l'enchaînement de nos travaux et la convergence de nos vues.

M. *Edward Flower*, délégué anglais, que nous avions déjà entendu et grandement apprécié, il y a quelques années, au Congrès du Hâvre traite de l'éducation de la jeunesse. Il expose le développement et l'organisation des écoles du soir en Angleterre et termine par l'éloge de l'Exposition Universelle. Son mémoire, analysé et traduit à vue, avec une rare habileté, par M. Guérard, qui venait de le recevoir, est accueilli par d'unanimes applaudissements ; et, sur la proposition de M. *Edouard Petit*, qui remercie l'auteur, au nom du Gouvernement, la Section exprime le vœu que : « *Cette communication soit publiée, sinon in-extenso, du moins en partie, dans le compte-rendu du Congrès.*

Deux collègues, M. *Waldbillig* dans une communication écrite, M. *Pasteau* dans une communication verbale, ont insisté sur la nécessité de donner à nos élèves les moyens de se perfectionner dans l'usage des langues étrangères, en les mettant à même de causer avec des personnes parlant correctement et accentuant avec pureté. En conséquence, M. Waldbillig fait adopter le vœu que : **Les Sociétés laïques d'éducation populaire créent des salons de conversation pour faciliter la propagation et la pratique des langues étrangères.**

Mᵐᵉ *Blanche Schweig* fait d'ailleurs remarquer que l'usage des cours de conversation existe déjà dans certaines Sociétés.

M. Robert réclamait, pour les jeunes instituteurs soldats, l'installation, dans les principales villes de garnison, de cercles absolument dépouillés de tout caractère confessionnel. M. *Edouard Petit*, rappelant les délibérations analogues du Congrès de la Ligue de l'enseignement, l'an dernier à Toulouse, propose de simplifier tout à la fois et de généraliser ce vœu en supprimant le mot « instituteurs, » et la Section vote à l'unanimité le texte suivant :

Que dans toutes les villes de garnison il soit créé des cercles de lecture pour les jeunes soldats;

Et que ces cercles soient ouverts à tous les militaires qui voudraient les fréquenter.

M. *Nourisson*, dans un travail dont le titre promettait beaucoup, constate que ce qu'il appelle « le pain indispensable à la vie intel-« lectuelle de tout homme en général, et du campagnard en parti-« culier », ou bien fait défaut, ou bien est « frelaté et corrompu » ; c'est encore trop souvent le pain du moyen âge. Comme remède, dit l'orateur, il nous faut beaucoup d'Universités populaires et beaucoup de Palais du peuple, et il termine en réclamant la « création d'un ordre laïque militant des deux sexes qui prendrait sous son patronage et sa direction les Universités populaires présentes et futures ».

Certes, nous souhaitons tous voir se multiplier les centres d'enseignement populaire, et régner partout l'esprit scientifique et les principes de liberté ; mais la Section n'a pas cru devoir se rallier au dernier moyen préconisé qu'elle n'a jugé ni opportun, ni efficace.

M. *Mascart*, dans une courte note, indique comment on peut pourvoir aux besoins intellectuels et professionnels signalés par M. Nourisson, et il énumère les œuvres créées dans la ville de Valenciennes : Association d'Enseignement populaire Société d'horticulture, Société académique de Comptabilité, Société du Sou des Écoles laïques. Travailler ainsi dans un milieu circonscrit, avec un but précis, au moyen de groupes spéciaux bien dirigés, c'est la bonne méthode.

Nous avons eu à examiner deux rapports sur l'éducation familiale et les Sociétés de parents éducateurs M. *Bidart* nous initie à ce qui se fait dans les Landes et dans les Basses-Pyrénées. Le but à atteindre est de rendre les parents plus aptes à remplir leurs devoirs ; de réagir contre leur tendance à se désintéresser de l'éducation en laissant toute la charge à l'École ; en un mot, de rapprocher la famille de l'École et de les amener à unir leurs efforts pour l'œuvre difficile et maîtresse d'instruire et d'élever l'enfant.

Du reste, ce mouvement s'étend : une Société de Parents éducateurs vient de se fonder à Paris. Des Sociétés analogues existent en Amérique dans 60 villes réparties sur 14 États, avec plus de 300 sections locales. En Angleterre, la Société nationale des Parents pour l'éducation a fondé des sections dans les principales villes du royaume. Enfin, M. *de Vuyst* nous entretient de la Ligue Belge d'éducation familiale, « fondée pour la vulgarisation des sciences pratiques,

« pédagogiques et sociologiques dans les familles, particulièrement
« par l'intermédiaire des femmes. »

Il est très désirable, d'après notre collègue, que dans tous les pays se fondent, avec les encouragements des pouvoirs publics, des Associations de parents dans le but d'étudier et de pratiquer l'éducation rationnelle des enfants, et il invite tous ceux qui comprennent l'utilité pour les parents de s'instruire sur leurs devoirs primordiaux d'éducateurs, à faire la propagande la plus active pour les Associations de ce genre.

Notre Section a pensé, et cela contre l'avis de son rapporteur, que cette question ne rentrait pas absolument dans ses attributions, et, sans se prononcer, elle a décidé d'en renvoyer l'examen à la commission nommée par la 3ᵉ Section.

Comme « moyens à employer pour développer l'esprit de mutualité et d'épargne », M. *Holt* demande que les Sociétés d'Enseignement populaire créent, aussi nombreux que possible, des cours d'économie sociale et des conférences sur les institutions de prévoyance dont les résultats si remarquables sont exposés dans le Palais même des Congrès. D'un autre côté, Mᵐᵉ *Menon-Daressy*, montre l'intérêt qu'auraient nos élèves à former entre eux des groupes professionnels. Nous nous sommes ralliés aux vues présentées par nos collègues, sans penser pourtant qu'il fût nécessaire de les admettre comme vœux séparés et distincts, mais en les recommandant particulièrement aux Sociétés d'anciens élèves et aux Universités populaires.

Ces dernières ont été représentées à notre Congrès par la « Fondation universitaire de Belleville », qui nous a envoyé une étude due à la collaboration de MM. *Henri Bourillon*, membre ouvrier, et *Albert Iven*, membre étudiant. Il s'agit de faire participer l'ouvrier à la vie intellectuelle, de rapprocher ceux qui savent plus par le livre de ceux qui savent plus par la vie, pour une éducation mutuelle. Les auteurs font connaître la marche suivie, les moyens employés, les résultats obtenus, la camaraderie naissante, amorce de la fraternité désirée.

En présence du bien déjà réalisé et de l'empressement que mettent les ouvriers à répondre à l'appel qui leur est fait, nos collègues émettent le vœu :

Que les conditions du travail soient modifiées de façon à permettre aux ouvriers une fréquentation plus assidue des Sociétés d'éducation, et une possibilité plus grande de relations cordiales et suivies avec les étudiants.

Et comme suite à ce vœu, M. *Edouard Petit* a formulé et fait adopter le suivant :

— 130 —

Le Congrès émet le vœu que les étudiants des Universités de l'État soient invités à prêter leur concours comme professeurs et conférenciers à l'œuvre de l'instruction populaire, et que le stage volontaire accepté par ceux d'entre eux qui seront professeurs de l'Université, soit considéré comme un apprentissage dont il devrait être tenu compte par l'Administration.

En visant les professeurs, cette résolution complète et achève la première qui visait les ouvriers seuls ; il est inutile d'insister sur l'intérêt qu'elle présente.

Ainsi, nous nous sommes occupés de l'enfant, du jeune homme, de l'adulte, des parents, de ceux qui demandent ce qu'ils ignorent, de ceux qui offrent ce qu'ils savent, pour rapprocher les intelligences, pour jalonner la route des moins favorisés et faciliter à tous, s'il est possible, le combat de la vie.

Nous sommes allés plus loin.

Nous avons senti qu'il était bon de causer ensemble, et que les ouvriers d'une même cause ne devaient pas vivre séparés. Le spectacle que nous avons sous les yeux est la glorification des efforts associés : il invite à l'union ; de là ces projets d'entente, non seulement entre les Sociétés d'une même nation, mais aussi entre les Sociétés similaires de toutes les nations. M. *Guérard* s'est fait l'écho de cette pensée féconde, et si nous n'avons pas insisté, c'est que, dès le premier jour, le Congrès s'était prononcé d'une manière affirmative.

Nous avons tenu cependant à faire une place distincte à un vœu analogue de Mme *Yvanoff Mironitch*, pour bien montrer que ce vent de concorde n'était pas un vent local ; qu'il vient du large et souffle bien réellement du Nord au Midi. Voici cette résolution :

Le Congrès émet le vœu :

Que les différentes Sociétés d'Enseignement populaire de tous les pays trouvent le moyen de se mettre en relations plus suivies et plus constantes, afin de pouvoir se consulter et s'entr'aider.

Ce vœu appelait un vœu plus large, qui marquât le but dernier de nos efforts, et fût comme le souhait de tous les cœurs. Notre espoir n'a pas été déçu ; le Bureau international de la Paix a pensé qu'une Assemblée comme la nôtre entendrait sa voix et l'aiderait dans son œuvre pacificatrice, et sur sa proposition, nous avons émis ce dernier vœu :

Que les éducateurs de la jeunesse répandent les senti-

ments d'humanité, de fraternité et de paix parmi leurs élèves, en leur inculquant les principes de l'arbitrage et de la solidarité humaine.

Vous le voyez, les travaux de votre cinquième Section se sont terminés sur une pensée de fraternité et d'union : c'est un germe déposé : souhaitons que l'avenir le développe.

(*Vifs applaudissements.*) Albert Kownacki.

M. le Président. — Quelqu'un a-t-il des observations à présenter sur le rapport qui vient d'être « dit », car M. Kownacki a, en quelque sorte, improvisé ce rapport, qui n'en est pas moins remarquable; il a accompli là un véritable tour de force dont j'ai plaisir à le féliciter.

Je mets ce rapport aux voix.

— Adopté.

La parole est à M. Benoît-Lévy.

M. Benoît-Lévy. — Voici le paragraphe additionnel que je propose d'ajouter au rapport de la 4e Section :

« *Le Congrès estime qu'il est nécessaire que l'on donne aux instituteurs, dans les écoles normales, des notions sommaires de l'Histoire de l'Art les mettant à même de transmettre ces notions à leurs élèves.* »

(Voir le rapport de M. de Saint-Mesmin.)

M. le Président. — Je mets aux voix le vœu additionnel présenté par M. Benoît-Lévy.

— Adopté.

M. le Président. — J'ai à mon tour à vous transmettre un vœu général présenté par un délégué étranger, M. Tibaldo Bassia, député au Parlement hellénique. Il propose :

Que le Congrès international des Associations laïques d'enseignement populaire se réunisse tous les quatre ans dans les différents pays :

M. Joseph Leblanc. — Je voudrais appuyer ce vœu; je crois que nous aurons d'autant plus de facilité pour le mettre à exécution que la fédération permettra d'avoir un Bureau central qui pourra, au nom de toutes les Sociétés, convoquer le Congrès.

M. Henriet. — Au lieu de fixer le délai de quatre ans, je crois qu'il faut laisser la période indéterminée, car nous pourrons arriver à avoir un Congrès tous les deux ans, ou même tous les ans.

M. le Président. — Je mets aux voix le vœu avec la modification consistant à remplacer les mots « tous les quatre ans » par :

A des périodes à déterminer.

— Adopté.

Il y a un rapport extrêmement remarquable, qui a été chaleureusement applaudi, et qui a été lu avant que M. le ministre de l'Instruction publique ne prît la parole, c'est celui de notre excellent collègue et ami M. Gras; il a paru être approuvé par tout le monde, mais l'approbation n'en a pas été officiellement ratifiée. Quelqu'un a-t-il des observations à faire sur ce rapport général ? Je le mets aux voix.

Le rapport présenté par M. Gras est adopté.

M. ROBELIN. — Je désire soumettre une proposition qui réunira, j'en suis sûr, l'unanimité du Congrès; ce serait d'envoyer l'adresse suivante à M. le Président de la République :

« **Le Congrès international des Sociétés laïques d'en-**
« **seignement populaire, au moment de terminer ses**
« **travaux, adresse à M. le Président de la République**
« **française l'expression unanime de ses sentiments**
« **de respectueux attachement.** » (*Vifs applaudissements.*)

M. LE PRÉSIDENT. — Je mets aux voix la proposition de M. Robelin.
La proposition est adoptée à l'unanimité.

M. PAGÈS. — Puisque M. Édouard Petit nous a accordé dans ce Congrès le secours de sa parole et de ses lumières, et qu'il s'est dévoué pour nous, ne pourrions-nous pas lui adresser l'expression de nos remerciements ?

M. SEGUY. — Nous ne voulons pas constituer une Association mutuelle d'admiration; c'est ce que nous ferions si nous adressions des remerciements à chacun des membres qui ont travaillé ici avec fruit.

M. LE PRÉSIDENT. — Sans rien exagérer, je vous demanderai toutefois la permission de renouveler encore une fois, en votre nom, les remerciements que j'ai adressés il y a quelques instants à M. le ministre de l'Instruction publique pour l'honneur qu'il a bien voulu nous faire en venant à cette réunion; puis je vais vous proposer d'exprimer toute notre gratitude à MM. Édouard Petit et René Leblanc, inspecteurs généraux de l'Instruction publique, pour leur active et si efficace collaboration au Congrès; je citerai aussi le nom de M. Nicolas, que nous allons également remercier pour son bel ouvrage sur l'Exposition coloniale dont j'ai encore une centaine d'exemplaires à votre disposition. (*Applaudissements.*)

Je crois que nous avons encore d'autres remerciements à exprimer, et ils seront accueillis d'une manière unanime : c'est à tous les délégués officiels des Gouvernements et des Sociétés étrangères. (*Applaudissements.*)

J'ai aussi beaucoup de remerciements à adresser à la presse, qui a été extrêmement bienveillante pour notre Congrès. Vous me permettrez — elle n'est plus ici, et je puis par conséquent en parler —

de vous signaler, d'une manière particulière, Mlle Louise Debor qui a publié sur le Congrès des articles extrêmement remarquables, en donnant toujours une note juste et vraie. (*Applaudissements.*)

M. Pasteau. — Je crois qu'au milieu de tous nos compliments il y en a un qui serait important : ce serait de donner un ban en l'honneur de notre Président pour la façon remarquable dont il a dirigé nos débats. (*Applaudissements.*)

M. Gras. — C'était la raison pour laquelle je demandais la parole.

M. Seguy. — Je me permets de vous signaler un oubli, c'est le Conseil municipal qui nous a reçus ; il est nécessaire qu'il reçoive aussi des remerciements en séance plénière.

M. le Président. — Hier, en notre nom à tous, je les lui ai présentés de mon mieux et en toute sincérité. Les renouveler semblerait revenir sur une chose terminée.

Personne ne demandant plus la parole, je déclare que les travaux du Congrès sont terminés.

La séance est levée à 4 heures 3/4.

En réponse à l'adresse qui a été votée à la séance de clôture du Congrès et qu'il a envoyée à M. le Président de la République française au nom de tous les congressistes, M. Malétras a reçu la lettre suivante :

PRÉSIDENCE
DE LA
RÉPUBLIQUE
                        Paris, le 20 septembre 1900.

Monsieur,

J'ai placé sous les yeux de M. le Président de la République l'adresse que vous lui avez fait parvenir au nom des membres du Congrès international des Sociétés laïques d'enseignement populaire.

M. le Président a été très sensible à cette marque de sympathie et il me charge de vous prier de vouloir bien transmettre ses plus vifs remerciements aux membres de ce Congrès.

Veuillez agréer, Monsieur, l'assurance de ma considération la plus distinguée.

                        Le Secrétaire général,
Directeur du Cabinet civil du Président de la République,
                                  Abel Combarieu.

BANQUET DU CONGRÈS

Le jeudi 13 septembre, à 7 heures du soir, les membres du Congrès se sont réunis en un banquet amical qui a eu lieu au Restaurant des Congrès à l'Exposition universelle.

Une centaine de convives y ont pris part: parmi eux l'on remarquait : Mmes la générale Kokidès, Flower, de Béthencourt, Volaire, Mirowitch, Douger, Mathès, Turney, Mlles Bignon, vice-présidente du Congrès, et Jouve (de Marseille); MM. Malétras, président, Édouard Petit, inspecteur général de l'Instruction publique, Debauge et Robelin, vice-présidents du Congrès; Veyret, secrétaire général; F. King, Buckmaster, délégués du Gouvernement britannique; Kowalewski, délégué du Gouvernement impérial russe; général Kokidès et Typaldo Bassia, député, délégués du Parnasse d'Athènes; Arakelian, membre du Comité de l'Enseignement en Perse; Gras, rapporteur général du Congrès; Bouillier, docteur Peyré, L. Dariac, Emile Pech, Perdrix, Mardelet, de Saint-Mesmin, Kownacki, rapporteurs des Sections; docteur Flower, Abeille, Arcambeau, Barry, Benoit-Lévy, Carbonara, Chappaz, Chevauchez, Defrance, Dubuisson, Dr Fiquet, Guérard, Hautefeuille, Henriet, Huvelin, Jourdan, Lamouche, Lazard, Le Bellec, Joseph Leblanc, Lefèvre de Perdriel, Lesourd, Mantelet, Mario Sermet, Marius Volaire, Moiroi, Pasteau, Priou, Thierlelin, Schwarz, Georges Voisin, etc., etc., et des représentants de la Presse parisienne et des journaux spéciaux de la presse de l'Enseignement.

Au dessert M. Malétras, président du Congrès, a levé son verre en l'honneur de M. Émile Loubet, Président de la République Française ; puis il a salué, au nom de tous les adhérents français, les délégués étrangers qui ont participé aux travaux du Congrès.

D'autres toasts ont ensuite été portés par M. l'Inspecteur général Edouard Petit, par MM. Kowalewski, Typaldo Bassia, Buckmaster, Docteur Flower, Debauge, Robelin, Dr Peyré, Guérard, Thiercelin, par M. Georges Voisin, qui a lu une « Ode à Paris », et par Mlle Angéline Jouve qui a dit en provençal quelques mots chaleureusement applaudis.

La plus franche cordialité a régné pendant toute la soirée, et quand les convives se sont quittés, enchantés de cette fête de famille, ils se sont bien promis de se retrouver au prochain Congrès.

TROISIÈME PARTIE

EXTRAITS DES MÉMOIRES PRÉSENTÉS AU CONGRÈS

PREMIÈRE SECTION
COURS D'ADULTES

I. — Mémoire sur l'**Enseignement des Langues vivantes dans les cours d'adultes.**

PRÉSENTÉ PAR

M. EDME ARCAMBEAU

PROFESSEUR DE LANGUE ANGLAISE A L'ASSOCIATION POLYTECHNIQUE
ET A L'ASSOCIATION PHILOTECHNIQUE DE PARIS

Mesdames, Messieurs,

Il m'a semblé utile d'arrêter quelques instants sur l'enseignement des langues vivantes, dans nos Cours d'adultes, l'attention de ce Congrès réuni pour le développement de l'éducation populaire.

Dans les centres commerciaux, un de nos plus importants enseignements, pour ne pas dire le plus important, est de nos jours celui des langues vivantes; et l'importance de cet enseignement croît chaque année, malgré la concurrence de jour en jour plus grande qui, malheureusement dans chaque Société on peut le constater facilement, fait considérablement fléchir plus d'une faculté. Si la création de nouvelles Sociétés n'a pas arrêté une minute, dans les Sociétés d'enseignement général, la marche ascendante des langues vivantes, c'est que leur étude est un des premiers besoins de notre époque cherchant par leur connaissance à améliorer, s'il se peut, sa situation pécuniaire, ou désireuse ainsi de se pénétrer mieux et plus des idées étrangères.

Et maintenant, comment en général est organisé dans la plupart de nos Sociétés cet enseignement si demandé? Si des Associations spéciales ou presque spéciales offrent, d'octobre à juillet, plusieurs fois par semaine, le même cours aux mêmes élèves, si d'autres Associations les ont suivies dans une certaine mesure en prolongeant leurs cours de langues, en les mettant souvent à deux fois par semaine, en les dédoublant aussi pour obvier à l'encombrement, flatteur sans doute pour le professeur, mais préjudiciable aux études, il est à regretter que, faute de classes disponibles et d'un personnel suffisant, la majeure partie des Sociétés populaires se contente, dans chacune de ses Sections, d'un cours de première année et d'un de seconde faits une heure par semaine de la mi-octobre à la fin de mars, ce qui, pour chacune des deux années, ne donne annuellement qu'une moyenne de vingt-deux heures, temps matériellement insuffisant pour de bons et rapides résultats, même avec des élèves bien doués surtout quand il s'agit de langues difficiles dans leur prononciation, comme l'anglais, dans leur construction et leur vocabulaire, comme l'allemand. Il serait donc à souhaiter que, grâce à des combinaisons à étudier par leurs conseils d'administration, toutes les Sociétés populaires pussent offrir à leurs élèves, d'octobre à la fin de juin, les mêmes cours de langues plusieurs fois par semaine.

Ce n'est pas ici le lieu de traiter de la valeur respective des divers systèmes en présence dans l'enseignement des langues vivantes : dans un congrès spécial, partisans et adversaires ont pu discuter la chose à loisir. Toutefois, qu'il me soit permis de présenter à ce sujet une observation, un vœu même : Je voudrais que, tout en ne tombant pas dans une réglementation nuisible à l'initiative si utile à nous tous, je voudrais que les Sociétés invitassent leurs professeurs à abandonner ces livres surannés aux phrases sans suite, fatigantes et ridicules, provoquant chez l'élève le rire ou l'ennui ; je voudrais aussi que nos Sociétés rappelassent en même temps aux maîtres de ne jamais perdre de vue que, quelle que soit leur méthode, les langues vivantes étant des langues qui se parlent, ils doivent toujours diriger leur enseignement du côté oral bien plus que du côté livresque. La regrettable incapacité de percevoir clairement et rapidement un ensemble de sons, chez des élèves studieux possédant bien la grammaire et traduisant élégamment un texte à première vue, le jury d'anglais la remarque chaque année à l'occasion de la dictée donnée en épreuve écrite dans les concours que l'Association Polytechnique a institués pour décerner ses prix d'honneur par facultés. Je dois ajouter que ces concours ont un salutaire effet sur cette partie de l'enseignement des langues vivantes, car le nombre des cas de l'incapacité que je signale diminue à chaque nouveau concours.

La Société parisienne pour la propagation des langues vivantes a établi à côté de ses cours, pour les compléter, des séances de conversation, des conférences, des soirées dramatiques et musicales ; ce sont là des institutions éminemment intelligentes que je voudrais voir adopter dans la mesure du possible par toutes les Sociétés d'éducation populaire, car elles y produiraient certainement aussi les mêmes heureux fruits. Et à ces conférences, à ces séances de conversation, à ces soirées dramatiques et musicales, pourquoi ne joindrait-on pas également des lectures par des professeurs et de bons élèves, lectures commentées dans le genre de celles qui ont été créées par M. Maurice Bouchor et à l'organisation desquelles la Philotechnique consacre tant de soins?

Mesdames, Messieurs, il est encore un point sur lequel je désirerais appeler l'attention de notre Congrès en ce qui touche l'enseignement des langues vivantes. Un professeur français d'un lycée départemental, M. Mieille, conçut, voici quelques années, l'idée d'une correspondance internationale entre élèves d'établissements secondaires.

Aujourd'hui cette idée a fait son chemin grâce, en France, à la Revue Universitaire, en Angleterre, à M. Stead, l'éditeur de la Revue des Revues, et en Allemagne, à l'un des professeurs de français les plus en vue M. le Dr Martin Hartmann de Leipzig. Cette idée que je suis heureux d'avoir contribué à répandre dès la première heure en certaines parties de l'Allemagne, je serais non moins heureux si je pouvais amener nos Sociétés d'enseignement populaire à se l'approprier. Pourquoi ne pas essayer de mettre en correspondance suivie, et dans les mêmes conditions que les élèves des établissements secondaires, nos bons et fidèles élèves? De là naîtrait assurément une saine émulation. En voyant les fautes que le correspondant aura corrigées, on voudra s'appliquer à mieux faire la fois suivante; le cours où quelques-unes des lettres corrigées seront lues et commentées n'en pourra que tirer profit et charme, et, comme cela se voit déjà pour l'enseignement secondaire, de cette correspondance réciproque sortira plus d'une amitié; ainsi on connaîtra quelqu'un dans le pays dont on apprend la langue, on pourra le consulter utilement sur maints sujets et, plus d'une fois même, nous verrons des visites s'échanger au très grand avantage des deux correspondants.

E. ARCAMBEAU.

II. — Mémoire sur l'Utilité de donner, dans les cours d'adultes, une large place à l'enseignement de la Lecture expressive et de la Diction.

PRÉSENTÉ PAR

LA SOCIÉTÉ DE LECTURE ET DE RÉCITATION

Messieurs,

« Il y a une vingtaine d'années, la lecture à haute voix n'avait pas conquis sa place dans l'instruction publique, elle était dans la période militante. — Accueillie avec sympathie par beaucoup de bons esprits qui y voyaient autre chose qu'un art d'agrément, elle avait de nombreux obstacles à surmonter. Patronnée et hautement recommandée par ceux-ci, elle avait contre elle des préjugés tenaces. L'utilité même de cette étude n'apparaissait pas clairement aux yeux de tous.

Fort heureusement, les circonstances et les hommes vinrent en aide à la lecture à haute voix, et finirent par lui assurer le succès.

Après la guerre de 1870, on vit se produire en France un grand mouvement en faveur de l'instruction publique. Une nation qui a subi de si cruelles épreuves que celles qui nous furent infligées, fait nécessairement un retour sur elle-même; elle s'examine, elle se recueille.

De là ce besoin d'instruction, cet intérêt qui s'attache à tout ce qui peut favoriser le développement des intelligences et la fermeté des caractères.

La lecture à haute voix, répondant à ces desiderata, trouva des partisans parmi les hommes les plus remarquables de notre époque et une Société fut fondée, dont le but était de *propager l'étude de la lecture à haute voix et de la diction et faire connaître les belles œuvres de la littérature française*.

En Amérique, la lecture à haute voix compte comme un des éléments de l'instruction publique, elle est une des bases de l'instruction primaire. En France, elle n'a pas même la valeur d'un art d'agrément, on la regarde comme une curiosité, comme un luxe, parfois même comme une prétention. — Après avoir combattu ces préjugés, nous sommes arrivés à faire entrer dans nos mœurs et dans le cadre de nos études l'art de la lecture. Mais, d'abord, la lecture est-elle un art? Beaucoup en doutent, quelques-uns le nient. Des expériences répétées nous ont convaincu que c'est un art aussi difficile que réel, aussi utile que difficile.

La diction a ses règles, sa grammaire et son orthographe, partie théorique très importante, car si les qualités naturelles de l'élève sont excellentes et très utiles, elles ne peuvent suppléer au manque d'étude. La partie technique de l'art de la lecture porte sur deux objets : la voix et la prononciation, les sons et les mots; la partie pratique comprend l'élocution, la physionomie et l'attitude.

Il va de soi que cette étude est indispensable au prédicateur, à l'avocat, au tribun, au comédien, au chanteur, au professeur et, en général, à tous ceux qui doivent prendre la parole en public, car le plus beau sermon, le plus beau plaidoyer, la plus belle leçon ne peuvent faire impression et porter leurs fruits si l'orateur ne sait pas manier sa voix : l'auditoire s'étonne, s'impatiente et refuse son attention. Et qui donc aujourd'hui, avec un régime démocratique, à part même ces spécialistes, n'est pas appelé à parler en public?

Il y a aussi urgence à réagir contre le ton des écoles, cette insupportable psalmodie qui est devenue une sorte de musique sacrée, qui dure depuis qu'il y a un enseignement public et qui se transmet de génération en génération comme un vice héréditaire. N'est-il pas pitoyable d'entendre les fables de La Fontaine, par exemple, qui sont un des monuments de notre langue, massacrées par des enfants qui ne comprennent pas ce qu'ils disent ou lisent, parce qu'ils dénaturent le sens des phrases? Non seulement on n'enseigne pas à bien lire aux enfants, mais on leur enseigne à lire mal, de façon que le professeur de lecture, quand on s'adresse à lui, a pour premier travail de guérir l'élève d'une maladie invétérée, de lui désapprendre ce qu'on lui a appris.

Si l'étude de la lecture à haute voix est nécessaire aux élèves, elle est indispensable aux maîtres, puisque apprendre à lire c'est apprendre à respirer, à ponctuer, à ne pas se fatiguer, et que l'exercice de la voix est la plus salutaire des gymnastiques. Fortifier la voix, c'est fortifier l'organisme tout entier; fortifier la voix c'est, non seulement développer la puissance vocale, mais encore augmenter la force des poumons et du larynx.

Ce qui est vrai pour la partie technique de l'art de la lecture, l'est également pour la partie intellectuelle. Quel puissant et nouveau moyen d'action du maître sur les classes populaires et rustiques, s'il peut les initier peu à peu, grâce à la lecture, à une intelligence, même imparfaite, de quelques-uns de nos chefs-d'œuvre! N'est-ce donc pas aussi une leçon d'histoire de France, qu'une leçon sur le génie de la France? N'est-ce pas notre devoir de multiplier, de resserrer sous toutes les formes les liens qui attachent le peuple aux gloires intellectuelles de la Patrie? N'a-t-il pas, lui aussi, une imagination, une pensée, un cœur? — Et, sans sortir du domaine de l'enseignement élémentaire, quel puissant auxiliaire pour l'élève que la lecture! La mémoire est le grand outil dans l'œuvre de l'enseignement, eh bien! cet outil, c'est la lecture à haute voix qui mettra l'enfant à même de s'en servir utilement.

L'enfant n'apprendra-t-il pas mille fois plus vite, et ne retiendra-t-il pas beaucoup plus longtemps si, au lieu de travailler à s'enfoncer les phrases et les mots dans le cerveau à force de les répéter machinalement, il les fait pénétrer en lui par le raisonnement, par le sentiment, c'est-à-dire par l'intelligence du sens et des beautés d'une œuvre? Rien n'aide plus à apprendre par cœur que de comprendre et d'admirer.

Si la lecture à haute voix aide à se servir de la mémoire, la diction, elle, l'exerce et la peuple des plus beaux passages des grandes œuvres. Il ne nous suffit pas de les lire, nous voulons les dire; les dire quand il nous plaît et toutes les fois qu'il nous plaît, partout où le désir nous en prend. Arrière donc le livre qu'il faut emporter avec soi! On veut l'avoir en soi... et c'est ainsi qu'on part en promenade, tout seul en apparence, les mains vides, mais entouré de ce cortège d'amis qui s'appellent Lamartine, Corneille, La Fontaine, Victor Hugo; on cause d'eux avec eux au fond des bois; on leur récite leurs vers à eux-mêmes; on cherche, pendant des heures entières, quelque accent vrai et pénétrant, et, quand on l'a trouvé, on le leur dit et on leur demande s'ils sont contents!

C'est donc au nom de la santé du corps et de l'esprit que nous demandons qu'en France on place l'art de la lecture à haute voix au seuil même de l'instruction publique.

Nous réclamons pour les classes populaires :

1° Un cours de lecture dans les écoles normales;
2° Un cours de lecture dans les écoles primaires.

Il n'y a de progrès réel, en éducation, que celui qui commence par l'enfance et par le peuple. Et dans un état démocratique, tout étant fait par tous, tout doit être fait pour tous.

Un autre avantage de la lecture est d'être un puissant moyen d'instruction en ce qui concerne l'enseignement de la langue. Elle nous apprend, non seulement l'orthographe, mais encore le sens précis des mots, et la composition française. En effet, si nous nous attachons surtout à la lecture d'ouvrages ou de morceaux absolument littéraires, il est bien évident que nous arriverons à connaître plus parfaitement notre langue et, par suite, à la mieux écrire, ces ouvrages, en prose et en vers, étant les meilleurs modèles auxquels nous puissions recourir.

Si la lecture mentale est utile et suffit au besoin à ces différents points de vue, la lecture à haute voix lui est bien supérieure car, en dehors des avantages que nous venons de signaler, elle nous permet d'apprécier d'une manière plus complète les belles œuvres de notre littérature, et Dieu sait si notre littérature est riche en belles œuvres depuis le moyen-âge jusqu'à nos jours.

La lecture à haute voix est donc un moyen de critique. En effet, en quoi consiste le talent du lecteur? A rendre les beautés de l'œuvre qu'il interprète et à en cacher les défauts; pour rendre les unes et cacher les autres il faut, nécessairement, les comprendre; c'est son travail pour les rendre et les cacher qui les lui fait comprendre. La lecture à haute voix nous donne donc une puissance d'analyse que la lecture muette ne connaîtra jamais.

Toute médaille a son revers. La lecture à haute voix a ses désillusions. Si elle donne des admirations, elle peut en ôter. Sainte-Beuve l'a dit : « Un lecteur est un critique, un juge ! »; — un juge aux yeux de qui se révèlent bien des défauts cachés. Que de tristes découvertes nous avons faites de cette façon!... Combien peu d'écrivains et d'écrits peuvent résister à cette terrible épreuve! On dit qu'une chose saute aux yeux, on pourrait dire aussi justement qu'elle saute aux oreilles. Les yeux courent sur les pages, passent les longueurs, glissent sur les endroits dangereux. Mais l'oreille entend tout, l'oreille ne fait pas de coupures! L'oreille a des délicatesses, des susceptibilités, des clairvoyances, dont les yeux ne se doutent pas! Tel mot qui, lu tout bas, avait passé inaperçu pour vous, prend, tout à coup, à l'audition, des proportions énormes! Telle phrase qui vous avait à peine choqué, vous révolte. Plus le nombre des auditeurs augmente, plus la clairvoyance du lecteur s'accroît. Il s'établit alors entre celui qui lit et ceux qui écoutent un courant électrique qui devient un enseignement mutuel. Le lecteur s'éclaire en éclairant les autres. Il n'a pas besoin d'être averti par leurs murmures, ni par leurs signes d'impatience : leur silence seul l'instruit. Il lit dans leurs impressions; il prévoit que tel passage les choquera, doit les choquer, avant même d'y être arrivé. On dirait que ses facultés de critique éveillées, mises en branle, par ce redoutable contact avec le public, arrivent à une sorte de divination.

Si la lecture à haute voix est utile au point de vue de l'instruction, elle apporte, en outre, un précieux appui à l'enseignement de la morale; car, de chaque lecture que nous faisons (nous voulons parler, bien entendu, des bonnes lectures), il se dégage incontestablement une vérité morale : idée du devoir, notion du vrai et du beau, amour de la vertu et horreur du vice; et cette vérité morale sera bien mieux acceptée par nous si elle nous est présentée sous une forme agréable et intéressante. Un conseil, une leçon toute sèche seront écoutés plus ou moins distraitement et bientôt oubliés, tandis que l'on se souviendra d'une belle page, qui aura, en même temps, contribué à développer en nous le sens littéraire.

Nous avons jusqu'ici parlé plus de la lecture à haute voix que de la récitation, mais il va sans dire que nous les plaçons au même niveau, et que ce que nous disons de l'une s'applique à l'autre; car qu'est-ce que la récitation, sinon une lecture à haute voix faite sans livre à la main?

Nous croyons avoir suffisamment démontré dans ce court aperçu l'utilité et la nécessité de la lecture à haute voix et de la récitation au triple point de vue instructif, pédagogique et moral, et, par suite, l'utilité d'en généraliser l'enseignement dans tous les cours d'adultes. »

Après un assez long exposé de l'organisation, du fonctionnement et des travaux de la Société de Lecture et de Récitation depuis l'époque de sa formation, l'auteur du mémoire conclut ainsi :

« En résumé, l'art de la lecture aspire aujourd'hui à passer de l'état d'art d'agrément à l'état d'art utile, ou, pour mieux dire, à devenir un art utile sans cesser d'être un art d'agrément. La lecture prétend, au lieu de rester le privilège de quelques-uns, devenir le besoin et le droit de tous; elle veut, au lieu de se confiner dans l'éducation élégante des familles riches, s'étendre à toutes les éducations; elle frappe à la porte des universités et des écoles, elle réclame sa place dans les professions libérales.

. . . .

L'enseignement de la lecture ne portera tous ses fruits que quand il sera fondé sur la diction, quand il aura pour objet tout ce qui se dit aussi bien que tout ce qui se lit. Que l'élève ne donne pas une explication, ne fasse pas une réponse, sans appliquer les règles de l'art de la lecture; c'est-à-dire sans s'exprimer clairement et distinctement. Ce modeste progrès accompli entraînera successivement tous les autres.

Depuis vingt-sept ans, dit M. Rispal en terminant, la Société de Lecture et de Récitation a fait des efforts puissants et elle est prête à en faire encore de considérables; ce qu'elle désire seulement, c'est un peu d'appui et de bienveillance auprès des Sociétés d'enseignement populaire; c'est de voir se grouper autour d'elle les bonnes volontés pour faire triompher la cause qu'elle défend avec acharnement depuis plus d'un quart de siècle. »

Léon Ricquier et Paul Rispal.

III. — Mémoire sur l'Utilité de donner, dans les cours d'adultes, aux élèves-femmes, les connaissances nécessaires pour occuper les différents emplois administratifs auxquels elles peuvent être appelées.

PRÉSENTÉ PAR

M. RENÉ LAZARD

PROFESSEUR A L'ASSOCIATION POLYTECHNIQUE

MESDAMES, MESSIEURS,

Les sociologues ont répandu des flots d'encre afin de prouver l'intérêt qu'il y aurait pour la société humaine, à ce que les femmes pussent s'occuper uniquement des travaux domestiques : bonne tenue de la maison et soins familiaux.

C'est là, en effet, un beau rêve ; mais ce n'est et ne sera, hélas, qu'un rêve tant que les situations réservées aux hommes ne seront pas suffisamment *rémunérées* pour permettre à ceux-ci de supporter seuls le poids parfois si lourd des charges de famille.

Ne pouvant supprimer le mal, si mal il y a, il faut s'efforcer d'en adoucir les effets dans la mesure du possible.

Or, depuis peu d'années, vingt-cinq ans tout au plus, une véritable révolution s'est accomplie dans l'opinion généralement admise en ce qui concerne les aptitudes de la femme. Auparavant, si l'on trouvait tout naturel que les femmes exerçassent certaines professions : couture, modes, etc., ou se fissent ouvrières de fabrique dans les conditions hygiéniques et morales les plus déplorables, on n'eût jamais pensé à les voir employées d'administration ; le préjugé, très fort à leur endroit, leur déniait la faculté de faire aucun travail de chiffres : le fond de leur esprit n'avait pas la pondération nécessaire, pensait-on.

Il y avait quelques femmes-comptables, mais en bien petit nombre et n'exerçant guère, d'ailleurs, que les fonctions de caissières chez les commerçants, ou de receveuses-buralistes dans les Compagnies de chemins de fer.

On admettait toutefois, sans conteste, les aptitudes spéciales de la femme comme éducatrice et la profession d'institutrice lui a été dévolue de tout temps.

L'accession des Administrations pour les femmes commença bien timidement après la guerre de 1870 : de grands établissements financiers, la Banque de France et le Crédit Lyonnais notamment, en prirent quelques-unes pour le détachement des coupons ou le classement des titres ; après ces travaux tout mécaniques, on essaya les femmes à la confection des bordereaux ; ce n'était encore là que copies et additions, mais c'était la première prise de possession par les femmes des emplois jusqu'alors réservés exclusivement aux hommes, et une fois engagées dans l'engrenage elles devaient aller jusqu'au bout : calculs ardus d'intérêt, comptabilité, correspondance, sténographie, dactylographie, tout y passa et dans toutes ces branches les femmes excellèrent.

Une halte se fit alors ; les femmes, dirent les malins, les connaisseurs, si elles sont capables de donner, sous une direction habile, un travail au moins égal à celui des hommes, ne peuvent exercer elles-mêmes des fonctions de commandement, une autorité quelconque, car les qualités de direction leur font absolument défaut ; c'était là encore une erreur que quelques essais dissipèrent, et aujourd'hui, dans mainte administration, il y a des cadres féminins qui ne le cèdent en rien à leurs collègues du sexe fort ; — toutefois, tant indéracinable est le préjugé, les hautes situations administratives pour les femmes ne sont l'apanage que de quelques privilégiées.

Mais malgré tout, quel chemin parcouru en un quart d'heure de siècle : plusieurs milliers de femmes font partie du personnel des chemins de fer, des grands établissements financiers comme des banques de second ordre ; il y en a chez les agents de change, dans les ministères même, aux postes, télégraphes, téléphones, dans le commerce, principalement comme sténographes-dactylographes ; chaque jour s'accroît leur nombre et leur prépondérance.

Si un tel résultat a pu être atteint, c'est grâce à l'instruction répandue à profusion par notre troisième République : l'enseignement primaire a fait le principal ; les œuvres post-scolaires d'enseignement, si nombreuses aujourd'hui, ont fait le reste, surtout pour ce qui touche à l'enseignement technique.

L'essor toujours plus considérable donné à l'emploi des femmes dans toutes les branches administratives aura, si l'on sait prendre les mesures que comporte un tel changement dans nos mœurs, les conséquences les plus favorables : les femmes feront ainsi un travail en rapport avec la faiblesse relative de leur organisation physique et pourront, par leurs occupations personnelles, se rendre indépendantes si elles sont seules, apporter plus d'aisance à leur foyer si elles sont en puissance de mari ; d'autre part, les hommes, contraints par la concurrence féminine de rechercher des situations peu accessibles aux femmes, iront porter au loin l'activité et le génie de notre race : il y a tant à faire du côté de l'exploitation, de la mise en valeur de notre empire colonial, que, pendant de longues années, toutes les aptitudes masculines s'y peuvent donner carrière.

Nos goûts aventureux se réveilleront, les Français comprendront bientôt l'erreur dans laquelle beaucoup sont tombés en comptant trop sur l'État pour faire leurs affaires; on verra moins de budgétivores, moins d'employés se résignant à végéter toute leur existence pourvu que leur vie soit exempte du souci du lendemain : la fortune ne sourit qu'aux audacieux et c'est par l'esprit d'initiative, par l'affirmation de sa personnalité qu'on parvient à s'élever au-dessus de son niveau initial.

Pour en revenir à l'accession par les femmes des emplois jusqu'alors réservés aux seuls hommes, nous avons dit que ce résultat qui bouleverse toutes les idées admises jusqu'ici, était dû à la diffusion de l'enseignement primaire et aussi aux œuvres post-scolaires d'enseignement.

Ce qui nous intéresse particulièrement ici ce sont précisément ces œuvres post-scolaires qu'on ne saurait trop encourager et que l'initiative privée, si féconde lorsqu'elle est intelligemment dirigée, devrait aider de tous ses moyens.

L'instruction doit tendre par-dessus tout à l'enseignement technique, enseignement que la jeune fille ne peut guère recevoir dans les écoles, où la plus grande place doit naturellement être réservée à l'enseignement général; en effet, lorsque la femme s'est choisi une carrière administrative quelconque, comptabilité ou banque, par exemple, elle ne pourra qu'aux prix de difficultés presque insurmontables arriver à connaître les différentes branches de sa profession, ayant contre elle le préjugé qui, nous le disions plus haut, dénie aux femmes les facultés de direction : on l'attellera à un travail tout mécanique qui annihilera ses aptitudes d'observation, de raisonnement, et fera d'elle une machine à écrire et à calculer.

Il faut donc que la femme qui veut s'élever dans une carrière administrative ait la possibilité, la facilité de s'assimiler ce qui lui manque et que neuf fois sur dix elle ne pourra apprendre dans l'établissement où elle est attachée : le rôle de l'Enseignement post-scolaire est de combler cette lacune, c'est pourquoi il doit surtout comprendre des cours techniques.

Et comment doit être donné cet enseignement technique? Il doit chercher à développer chez la femme les qualités d'analyse, de raisonnement, généralement peu exercées, toujours à cause du préjugé dont nous parlions tout à l'heure; donc, pas de leçons arides, mais des causeries familières présentant clairement le cas à élucider et le résolvant par les voies les plus simples; pas de théories nébuleuses, mais des applications pratiques ; la femme, si poétique de sentiment, a pour le reste le sens pratique de beaucoup plus développé que l'homme.

Plus on élèvera le niveau intellectuel de la femme et plus s'élèvera le niveau intellectuel de l'humanité ! Si donc nous mettons la femme en état de gagner sa vie dans des conditions meilleures que par le passé, nous aurons fait œuvre bonne, nous aurons apporté notre quote-part au progrès de l'humanité.

René Lazard.

IV. — Mémoire sur l'Étude de la Langue portugaise en France.

PRÉSENTÉ PAR

M. CARLOS DE BÉTHENCOURT
PROFESSEUR A L'ASSOCIATION POLYTECHNIQUE

Depuis quelques années, les Sociétés laïques d'enseignement populaire en France et dans les autres pays, ont pris à tâche de répandre, autant que cela se peut, l'étude des langues étrangères.

En France, cette étude a été d'abord limitée aux langues anglaise et allemande; après, on y a introduit, d'une manière facultative, l'italien et l'espagnol, plus tard le russe; mais le portugais est resté tout à fait à l'écart, je ne m'explique pas pour quel motif.

La France, dans son légitime intérêt, devrait, il me semble, porter son commerce et son industrie plutôt vers les pays de race latine et vers leurs colonies, sans affaiblir pourtant ses rapports avec les autres nations. Pourquoi délaisse-t-elle, dès lors, une des langues les plus importantes sous le point de vue économique — la langue portugaise?

Dans l'Amérique du Sud — le Brésil — et l'Afrique, sans parler de l'Asie, les colonies portugaises lui offriraient de vastes pays à exploiter.

Pour être franc, quoi qu'il m'en coûte de l'avouer, l'enseignement des langues en France se fait d'une façon irrégulière et incomplète.

L'enseignement théorique prend la place de l'enseignement pratique, et, au lieu de préparer des ouvriers, des commerçants et des industriels dans des conditions propres à faire connaître son propre génie et ses produits à l'étranger, la France ne donne à la jeunesse que de simples notions de grammaire ou de littérature, vite oubliées, et dont les élèves ne peuvent tirer aucun profit.

En Angleterre et en Allemagne, tout chef d'un établissement commercial ou industriel quelconque n'accepte chez lui que des employés connaissant complètement et pratiquement les langues dont il pourrait tirer profit dans ses rapports commerciaux et industriels.

Je puis affirmer, ayant été témoin du fait, qu'au Brésil et en Portugal, ces commerçants ou ces industriels enlèvent trop souvent les affaires à ceux qui ne connaissent que leur propre langue.

Cela tombe sous le sens : vous faites ou vous essayez de faire du commerce avec le Brésil, par exemple; ne sachant pas la langue du pays, vous écrivez en français à ceux des clients qui vous paraissent sérieux; vous leur demandez des commandes. Les Brésiliens qui, souvent, ne vous connaissent que de nom ou par des renseignements incomplets, froissés dans leur amour-propre, vous répondent en portugais quoique sachant parfois parfaitement votre langue.

Vous ignorez le portugais; vous voilà gêné, obligé de confier à un étranger les secrets de votre commerce ou de votre industrie, ce qui entraîne souvent des résultats fort désagréables.

Pourquoi ne pas préparer la jeunesse à la lutte économique?

La vie des sociétés modernes sera basée, à l'avenir, sur les rapports économiques entre les nations.

La lutte pour la vie ne se produira certes plus, victorieusement, sur les seuls champs de bataille; elle se produira plutôt, et même souvent avec plus d'avantage, sur le champ commercial et industriel.

Préparons donc la jeunesse pour cette lutte de la paix qui lui ouvrira un horizon plus vaste, en rendant la vie plus aisée et plus agréable, et qui lui permettra de porter dans les contrées lointaines, encore inexplorées, le génie de cette belle, généreuse et admirable France que nous aimons et que nous sommes fiers d'aimer.

Il faut remarquer que ce qui se produit avec le portugais se produit aussi à l'égard des autres langues, comme je l'ai déjà dit; néanmoins, la langue portugaise est une de celles que l'on apprend le moins.

Si, comme me l'a démontré l'expérience d'une longue carrière, l'enseignement des langues vivantes en France laisse beaucoup à désirer, les pouvoirs publics ont le devoir d'y remédier. Pour arriver à rendre complet et vraiment pratique l'enseignement commercial, industriel et ouvrier, il faudrait rendre obligatoire la connaissance des langues vivantes. Dans les écoles et collèges municipaux, dans les lycées, dans les maisons d'éducation, partout, ces langues devraient être sérieusement enseignées; on donnerait ainsi à la jeunesse le moyen de tout entreprendre et de conquérir une réelle indépendance.

Déjà les Sociétés d'enseignement populaire gratuit ont fait un grand pas dans cette voie. Avec les cours commerciaux et industriels, elles ont institué les cours de langues vivantes; malheureusement, ces derniers ne sont pas obligatoires!

Les pouvoirs publics se sont aussi émus; la preuve en est que, présidant les distributions de prix de ces diverses Associations, les

Ministres ont fait un pressant appel à la jeunesse, en l'engageant à apprendre d'une manière pratique toutes les langues étrangères sans exception. Mais, je le répète, tant que cet enseignement ne sera pas obligatoire, le résultat, suivant moi, sera nul.

La langue portugaise n'occupe dans l'enseignement qu'une très faible place. Cependant bien vastes sont les pays où elle est parlée; et sans vouloir en faire l'éloge, quel que soit l'aspect sous lequel on l'envisage, elle offre les plus beaux résultats.

J'engage donc à bien apprendre cette langue tous ceux qui désirent chercher au loin, par ce temps de lutte pour la vie, le bien-être et l'indépendance morale et matérielle.

Épris du génie français, charmé par tout ce que produit ce peuple bon et généreux, je voudrais enseigner à ses enfants le peu que je sais et lui témoigner ainsi ma sincère affection.

J'exprime en conséquence le regret que l'enseignement des langues vivantes ne soit pas obligatoire et n'ait pas un caractère plus pratique, et surtout que l'enseignement de la langue portugaise soit si complètement délaissé.

C. DE BÉTHENCOURT.

V. — Mémoire sur l'Enseignement des Langues étrangères et les Bourses de voyage.

PRÉSENTÉ PAR

M. ROBERT SCHWARZ
PROFESSEUR A L'ASSOCIATION PHILOTECHNIQUE

L'enseignement des langues modernes et, en première ligne, des langues française, allemande et anglaise, a pris un tel essor, depuis un certain temps, que dans beaucoup de lycées on a tout à fait délaissé le latin et le grec, et le temps ainsi gagné sert pour mieux s'adonner à l'étude de l'allemand et de l'anglais.

Tant que le cours est fait par un professeur qui a passé un temps plus ou moins long dans le pays dont il enseigne la langue, ses élèves prennent goût à l'étude et font des progrès. Malheureusement il n'en est pas toujours ainsi, et alors les élèves apprennent une fausse prononciation, qui change d'ailleurs chaque fois qu'ils changent de professeur.

En Allemagne, les étudiants qui, après avoir fini leurs études à l'université, veulent enseigner les langues modernes, sont obligés de passer un certain temps dans le pays même dont plus tard ils vont enseigner la langue, et ils doivent apporter un certificat prouvant qu'ils s'y sont occupés d'enseignement.

Du reste, le nombre des enfants qui, grâce à la fortune de leurs parents, peuvent faire des études sérieuses et approfondies, est très restreint en France, car c'est un luxe que les riches seuls peuvent se permettre et dont la plus grande partie de la population est privée. Pour ceux-ci la vie coûte trop cher; les parents ont besoin de l'aide de leurs enfants pour pouvoir faire face aux besoins de chaque jour, de sorte que la plupart des enfants n'attendent que le certificat d'études primaires pour entrer dans les affaires et commencer la lutte pour la vie.

Il importerait donc de créer à leur usage de nombreux cours de langues étrangères, et de donner à ces cours la plus large publicité possible.

Le moyen le plus usité, et pour ainsi dire le seul employé jusqu'à ce moment, a été la publicité au moyen d'affiches, qui généralement disparaissent presque aussitôt, recouvertes par d'autres affiches. Pourquoi les journaux, qui ouvrent si facilement leurs colonnes pour des choses futiles, n'accorderaient-ils pas aux cours publics l'aide gracieuse de leur immense publicité ?

Un autre moyen plus efficace encore pour faire venir des élèves à ces cours d'adultes consisterait à envoyer des circulaires aux chefs de toutes les maisons de commerce et de banque à Paris, en leur rappelant l'existence des cours d'adultes et leur utilité, ainsi que le profit qu'ils pourraient tirer de ceux de leurs employés qui auraient suivi ces cours.

Tous les ans il y a des milliers de jeunes gens étrangers et surtout de jeunes Allemands, qui se rendent soit à Paris, soit dans les divers centres commerciaux de la France, pour apprendre le français, ou pour se mettre au courant des affaires. Ce n'est pas seulement le désir de voir notre beau pays qui les pousse à y venir en si grand nombre, c'est d'abord et surtout le désir de se renseigner et d'étudier, afin de pouvoir trouver plus tard des places bien rétribuées.

Souvent j'ai entendu parler à Paris de la concurrence que ces employés étrangers font aux employés français. Le fait est incontestable ; mais pourquoi les Français ne font-ils pas de même ? Pourquoi ne vont-ils pas eux aussi dans les autres pays ? Ils y trouveraient sans doute les mêmes avantages que les étrangers trouvent en France, et ils y apprendraient beaucoup mieux que dans les livres, et beaucoup plus vite, la langue du pays où ils iraient s'établir pour quelque temps.

Le Gouvernement donne bien quelques bourses de séjour à l'étranger, mais en nombre très restreint et qu'il serait très désirable de voir s'augmenter dans une large mesure.

D'autre part, la Ville de Paris dépense beaucoup d'argent pour ses œuvres de bienfaisance ; ne pourrait-elle pas consacrer une centaine de mille francs à des bourses de voyage à l'étranger ?

On demande souvent combien de temps il faut rester à l'étranger et où il faut aller.

En ce qui concerne la première question, cela dépend de l'intelligence de chacun ; mais un séjour de deux ans paraît très suffisant pour permettre d'apprendre la langue et se mettre au courant des affaires et des usages du pays. Depuis quelques années, du reste, on prend en Allemagne beaucoup de dames comme employées. Les jeunes filles qui suivent nos cours pourraient donc profiter également des bourses de séjour à l'étranger, car dans les cours mixtes ce sont souvent elles qui sont le plus appliquées et qui remportent les premiers prix.

Quant à la deuxième question : où faut-il aller ? je pense qu'un employé doit toujours chercher à se caser dans un centre de commerce, afin d'y trouver un champ de relations plus vaste et, par suite, la possibilité d'acquérir mieux et plus vite la connaissance de la langue qu'il désire apprendre.

Je ne peux mieux faire que de reproduire ici un extrait d'un rapport officiel publié dans le temps par le Moniteur du Ministère du Commerce :

« Un des motifs pour lesquels le commerce français n'augmente pas son importation dans ma circonscription (Mannheim), c'est qu'il n'est pas renseigné sur les points où il pourrait écouler ses produits. Ce défaut d'information tient à ce qu'il ne prend même pas la peine de s'adresser au Consulat. J'ai été frappé du peu de demandes que me font les maisons françaises relativement aux moyens de placer leurs articles. J'ai aussi été étonné du petit nombre de négociants ou de voyageurs français qui sont venus me visiter depuis trois ans que je suis à mon poste. En un mot le commerce français ne semble pas attacher beaucoup d'importance à entrer en relations avec les Consuls et c'est là une lacune fâcheuse. Si le Consul ne peut pas aider à la conclusion d'une affaire, il est toujours à même de reconnaître le terrain et d'indiquer à priori si une marchandise a des chances de vente dans sa circonscription. Il est souvent difficile de savoir si l'on a besoin en Allemagne d'un article qu'on ne peut pas montrer, parce que la traduction en allemand du mot français n'est pas toujours suffisante pour bien indiquer la marchandise.

« Après beaucoup de mes collègues, je dirai qu'il faut voyager soi-même ou faire voyager si l'on veut traiter des affaires en Allemagne.

« Les prospectus, même rédigés en langue allemande, n'ont pas beaucoup de valeur, parce que le marchand ou le fabricant allemand est habitué à ce qu'on vienne à lui, qu'on lui présente un article et qu'on lui en indique le prix en marks, franco au lieu de livraison. Il ne veut pas avoir à s'occuper des frais de douane ou de transport ; il doit établir ses prix de revient en calculant ce que lui coûte net la marchandise française.

« La véritable manière de procéder est d'avoir un agent ou représentant qui visite régulièrement les maisons de commerce ou les fabriques. Les grands établissements industriels de ma résidence ont des représentants à poste fixe en France, auxquels ils donnent des commissions suffisantes pour qu'ils puissent vivre largement.

« Lorsqu'on recommande de faire visiter des maisons de commerce par des voyageurs, il faut aussi se poser la question de savoir si nous avons actuellement en France un nombre suffisant de commis-négociants parlant couramment la langue allemande et pouvant ainsi remplir efficacement leur mission. Si nous n'en avions pas, on pourrait peut-être suppléer à cette lacune en employant, provisoirement, des représentants ou des voyageurs allemands.

« J'ai vu, en général, les Français qui se sont fixés en Allemagne ou qui y ont établi des dépôts, prospérer dans leur commerce... »

Ce Consul donne vraiment de bons conseils et il serait à souhaiter que beaucoup de maisons françaises en profitassent.

L'importation de la France en Allemagne s'est élevée de 308 millions en 1888, à 380 millions en 1897; mais ce chiffre s'accroîtrait d'une façon bien plus considérable encore si les maisons françaises voulaient suivre les excellents avis de leur consul.

Des Allemands, par centaines de mille, sont venus à Paris voir l'Exposition. Ils sont rentrés chez eux émerveillés de tout ce qu'ils ont vu et de l'accueil aimable qu'ils ont trouvé partout. Voilà donc un champ tout ouvert aux maisons françaises pour trouver de nouveaux clients, et aux jeunes gens pour trouver des places.

L'Exposition étant un champ de bataille pacifique, c'est au commerçant de profiter de la victoire remportée; en augmentant le chiffre de ses affaires avec l'étranger, il augmentera la richesse de la France et il lui conservera sa place à la tête des nations.

Robert Schwarz.

VI. — Mémoire sur l'Éducation familiale dans les cours d'adultes.

PRÉSENTÉ PAR

M. BIDART
PROFESSEUR D'ÉCOLE NORMALE
SECRÉTAIRE ET AGENT DE LA SOCIÉTÉ DES PARENTS ÉDUCATEURS

Il y a bientôt quarante ans, l'un des plus grands penseurs contemporains a demandé que la pédagogie de la famille fût enseignée dès l'école primaire. Il n'est que temps d'examiner sérieusement cette proposition et de la traduire en un texte du programme. L'idée paraîtra peut-être neuve et hardie à certains. Mais que les esprits droits et fermes veuillent ne pas s'effaroucher avant de réfléchir.

L'école primaire fait tous ses efforts pour former des êtres moraux et entendus. Eh bien! elle semble ignorer une grande partie de la vie morale et pratique : l'éducation domestique; et par cette omission grave elle se prive bénévolement d'un puissant moyen d'éducation en même temps qu'elle mutile son œuvre. Elle prépare plus ou moins des hommes, des citoyens, des travailleurs, paysans, industriels, commerçants. Mais elle ne prépare pas — du moins par des conseils spéciaux — des pères et des mères ! Cependant, quel plus grand service pourrait-elle rendre à la société ? Quel plus urgent ?

Les parents sont en grande partie les facteurs de la santé et de la moralité de leurs enfants : c'est leur influence qui presque toujours demeure la plus efficace, en bien comme en mal, sur les êtres nés d'eux et passant avec eux la période de la vie la plus impressionnable. Et l'on peut dire que le sort des humains est presque en entier lié — sauf l'action de la nature — à l'influence bonne ou mauvaise exercée sur eux par leurs éducateurs, les parents.

Or, que fait-on pour préparer le futur père et la future mère à leur rôle si grave et si délicat ? Rien sur les bancs de l'école (primaire ou supérieure), rien au collège ou au lycée, rien aux cours d'adultes, rien dans les conférences populaires ! On se réveille père et mère ayant charge d'âmes et de vies comme l'on sort d'un songe, au hasard de la vie, sans aucune étude spéciale, sans une réflexion parfois, ignorant les moyens d'éducation et inconscient des devoirs.

Aussi, que de faux pas dans la conduite des enfants! que de pratiques pernicieuses qui exercent l'action la plus funeste sur leur avenir physique et moral! Ici, c'est une nourriture prématurée qui débilite à jamais, en le surmenant trop tôt, le frêle estomac d'un jeune être; là, une privation d'air et de mouvement qui empêche le développement normal. C'est tantôt une tendresse aveugle qui tolère tout aux enfants, s'empresse à satisfaire leurs caprices les moins légitimes, au risque de faire de ces capricieux des égoïstes et des vicieux achevés; ailleurs, au contraire, ce sera un système de sévérité idiote qui dérobe tout plaisir, toute jouissance honnête à un être innocent créé pour le bonheur, et qui produit chez les forts la révolte, chez les faibles la mort morale.

« N'est-ce pas une chose monstrueuse, s'écrie H. Spencer dans un mouvement de colère contre une lacune si étrange des programmes des écoles, que le sort d'une nouvelle génération soit abandonné au hasard d'habitudes irréfléchies, aux suggestions de nourrices ignorantes, aux préjugés des grand'mères? Si un négociant entrait dans le commerce sans connaître le moins du monde l'arithmétique et la tenue des livres, nous nous récrierions sur sa sottise; nous en prévoirions les désastreuses conséquences. Si avant d'avoir étudié l'anatomie un homme prenait en main le bistouri du chirugien, ne serions-nous pas confondus de son audace et pris de compassion pour ses malades? Mais que des parents entreprennent la tâche difficile d'élever des enfants sans avoir jamais songé à se demander quels sont les principes de l'éducation physique, morale, intellectuelle, qui doivent leur servir de guide, cela ne nous inspire ni étonnement à l'égard des pères, ni pitié à l'égard des enfants, leurs victimes! »

Channing dit de son côté : « Élever parfaitement un enfant demande plus de réflexion, plus de sagesse, peut-être, que le gouvernement d'un État; par cette simple raison que les intérêts et les besoins politiques sont plus saisissables, plus grossiers, plus sensibles que le développement de la pensée et du sentiment ou que les lois subtiles de l'âme... Et cependant Dieu a chargé également tous les hommes de cette œuvre la plus grande qui soit sur terre. »

Un autre Américain (M. Oscar Chrisman, *Forum* de février 1894, cité par la *Revue des Revues*, 1er mars 1894) a écrit : « Faire des pères et des mères est réellement un grand devoir auquel nos collègues sont obligés vis-à-vis de la nation. »

Un écrivain pédagogique français, M. Alexandre Martin, demande aussi, dans l'*Éducation du caractère*, que des notions sur l'art d'élever les enfants soient données dans les collèges et les lycées.

Ainsi, sur la nécessité et la grandeur de cet enseignement, pas de contestation. Mais que cet enseignement soit à sa place à l'école primaire, voilà ce qui nous choque et nous surprend.

. Plus tard, dit-on. — Plus tard, c'est-à-dire jamais, hélas! A qui donc faut-il apprendre que les 99 p. 100 de nos enfants ne fréquenteront qu'une école : celle qu'ils vont quitter à douze ans, à onze ans ? Qui ne sait que nos études d'enfance impriment une direction à nos études ultérieures; que si quelques esprits d'élite songent à se lancer dans des voies nouvelles qui ne leur pas avaient été signalées, la masse ne soit pas des sentiers battus ? Ah ! réalisez l'instruction intégrale, ou, en attendant, établissez d'universels cours d'études que fréquenteront tous les jeunes gens et toutes les jeunes filles; alors vous aurez le droit de dire : « plus tard », parce que ces mots ne seront point une amère dérision. Mais tant que subsistera l'état actuel, « plus tard » signifiera « jamais ».

On objecte encore : « L'innocence des enfants... » O pudibonderie, que de tort tu fais à la pureté! O grands mots dits et répétés sans réflexion, que d'idées saines vous étouffez ! Voyons. Vous expliquez aux élèves que plus tard ils seront en partie responsables de la santé et du caractère de leurs enfants; que pour le caractère, par exemple, ils auront à former des êtres justes, bons, laborieux, maîtres de leurs passions; qu'on inspire l'amour de la justice en faisant toucher du doigt les plaies que font les injustices; que l'on incline à la bonté en montrant tout ce que nous devons à nos semblables; qu'on fait aimer le travail en procurant dès le jeune âge des occupations agréables et des difficultés graduées; que pour former des hommes maîtres de leurs passions on doit accorder aux enfants tout le bonheur, toutes les jouissances compatibles avec le respect d'autrui et le respect de soi-même, mais que l'on doit leur demander leur concours éclairé, énergique, persévérant, pour combattre tous les penchants nuisibles à soi-même et aux autres : gourmandise, colère, vanité, etc. ; qu'y a-t-il donc là qui puisse effleurer l'innocence des enfants? Tous ces conseils ne sont-ils pas plutôt de nature à les rendre plus vertueux? Le programme de morale porte une rubrique intitulée : « Devoirs entre époux », personne ne proteste. Cependant, qu'est-ce qui est plus naturel et moins délicat : de parler aux enfants des rapports entre mari et femme, ou de l'art de bien élever les enfants?

Une expérience :

Un instituteur débutait à son nouveau poste. Un mois après, faisant son cours de morale, il en vint au chapitre du programme « devoirs entre époux ». Bientôt il s'aperçut que des sourires malicieux accueillaient ses paroles. Il écourta son exposé et se garda d'en demander un compte-rendu. Le lendemain, il fit une leçon sur « l'art d'élever les enfants dans la famille ». Point de sourires. Les élèves écoutaient avec une attention croissante et avec un plaisir que dénotaient certains traits et certaines paroles qu'il est impossible d'interpréter à faux. Après une quinzaine de leçons sur ce sujet, le maître commença un jour ainsi : « Vous voyez combien il est important et difficile de bien élever les enfants. Aussi le père et la mère doivent-ils pour cela être d'accord. S'ils ne sont pas d'accord, etc. » Et le voilà qui développe les « devoirs entre époux », regardant les lèvres, observant les physionomies : plus de ces sourires bêtes qui l'avaient arrêté la première fois. Il fit répéter ; point de sourires. Tous les élèves avaient appris à *écouter sérieusement les choses sérieuses*. Est-ce là corrompre l'enfance?

Il faut connaître un autre fruit des leçons qui avaient été faites sur « l'art d'élever les enfants dans la famille ». Certaines considérations morales sur la paresse, sur l'égoïsme, sur la cruauté, sur la vanité, sur la gourmandise, etc., avaient touché extrêmement les élèves, parce qu'on leur avait dit : « Vous préserverez vos enfants de ces fléaux », au lieu de leur dire : « Vous vous en préserverez vous-mêmes ». Mais ils prenaient — cela se voyait à certains indices — ils prenaient intérieurement la résolution de s'amender d'abord eux-mêmes, car le maître n'oubliait pas d'ajouter de temps en temps : « Il faudrait donner le bon exemple. » Cette moralisation indirecte n'avait pas été stérile. Le maître avait fait coup double : il avait rendu meilleurs et les enfants à venir et les futurs parents ; il avait, chez ceux-ci, développé le sentiment de leur responsabilité, mieux que par toutes les leçons théoriques sur ce grand mot.

Il fit les mêmes leçons à deux autres générations d'écoliers, le résultat fut toujours aussi heureux.

Cette expérience en vaut mille, en vaut cent mille. Ce qu'un humble instituteur a fait, ses cent mille collègues de France peuvent le faire, ils ont les mêmes moyens. Je les adjure d'essayer ; c'est un enseignement qui leur procurera de vives et nobles jouissances, celles que l'on trouve à faire un grand bien.

D'ailleurs il est impossible que quelques-uns ou quelques-unes ne l'aient pas tenté. Un livre écrit pour les jeunes filles des écoles primaires par une plume bien délicate et profondément honnête, *la Première année d'économie domestique*, de R. El. Chalamet, renferme (pages 92 à 100) un chapitre intitulé *la Mère de famille*, où se trouvent des conseils sur l'éducation physique, intellectuelle et morale des enfants dans la famille. Que les institutrices qui se servent de cet ouvrage disent si ce chapitre a vicié leurs élèves.

Les objections superficielles ne méritent pas d'être longuement discutées :

Ces notions passent l'intelligence des parents? — Comme les notions de morale et d'hygiène.

On serait amené à blâmer indirectement les pratiques des parents des élèves. — Comme dans les leçons de morale.

C'est une matière nouvelle dont vous demandez l'introduction. —

Non, mais un chapitre de plus au programme de morale, un chapitre de plus au programme d'hygiène.

Ce que vous demandez existe dans le programme de morale, à la rubrique : « Devoirs des parents envers les enfants. » — Sérieusement ? Comptez donc les écoles où quelques conseils sont donnés sur l'art d'élever les enfants.

Mais cela demandera du temps. Avec un programme déjà si chargé...
— Allons droit au grand et supprimons le mesquin Tout le monde ne constate-t-il pas avec tristesse et souvent avec effroi que *la famille défait l'œuvre de l'école*? Préparons au moins la famille future. L'école est tombée dans une grande erreur quand elle a cru pouvoir tout faire elle-même, quand elle a voulu se passer du concours des parents. Qu'elle répare son erreur. Qu'elle travaille à instituer au moins la future famille éducatrice ; ses conseils vont quelquefois par-dessus la tête des enfants atteindre le père et la mère d'aujourd'hui. L'école n'aura pas à regretter son effort si fécond : elle se sera donné, pour l'avenir et même pour le présent, l'auxiliaire le plus puissant, le plus intéressé et le plus fidèle.

Bidart.

VII. — Mémoire sur l'Utilité d'une Fédération des Sociétés laïques d'Enseignement, et d'un Concours général annuel.

PRÉSENTÉ PAR

M. JOSEPH LEBLANC
EXPERT-COMPTABLE
PROFESSEUR A L'ASSOCIATION POLYTECHNIQUE

Mesdames, Messieurs,

La magnifique transformation sociale de 1789 qui, de la plus noire ignorance et du plus odieux servage, élevait le peuple dans la lumière éblouissante de la liberté matérielle et morale, réveillait dans la classe la plus pauvre le besoin si naturel de savoir.

Comme l'avait si admirablement proclamé Danton : « l'éducation est le premier besoin du peuple ».

Les droits nouveaux impliquaient aussi des devoirs nouveaux et, parmi ces devoirs, celui de mettre les connaissances populaires au niveau des connaissances sociales, scientifiques et littéraires.

Malgré la tourmente terroriste et la réaction impériale, les idées d'émancipation morale faisaient leur chemin. Une ère nouvelle d'émulation éducative s'ouvrait, et, depuis lors, cette émulation dans la diffusion du savoir est devenue presque une bataille acharnée. Heureuse bataille, dont le savoir et le dévouement sont les soldats, et l'ignorance, l'ennemie.

Les œuvres nouvelles sont écloses comme les roses embaumées par un frais matin de printemps. Elles répandent, à qui mieux mieux, les suaves parfums de l'éducation et de la solidarité républicaines.

Aujourd'hui, à la fin du XIX° siècle et à l'ère du XX°, le mouvement éducateur a atteint son complet épanouissement. Les rivalités de Sociétés, les querelles de boutiques tendent à s'effacer au profit de l'œuvre commune : la formation du citoyen du XX° siècle, libre et instruit, aimant la liberté, la justice et la science, et sachant en faire usage.

Il ne tient qu'à nous de faire disparaître toutes les causes de division par l'union.

Tel est le but de ma proposition.

C'est un acte qui arrive à son heure. Le terrain est admirablement préparé. Les différents congrès qui se sont succédé depuis 1895, et dont le présent congrès forme le couronnement, n'ont-ils pas déjà mis dans les cœurs cette union qu'une simple résolution et quelques articles de statuts suffiront à faire passer dans les faits.

La réunion, le groupement des Sociétés laïques d'enseignement populaire dans une vaste et grande fédération constituerait le plus magnifique centenaire que l'on puisse célébrer de l'œuvre d'éducation populaire.

La réalisation en serait facilitée sûrement par le dévouement que nous apportons tous au bien du peuple.

Elle créerait un centre d'émulation éclairée, susceptible, par le groupement des programmes, l'examen des méthodes, la comparaison des résultats, d'arriver à la fixation de règles précises pour chacune des matières enseignées, à la perfection de l'organisation et au maximum de résultats.

Elle permettrait enfin de stimuler l'enseignement indépendant de nos Sociétés laïques par la création d'un grand concours général, qui, à l'image du concours général des établissements de l'État, montrerait d'une façon sérieuse les résultats acquis, et serait la meilleure preuve que l'initiative privée, dans l'enseignement comme dans toute autre matière, est capable de faire œuvre utile et féconde.

J'ai donc l'honneur de vous proposer la résolution suivante :

« Le Congrès accepte le principe d'une fédération des Sociétés laïques d'enseignement populaire; nomme une Commission chargée d'élaborer les statuts et de les présenter pour l'adoption définitive aux Sociétés intéressées.

« L'établissement d'un concours général annuel sera prévu dans e projet.

« Les frais nécessités par l'étude et la mise au point du projet seront couverts par des souscriptions volontaires. »

Je crois, Mesdames, Messieurs, que l'heure est venue de grouper en un seul faisceau toutes nos bonnes volontés.

Les Sociétés laïques d'enseignement sont sœurs; il faut leur crier : Filles de la Révolution, rassemblez-vous! Qu'une étreinte fraternelle vous réunisse toutes dans un commun élan pour l'éducation du peuple, l'enseignement de la liberté et le triomphe de la République.

J. LEBLANC.

VIII. — Mémoire sur l'Enseignement populaire.

PRÉSENTÉ PAR

Mlle HENRIETTE MEYER

L'enseignement qu'on est convenu d'appeler « enseignement populaire » est celui qui s'adresse aux adultes soucieux de développer leurs connaissances tout en accomplissant tout le jour un travail rémunérateur. En conséquence les auditeurs des cours et conférences sont tous d'excellents élèves qu'aucune contrainte ne retient et qu'une bonne volonté réelle attire vers le maître.

S'il est vrai que le devoir essentiel de tout éducateur est de ne donner à ses disciples que de bons conseils et d'utiles connaissances, c'en est un bien plus absolu pour celui qui se charge de l'enseignement populaire.

Or, jusqu'à présent on a fait des tentatives multiples et louables. On a créé de tous côtés des classes du soir, des cours d'études, ouvert des salles de conférences, et on s'est efforcé d'y traiter les sujets les plus divers et les plus passionnants.

Mais a-t-on conçu un plan d'ensemble auquel devait se rattacher chaque partie traitée? On a développé l'enseignement de la littérature, de l'histoire, de la géographie, de la philosophie, des mathématiques, etc. On a même organisé de nombreux cours sur l'art : dessin, peinture, modelage, chant, musique. En un mot, on a essayé de permettre aux classes laborieuses de parvenir à un degré de culture intellectuelle équivalent à celui qui autrefois était réservé aux classes privilégiées seulement.

Il faut bien reconnaître que ce but a été atteint et que chacun aujourd'hui peut, s'il le désire, donner libre cours à son goût pour l'étude.

Cependant le résultat est-il en proportion de l'effort? Cette science acquise avec tant de peine, souvent au préjudice de la santé, donne-t-elle à l'homme le bonheur qu'il en attendait? Pour quelques-uns, oui, pour la majorité, non.

Pourquoi? Parce que l'enseignement donné ne répond pas toujours aux besoins du peuple.

Il faut donner à l'esprit humain une direction en rapport avec ses besoins; et le véritable enseignement à fournir au peuple est celui qui lui permettra, avec les mêmes ressources, de se procurer plus de bien-être.

L'enseignement pourra être différent ou semblable pour les deux sexes suivant les aptitudes de chacun, mais rationnellement, étant données les fonctions spéciales qui leur sont réservées, il y aurait tout intérêt, pour la famille et pour la société, à ce qu'une impulsion différente fût donnée aux uns et aux autres.

Pour l'homme les sciences physiques et les mathématiques ont généralement plus d'attrait, il en peut tirer des éléments pratiques. Par l'étude bien comprise de la mécanique, l'homme trouvera lui-même des modifications à introduire dans son logis, modifications qui ne lui coûteront qu'un peu de travail et qui auront le pouvoir de lui faire aimer davantage le foyer qu'il aura aménagé suivant son goût.

Pour raccommoder les chaussures de ses enfants (quand la morte-saison retient le père à la maison) il n'est pas nécessaire d'avoir tiré l'alène et tenu le poinçon pendant de longs mois, mais simplement d'avoir reçu quelques conseils d'un bon professeur.

Il en est ainsi de tout, et l'étude des sciences, qui attire toujours l'homme, peut être pour lui d'un précieux secours en présence des difficultés de l'existence, surtout si tous les cours théoriques sont destinés à fournir les éléments d'un travail pratique.

. . . .

C'est aussi dans la science que la femme puisera les éléments de son bonheur.

Toute femme doit être la bienfaitrice de son foyer ; pour cela il faut qu'elle sache ce qu'est l'hygiène domestique, comment elle doit soigner un malade ou un blessé quand l'intervention du médecin n'est pas nécessaire; elle doit savoir, avec peu, faire une cuisine saine et économique, tirer parti de tout si ses ressources sont limitées, pouvoir au besoin laver son linge et le raccommoder, et rester cependant la femme de goût qui sait rendre agréable l'intérieur le plus modeste.

Il n'est pas inutile de savoir dessiner afin de parer avec grâce les murs de la chambre, de pouvoir travailler à un ouvrage d'ornement, de savoir chanter pour montrer sa bonne humeur; tout cela peut aller ensemble, et si la femme possède toutes les qualités qui font d'elle une excellente mère de famille et une bonne épouse, si l'homme reconnaît la valeur d'une telle compagne, s'il l'estime et la respecte, s'il contribue à lui rendre la tâche aisée et agréable, n'auront-ils pas tous deux trouvé à peu de frais le véritable bonheur?

HENRIETTE MEYER.

2ᵉ SECTION

CONFÉRENCES & ENSEIGNEMENT
PAR L'ASPECT

I. — Mémoire sur l'**Enseignement colonial laïque et le rôle des missionnaires religieux dans les colonies.**

PRÉSENTÉ PAR

M. PIERRE NICOLAS
COMMISSAIRE DE L'INDO-CHINE A L'EXPOSITION UNIVERSELLE
ANCIEN ADMINISTRATEUR GÉNÉRAL
DE LA SOCIÉTÉ DES CONFÉRENCES POPULAIRES
TRÉSORIER DU CONGRÈS

La diffusion de l'instruction est la conséquence naturelle et logique de tout régime démocratique. L'éducation, en effet, n'est autre chose que le plein développement des facultés humaines; elle est donc le premier devoir de l'individu, comme elle est la première condition de son bonheur.

Il n'y a guère plus de cent ans, il était d'usage constant de recommander à chacun d'être satisfait de sa situation et de n'en pas sortir. Ce principe avait alors sa raison d'être, étant donnée l'organisation sociale de l'époque. Le noble était officier de naissance; le bourgeois vivait de quelque charge ou de son petit revenu; le paysan était toujours paysan, l'ouvrier toujours ouvrier. L'idée ne venait guère, alors, de sortir de la condition où le sort vous enfermait en naissant.

Il n'en va plus de même aujourd'hui; le désir de s'élever par moyens licites, tels que le travail, l'économie, l'intelligence, constitue non seulement un droit mais presque une nécessité.

C'est le devoir, en tous cas, d'un gouvernement démocratique de fournir à tous, les premiers instruments de travail : l'instruction et l'éducation.

Il n'y a que l'éducation qui, en éclairant et en moralisant les citoyens, puisse établir la véritable souveraineté populaire.

C'est en vertu de ce principe indiscutable que les hommes d'élite auxquels revient l'honneur d'avoir fondé définitivement en France le régime républicain ont dirigé vers ce but leurs efforts incessants.

Ils ont compris que les questions d'instruction populaire étaient les premières de toutes, pour les esprits sérieux et réfléchis, pour ceux qui veulent asseoir la République sur ses véritables bases, sur la réforme des intelligences et des mœurs.

La question de l'éducation nationale embrasse toutes les autres, elle les dépasse en importance, elle fournit les moyens de les résoudre. C'est pourquoi l'instruction à répandre constitue le premier devoir d'un gouvernement.

C'est sous l'impulsion de cette idée que dans ce dernier quart de siècle, la nation a, sans marchander et sans reculer devant les sacrifices nécessaires, fourni à ses mandataires les moyens de multiplier les écoles et d'en assurer le bon fonctionnement.

Mais l'éducation de l'enfant n'est pas la seule à laquelle il faille songer. Les écoles de l'enfance sont faites pour apprendre à apprendre, si l'on peut s'exprimer ainsi, et si l'on veut, au sortir des écoles, savoir quoi que ce soit, il faut faire subir à son esprit une sorte d'entraînement. Les hommes de science et d'étude, penchés sur leurs livres, consacrent leur existence à apprendre et ils ont la sincérité de reconnaître que la somme de leurs connaissance est bien minime après une vie tout entière consacrée à s'instruire. C'est ainsi que l'illustre Chevreul, une gloire de la science au xixe siècle, devenu centenaire, s'intitulait modestement le doyen des étudiants.

Mais à côté de ces hommes d'étude qui forment une exception dans la société, parce que les hommes d'action et de travail manuel sont nécessairement plus nombreux et non moins utiles, il faut compter avec la masse du public qui a bien la volonté d'apprendre, mais qui n'en a ni le temps ni la faculté.

Il n'est pas donné à tout le monde de *savoir lire* avec fruit, et puis, après une journée de labeur bien remplie, on risque de s'endormir sur le livre entr'ouvert.

De là est venue l'heureuse idée de la Conférence, aujourd'hui largement vulgarisée, la Conférence, ce livre qui parle, ce livre en action.

La Convention, qui a touché à toutes les questions, la Convention, qui a été la plus grande éducatrice du peuple français et qui est, en réalité, la mère de notre démocratie moderne, la Convention avait, la première, imaginé les Conférences.

Dans le plan d'éducation de Condorcet, des Conférences à l'usage des citoyens devaient être faites tous les dimanches. Un programme, tracé avec profondeur et indiquant en première ligne la science de la morale publique et privée, devait être enseigné par l'instituteur dans chaque commune.

En même temps qu'elle cherchait à faire l'éducation des adultes, la Convention avait prescrit la lecture, dans les hôpitaux, des nouvelles publiques qui pouvaient intéresser les malades, des nouvelles des armées, des informations sur la marche générale des affaires du pays.

Il y a plus : les hommes de la Révolution avaient pensé à porter l'éducation jusque dans les prisons. Ils estimaient, non sans raison, que la société ne doit pas seulement former les hommes, mais qu'elle doit encore les réformer quand ils ont dévié du droit chemin. Ils voulaient que, dans les prisons, la plus grande partie du temps fût donnée au travail, cet instrument de moralisation par excellence, mais ils voulaient aussi qu'au travail succédât une utile et bienfaisante lecture dans laquelle on expliquerait les principes de l'honneur et de la justice, de manière à toucher les hommes égarés et à les rendre guéris à la société. Si c'était là un beau rêve et une utopie, rêve et utopie ne manquaient pas d'une généreuse grandeur, et l'on ne peut méconnaître, d'une manière générale, que la grande gloire du parti républicain est d'être, avant tout, le parti des lumières, l'adversaire résolu de l'ignorance.

En luttant contre cette ignorance, nous luttons contre le vieil ennemi du genre humain.

Les Conférences ont donc une grande part dans la diffusion de l'instruction, et ce mode d'enseignement, tout à la fois familier et pratique, a pris, depuis trente ans, un développement merveilleux. Partout, à Paris comme dans le reste de la France, ces causeries du soir, sans apprêts, sans prétentions, ont réuni de nombreux auditeurs de tout âge et de toutes conditions. Bien des questions ont été élucidées, bien des problèmes sociaux ou économiques, scientifiques ou littéraires ont été ainsi étudiés, résolus au contact de la libre discussion. Car le propre de ces réunions est de laisser à chaque orateur la liberté et la responsabilité de ses opinions et de ses théories, et comme c'est du choc des idées que jaillit la lumière, la vérité en sort toujours triomphante.

Parmi les Associations qui se sont fondées depuis quelques années en vue de répandre dans toute la France les bienfaits de l'instruction, la « Société républicaine des Conférences populaires » a pris un développement tout particulier. Fondée par M. Paul Doumer, ancien ministre des Finances, Gouverneur général de l'Indo-Chine, qu'on est toujours certain de rencontrer là où il y a de nobles idées à faire prévaloir et d'utiles progrès à réaliser, cette Société s'est donné pour but, aux termes de ses statuts, de propager l'instruction à Paris et dans les départements au moyen de Conférences littéraires, scientifiques, artistiques, commerciales, agricoles, coloniales, etc.

Au point de vue spécial des intérêts coloniaux, la Société des Conférences populaires a déjà manifesté sa volonté d'ouvrir ses portes toutes grandes aux conférenciers désireux de traiter ces questions au sujet desquelles l'esprit public se passionne tous les jours davantage.

La sollicitude de la Société des Conférences populaires à l'égard des intérêts coloniaux s'est encore manifestée sous la forme de création de sections au Tonkin, en Cochinchine, à Madagascar. L'expansion coloniale est donc assurée de trouver, de ce côté, un concours dévoué, un appui moral et matériel des plus appréciables, au moment où nos nationaux, prêts à payer de leur personne et de leurs capitaux, pour tenter de grandes entreprises de colonisation, ont besoin d'être éclairés sur les avantages qui leur sont offerts comme sur la nature des obstacles qu'ils pourront avoir à surmonter.

Il est bien évident que le mouvement colonial s'est accentué, en France, depuis quelques années, dans des proportions considérables. Cette transformation est due, bien certainement, aux vaillantes expéditions de nos explorateurs qui ont ouvert un large champ à la colonisation française. Le récit de leurs travaux, l'exposé des difficultés qu'ils ont eu à surmonter et qu'ils ont su vaincre, sont autant de sujets intéressants qui assurent au conférencier un auditoire attentif et passionné.

Il y a là une série d'études politiques, économiques et commerciales qu'il importe de traiter sans parti-pris de louange ni de blâme, mais avec le profond désir d'éclairer l'esprit public sur le véritable état des choses.

Ainsi, lorsqu'on remonte à l'origine de notre établissement dans la plupart de nos possessions d'outre-mer, on constate que les missions religieuses y ont pris, dès le début, une influence prépondérante. Il convient d'examiner si le moment n'est pas venu de se soustraire à cette influence et de renoncer à ce concours parfois dangereux.

Aux Antilles, au Sénégal, à la Réunion, en Nouvelle-Calédonie, en Extrême-Orient, se révèle l'envahissement lent et méthodique des congrégations. En Extrême-Orient, plus que partout ailleurs, la situation, à ce point de vue, est délicate et difficile.

Un fils du Ciel qui eut son heure de célébrité à Paris, le général chinois Tcheng-Ki-Tong, s'exprimait à ce sujet dans les termes suivants :

« Demandez à un Chinois comment il appelle les Anglais, il vous
« répondra que ce sont les marchands d'opium. De même, il vous
« dira que les Français sont des missionnaires. C'est sous chacun
« de ces deux aspects qu'il connaît les uns et les autres, et on com-

« prendra aisément qu'il conserve dans sa mémoire un ineffaçable
« souvenir de ces étrangers, puisque les uns ruinent sa santé aux
« dépens de sa bourse et que les autres bouleversent ses idées. »

Les missionnaires catholiques, dans leur zèle de prosélytisme, font table rase des traditions et des coutumes religieuses du pays, et provoquent de constantes émeutes qui s'apaisent souvent dans le sang et toujours au préjudice du renom de la France.

Ce mal a des racines anciennes et profondes, aussi bien en Chine, où les effets viennent de s'en manifester si violemment, que dans notre empire de l'Indo-Chine, où les missions ont été si longtemps soutenues par les pouvoirs publics.

La question des missions religieuses remonte bien haut dans l'histoire. Il y a trois siècles, des écrits de missionnaires avaient apporté en Europe des descriptions enthousiastes des côtes de Chine et d'Annam.

« Chacun, disaient-ils, est heureux dans ce pays de merveilles.
« Dieu l'a comblé de mille faveurs, et lui a donné de riches étoffes,
« un breuvage délicieux et parfumé, des produits abondants. »

La Société de Jésus, puissante et intelligente, comprit vite quel parti on pouvait tirer de ces régions. Aussi envoya-t-elle en Chine les plus distingués de ses membres, qui saisirent de suite qu'il fallait se concilier des sympathies et s'identifier avec les idées de ces peuples. Ils surent se dépouiller complètement de leur caractère européen, avant de parler dogmes et mystères à des gens qui n'y auraient rien compris.

Aussi, vit-on d'illustres jésuites parcourir la Chine et l'Indo-Chine enseignant l'astronomie, la médecine, la physique et les arts. En hommes prudents et pratiques, ils s'aventuraient le moins possible sur le terrain religieux et se contentaient de recueillir et d'expédier, au profit de l'Ordre, les richessses inespérées de l'Extrême-Orient.

Ils ne dénigraient pas, comme le font maladroitement les missionnaires actuels, le culte des ancêtres, fondement des croyances du Grand-Empire du Milieu et de ses 300 millions d'habitants. Ils respectaient Confucius et se gardaient d'offenser les antiques convictions sur lesquelles repose tout un vaste édifice politique.

Mais la Société de Jésus ne put garder longtemps un fief si enviable. Jaloux de ses succès et de ses richesses, les Dominicains et les Franciscains, très écoutés à la Cour de Rome, obtinrent des papes l'expulsion des missionnaires jésuites et le droit de prendre leur place.

Seulement, moins habiles que leurs devanciers, les nouveaux venus ne recueillirent pas grandes richesses. En revanche, leurs procédés tyranniques leur valurent parfois les palmes du martyre.

Les Lazaristes vinrent à leur tour, avec une méthode nouvelle, mais froissant encore les habitudes morales des indigènes; les uns comme les autres ont manqué à leur rôle s'ils prétendaient être en Extrême-Orient les agents de l'influence française.

Il importe de réagir contre un tel état de choses. Des résultats ont déjà été obtenus, des écoles laïques ont été créées et subventionnées, et, spécialement en Annam et au Tonkin, des mesures sont prises pour contrebalancer l'influence des missions.

Mais, d'autre part, la propriété territoriale des missions catholiques a pris des proportions inquiétantes et dangereuses pour la bonne administration de la Colonie. Les terrains les meilleurs, les mieux situés, tant à Saïgon que dans les provinces, sont leur propriété. Cette possession de la terre a pour conséquence un pouvoir occulte, enlevant nombre de villages à l'influence des fonctionnaires de l'État. Il y a là autant de sujets d'inquiétude, autant de menaces pour la prospérité du pays et la grandeur de notre empire colonial.

Notre domaine est assez grand. Il n'est plus nécessaire de conquérir, mais nous devons organiser, étendre notre influence non par la force et la violence, mais par la persuasion et la douceur.

Ce qui vient d'être dit, dans un rapide examen de la situation française en Extrême-Orient, permet de juger quel rôle utile serait dévolu au conférencier qui se donnerait la tâche d'examiner successivement le fort et le faible de notre système colonial sur les divers points de notre empire d'outre-mer.

Dans un autre ordre d'idées, il ne serait pas moins intéressant d'éclairer ceux qui sont tentés de se créer un avenir dans nos possessions françaises sur la situation topographique des divers pays, leurs richesses minières ou agricoles, leurs mœurs locales, leurs ressources et tous autres renseignements que peuvent, assurément, trouver dans des livres spéciaux ceux qui ont le loisir de les y aller chercher, mais qui frappent davantage l'esprit lorsqu'ils sont présentés sous la forme humoristique que sait leur donner un conférencier digne de ce nom.

Les Conférences populaires d'enseignement colonial répondent donc à un besoin incontestable et sont assurées du succès, à une époque où l'esprit public se passionne pour des questions qui, il y a quelques années encore, auraient laissé indifférents la plupart de nos compatriotes.

Pierre Nicolas.

II. — Mémoire sur l'Enseignement de la Lecture par un nouveau procédé idéographique : « Le Répétiteur phonique ».

PRÉSENTÉ PAR

M. JACQUES MOTTOT
OFFICIER D'ACADÉMIE
PROFESSEUR A L'ASSOCIATION POLYTECHNIQUE

L'étude de la lecture repose essentiellement sur la connaissance des monogrammes (a... z...), et des polygrammes (ou... ch...). En effet, quand l'élève possède bien la valeur de ces éléments de la syllabe, l'expression de celle-ci n'est plus pour lui qu'un jeu, qu'une opération de synthèse ordinaire.

Il y a donc lieu de s'appliquer particulièrement au développement de ces deux points.

Pour l'enseignement de ces éléments, on a généralement recours aux images, car l'image est la voie la plus directe pour la transmission des idées.

Procédés divers. — Les systèmes d'images les plus usités dans nos écoles sont les suivants :

1º Le procédé *phonomimique* qui consiste à placer sous les yeux des élèves des images d'enfants exécutant divers mouvements. Ex. : Le geste de la main dirigée vers la gorge, pour faire exprimer l'articulation *g* (ghe).

2º Le procédé de l'*initiale* qui fait dériver la valeur de la lettre de la première articulation pure du nom de l'image. Ex. : Le plan d'une gare, pour faire prononcer *g*.

3º Le procédé de la *finale* qui s'appuie sur la dernière syllabe. Ex. : L'image d'un orgue pour donner également *g*.

4º Le procédé de l'*initiale et de la finale* réunies, par lequel on met sous les yeux des élèves des images dont les noms peuvent s'exprimer chacun par un son et une articulation en relation avec deux lettres de l'alphabet. Ex. : Gueule qui donne *g. l*.

Avec les procédés dont nous venons de parler, l'élève apprend la valeur de chaque lettre au moyen de l'image qui accompagne chacun de ces signes graphiques ; mais, comme on vient de le voir, rien dans la lettre ne rappelle la forme de l'image. Il s'ensuit que, si l'une est isolée de l'autre, la lettre n'a plus pour l'élève aucune signification, à moins que la mémoire ou la routine ne vienne lui en révéler la valeur.

C'est pour obvier à ce défaut de liaison que le procédé suivant a été imaginé.

Procédé présenté au Congrès. — 5° Le procédé dit *Répétiteur phonique* est basé, comme on va le voir, sur un principe idéographique.

Il comprend 55 dessins dont chacun a quelques traits de ressemblance avec la forme d'une lettre ou d'un polygramme et en indique la valeur par l'écho de la finale de son nom. Ainsi, un *étui* avec son petit couvercle détaché ressemblant assez à la lettre *t*, donnera la valeur de cette lettre. De même, à côté des lettres *e t* réunies (et), l'élève verra deux crochets, et trouvera de suite le son de ce polygramme.

Le *Répétiteur phonique*, que quelqu'un a appelé *l'auxiliaire de toutes les méthodes de lecture et la véritable clef de cet enseignement*, établit donc un lien tangible entre l'image et le signe alphabétique ; de telle sorte que, dans une lettre donnée isolément, l'élève peut reconnaître les traits principaux de l'image correspondante, et, au moyen du nom de celle-ci, retrouver la valeur de la lettre, par une sorte d'*association d'idées*.

Avec le Répétiteur phonique, la mémoire n'est plus seule en jeu, les élèves apprennent à raisonner, et, satisfaits de pouvoir retrouver, sans le secours d'autrui, la valeur de chacune de nos lettres et de chacun de nos polygrammes, ils prennent confiance dans le résultat de leurs efforts, et ils s'appliquent alors à l'étude avec plaisir.....

Nos images rappellent les finales, comme étant plus susceptibles de rester dans l'esprit que les initiales, après l'expression de chaque mot. Ex. : Griffe... f (fe).

Le *Répétiteur phonique* est donc un des modes d'*enseignement par l'aspect*. Il anime en quelque sorte la lettre, et il produit dans l'esprit à peu près ce qui se passerait si l'on faisait connaissance de quelques personnes qui auraient, par hasard, des noms en relation avec leurs tailles respectives. A la seconde rencontre, on les nommerait sans hésiter. Ce serait par exemple, M. Petit, M. Grand, M. Gros.

Ce que nous venons de dire prouve surabondamment l'avantage qu'on peut retirer du Répétiteur phonique employé seul ou concurremment avec des séries d'images quelconques.

. . . .

Vœu. — Permettez-nous d'espérer, Mesdames et Messieurs, que le Congrès voudra bien émettre le vœu « *que le Procédé d'enseignement par l'aspect dit* RÉPÉTITEUR PHONIQUE, *de M. J. Mottot, qui favorise si avantageusement la mémoire visuelle et la mémoire auditive, soit appliqué plus complétement dans les Sociétés d'enseignement, dans les Écoles et dans l'Armée.* »

J. MOTTOT.

III. — Mémoire sur La Création du Musées communaux ruraux par les Élèves des Écoles communales sous la direction de leurs Instituteurs.

PRÉSENTÉ PAR

M. LE BRETON
INSTITUTEUR
DÉLÉGUÉ DE LA SOCIÉTÉ DES CONFÉRENCES POPULAIRES

Messieurs,

Veuillez me permettre de vous entretenir d'une œuvre dont j'ai pris l'initiative comme instituteur public, et de chercher à vous convaincre de sa raison d'être en vous énumérant les bienfaits matériels, intellectuels et moraux qui en seraient la conséquence.

Il s'agit de la création de musées communaux ruraux par les élèves des écoles communales, sous la direction de leurs Instituteurs, et, à l'occasion, avec le concours des parents et des élèves.

Je dis « Musées communaux *ruraux* »; c'est qu'en effet, ces musées auraient pour but principal de faire profiter les campagnes des avantages qui découleraient de leur existence, et que la plus honorable place serait réservée dans ces musées à l'Agriculture, base de plusieurs sections.

Laissez-moi d'abord, Messieurs, vous raconter la genèse de mon idée.

Les circonstances ont voulu que j'exerçasse comme instituteur dans plusieurs communes : l'une riche en fossiles, comme Douces; l'autre riche en fossiles et documents archéologiques, comme Fontaine-Guérin.

L'idée me vint, dans cette dernière, d'intéresser et d'associer quelques élèves à mes recherches.

Peu à peu, tous les grands élèves se mirent de la partie et profitèrent de leurs promenades pour faire des recherches paléontologiques qui me donnèrent de nombreux et intéressants échantillons.

Ainsi je fus amené tout naturellement à dresser mes élèves à faire ces recherches d'une façon intelligente. D'après les résultats obtenus, il me sembla que si les maîtres de nos écoles rurales encourageaient leurs élèves dans cette voie, il serait récolté une moisson aussi abondante qu'intéressante, suivant la nature du sol, l'ancienneté et le passé historique de la localité, l'industrie de ses habitants, etc. Aussi, pensai-je, pourquoi ce qui peut être fait dans l'ordre paléontologique ne se ferait-il pas dans l'ordre archéologique, zoologique, botanique ou agricole ? De là l'évolution de ma pensée.

J'ai eu ce bonheur de voir mon idée accueillie favorablement par plusieurs Sociétés. En 1895, l'Exposition nationale d'Angers me décernait une médaille de vermeil pour le Musée que j'avais formé en collaboration avec mes élèves.

Pour vous donner une idée, Messieurs, de ce qui pourrait figurer dans ces musées, je vous citerai seulement — ne voulant pas abuser de votre attention — ce que peut comprendre la section agricole d'un musée communal rural.

Cette section pourrait renfermer :

La carte agronomique de la commune :

L'énumération des principaux produits agricoles, des fermes-modèles, des fermes importantes, des propriétés, exploitations, champs d'expérience, cultures diverses intéressants à visiter.

Des échantillons de ses différentes terres arables prises comme types; des tubes contenant les éléments analytiques de ces terres; les procès-verbaux des analyses opérées, avec désignation soigneuse des lieux-dits des terres analysées; l'indication des doses d'engrais chimiques, ou de leur équivalent en fumier de ferme, qu'il conviendrait d'employer pour obtenir de bons résultats dans telle ou telle culture à faire.

Des modèles d'instruments et machines agricoles propres à la culture locale.

La mercuriale, les journaux et statistiques agricoles; les relations des procédés mis en pratique et donant de bons résultats; des renseignements utiles se rapportant à l'outillage, à l'élevage, au greffage, etc.; des détails relatifs aux industries agricoles qui peuvent exister dans le pays : sucreries, distilleries, féculeries, beurreries, fromageries, etc.; — enfin tous les documents émanant soit du Ministère de l'Agriculture, soit de l'Institut agronomique, etc.

Pour les autres sections, je prierai les personnes qui s'y intéressent de prendre connaissance de mes travaux sur cette question, exposés à la classe I, n° 21,674.

Voici, selon moi, Messieurs, les avantages qu'offriraient ces musées ruraux :

1° Mettre à la portée des populations de la campagne, quelque peu déshéritées jusqu'à présent, ce qui peut parler à leurs yeux, à leur intelligence et à leur cœur.

2° Faire connaître aux cultivateurs, notamment par cette section agricole dont je vous parlais tout à l'heure, tout ce qui se rattache à la vie des champs.

3° Leur apprendre combien nombreuses sont les ressources et même les richesses qu'offrent parfois le sol et le sous-sol de leur territoire.

4° Leur être un prompt moyen d'information par la réunion en un même lieu d'un très grand nombre de matériaux propres à les renseigner le plus complètement possible, avec peu ou point de dérangement.

5° Signaler à ces populations rurales ceux qui les ont précédés dans le milieu où elles vivent; augmenter ainsi leur confiance en elles-mêmes et dans l'avenir, en leur donnant l'idée la plus complète possible de ce qu'a été et de ce qu'est encore leur localité.

6° Les attacher par cela même à cette localité et, par suite, empêcher les jeunes gens d'aller grossir le flot des déclassés des villes.

7° Encourager les investigations qui peuvent éclairer l'histoire et la science et venir en aide d'abord à l'agriculture, puis au commerce, à l'industrie, aux arts, etc.; tirer de l'oubli ou de l'obscurité, pour les mettre en évidence, mille et une choses dont la vue seule serait déjà un enseignement.

8° Venir en aide non seulement aux musées urbains, qui pourraient y gagner quelques documents importants, mais aussi aux musées scolaires auxquels le musée communal fournirait parfois des unités distraites de ses collections pour établir des comparaisons et donner ainsi matière à de vivantes leçons de choses.

9° Faire véritablement de chaque mairie la maison commune aux intérêts des citoyens, comme elle est déjà celle de leurs droits et de leurs devoirs.

10° Rendre nos élèves et leurs parents les collaborateurs des maîtres dans les recherches que nécessiterait la formation de la plupart des sections, telles que celles de la géologie, de l'archéologie, de l'histoire naturelle, etc.

Notez bien, Messieurs, — et ceci, pour nous éducateurs de la jeunesse, n'est pas le moindre des avantages qu'il soit utile de signaler — que les élèves trouveraient dans cette collaboration exercée pendant les loisirs que leur laissent les jours de congé ou de vacance, et les longs après-midi d'été, une occupation aussi saine qu'intelligente, aussi morale qu'instructive. Cela ne contribuerais pas peu à leur inspirer le respect du passé et à faire naître en eux le goût des Sciences et des Arts. De plus, l'esprit d'observation que ces recherches développeraient en eux les ferait remonter naturellement à l'origine des faits représentés.

Je vous laisse à penser ce que peut être une telle œuvre ayant pour artisans la légion des maîtres et élèves de toutes nos écoles communales, depuis la petite école du hameau le plus reculé jusqu'à l'école importante de la banlieue d'une de nos grandes villes : tous contribuant à faire ressortir les immenses ressources — parfois insoupçonnées — de notre pays, travailleraient de la sorte à la prospérité et à l'honneur de la France.

Comme certaines observations m'ont été faites d'autre part, vous allez me permettre d'y répondre brièvement devant vous.

La plupart proviennent des promoteurs et propagateurs des Musées cantonaux; c'est pourquoi elles peuvent paraître quelque peu suspectes.

« Il en sera des musées ruraux, m'écrivait l'un d'eux comme des « bibliothèques scolaires ». Je serais heureux qu'il en fût aussi. Certes, je ne disconviens pas qu'il est des bibliothèques scolaires dont les livres se détériorent plutôt par la poussière que par l'usage; mais, en regard de celles-là, il y en a d'autres dont les livres sont tellement lus qu'il faut tous les ans qu'un crédit soit affecté à leur réfection et à l'achat de nouveaux volumes.

Pour en revenir aux musées, j'avouerai que les Musées cantonaux sont appelés à rendre de grands et nombreux services. Leur but, d'après leur créateur, M. Edmond Groult, est de faire bénéficier un plus grand nombre de l'enseignement que l'on retire de la vue et de l'examen des objets exposés méthodiquement.

Eh bien! nous trouvons ce même avantage dans notre musée rural: lui aussi enseignera, et il enseignera d'autant mieux qu'il sera plus à la portée des gens qui, en grand nombre, auront contribué à sa formation; de plus il moralisera les élèves et les parents qui s'y seront intéressés.

On a dit: « Il est à craindre que les musées communaux dépassent le but et retiennent certains objets intéressants bien plus dignes de figurer dans un grand Musée. »

Je crois plutôt, comme je l'ai déjà dit, que les musées ruraux pourraient approvisionner les musées urbains qui synthétiseraient en quelque sorte les musées communaux de leur ressort.

Je serais même d'avis — et cela pour le bien du plus grand nombre — que les objets offrant un intérêt plutôt général que local figurassent au musée urbain sous la rubrique de la commune d'où ils sortent, et qu'une simple mention du dépôt restât au musée rural d'origine.

« Le musée cantonal, dit-on, a une portée pratique et utilitaire que le musée rural n'aura jamais ».

Je vais vous démontrer, Messieurs, que ce dernier, dans sa forme et dans ses caractères, n'est ni moins pratique ni moins utilitaire.

En effet, nous venons de voir que c'est surtout pour le cultivateur, pour le paysan qu'il existe. Or, je vous le demande, le paysan recourra-t-il plus facilement aux documents et renseignements que le musée cantonal pourra lui fournir, qu'il recourt actuellement au musée de la grande ville voisine? — Oui, s'il habite ce chef-lieu de canton; non, dans le cas contraire, parce qu'il n'aime pas à se déranger. Tandis qu'il viendra examiner le musée de sa localité, parce que lui ou les siens y ont collaboré; parce qu'il est en relation constante et obligée avec sa mairie; parce qu'enfin les gens chargés de le renseigner sont précisément ceux qu'il est habitué à voir et à consulter, tels que l'instituteur, le secrétaire de la mairie, ou quelque conseiller municipal, toutes personnes avec lesquelles il est en rapport direct et fréquent.

Un autre argument contre les musées ruraux est celui-ci : « Aller plus loin que le musée cantonal dans la voie de la décentralisation, c'est disperser les forces et les moyens d'instruction, en les affaiblissant. »

Cet argument est quelque peu spécieux; cependant, il ne résiste pas à un examen sérieux. Comment! ce serait disperser des forces que de vulgariser des moyens d'instruction et les mettre à la portée de tous en les répandant!

L'argument pourrait être juste s'il s'agissait d'un fonds inépuisable, mais il ne peut porter quand il s'agit de science ou d'éducation. Est-ce que, par exemple, les centres que l'on peut considérer à juste titre comme étant la source de notre savoir national, tels que nos instituts, les sièges de nos grandes écoles, ou encore les riches collections qui, dans quelques villes, attirent les savants, est-ce que, dis-je, ces centres auront à perdre, seront diminués par la création et l'existence de nos musées communaux ruraux ?

C'est le cas de répéter avec un de nos écrivains actuels (1) : « Décentraliser, c'est multiplier des points de centralisation; c'est « organiser des éléments encore anarchiques, jusqu'où le point « unique de centralisation n'a pu projeter son influence : c'est faire « plus nombreux des points de vie ».

Donc, créons d'autres forces, qui ne pourront qu'augmenter et non affaiblir les sources nationales de l'instruction et de l'éducation populaires.

On a aussi objecté qu'un musée rural pourra être formé ou augmenté par un instituteur; puis que, celui-ci venant à être remplacé, son successeur, pour ne pas avoir à entretenir des collections, enverra, quelque jour, les fossiles grossir les tas voisins de macadam, et disséminera dans les demeures les objets curieux.

Je sais, Messieurs, que cela s'est produit, et que le fait découragea grandement le créateur du musée; mais, pareille chose ne se produirait plus le jour où l'œuvre serait recommandée et soutenue par l'Administration. Il suffirait, à mon avis, que le fonctionnaire arrivant prît en charge ce qu'avait réuni ou conservé celui qu'il remplace. L'inventaire *grosso modo* du musée serait fait dans la

---

(1) M. Ch. Mauras, dans une brochure intitulée : *Décentralisation.*

forme de celui qui se fait aujourd'hui pour la bibliothèque scolaire.

Enfin, on ne peut nier que, si les instituteurs étaient encouragés à entrer dans cette voie, toutes les recherches, toutes les investigations auxquelles se livreraient de nombreux élèves sur tout le territoire national, ne produiraient une multitude de matériaux.

On ne peut nier non plus que , dans une telle quantité de matériaux, il se trouvait un grand nombre de non valeurs, il y aurait aussi d'excellentes choses à retenir, parmi lesquelles certaines, offrant un intérêt général, iraient enrichir soit le musée cantonal de la circonscription, soit le musée d'arrondissement.

D'autre part, toutes les objections dont je vous ai fait part seraient-elles fondées en principe, qu'elles ne détruiraient pas ce que j'ai dit sur les avantages physiques, moraux et intellectuels dont profiteraient les personnes se livrant, pendant leurs loisirs, aux recherches que je préconise.

Je termine, messieurs, en disant que tous les éléments de nos musées communaux ruraux existent d'ores et déjà : les chercheurs, les collections, les locaux et les conservateurs.

Les chercheurs sont tous les petits Français de nos écoles communales laïques, sous la direction de leurs instituteurs. Les collections sont celles dont les unités de tous ordres errent, çà et là, sur nos territoires communaux. Les locaux peuvent être, à défaut de salle spéciale, quelques tablettes posées contre un mur de classe ou même dans un corridor. Les conservateurs sont tous les instituteurs publics et les secrétaires de mairie de France, aidés des gens intelligents de chaque commune.

J'ai à vous remercier, Messieurs, de l'aimable et si bienveillante attention que vous m'avez prêtée. J'aurais pu exposer les avantages et l'économie de cette création des musées communaux ruraux devant le congrès de l'éducation sociale à laquelle il se rapporte évidemment. J'ai préféré venir l'exposer devant vous, d'abord comme instituteur laïque, puis comme membre de la Société républicaine des conférences populaires.

Je serais heureux de voir étudier par votre Congrès ce mode d'enseignement par l'aspect, persuadé, d'après les résultats acquis par moi-même et par quelques-uns de mes collègues, qu'il y a là un vaste champ dont l'exploration se recommande à tous ceux qui ont à cœur l'enseignement et l'éducation populaires.

Le principe de cette création étant pris par vous en considération, il y aura tout lieu d'espérer que l'estampille administrative que je sollicite ne se fera pas trop attendre.

IV. — Mémoire sur La Conférence au régiment.

PRÉSENTÉ PAR

M. A. DEFRANCE
SECRÉTAIRE GÉNÉRAL
DE LA SOCIÉTÉ NATIONALE DES CONFÉRENCES POPULAIRES

Mesdames, Messieurs,

Permettez-moi de vous exposer brièvement les avantages tirés des conférences avec projections faites dans nos casernes.

D'abord au point de vue de l'instruction militaire proprement dite, il y a un excellent parti à en extraire. Dans l'artillerie et la cavalerie particulièrement, où l'homme a tant de choses à apprendre, la conférence illustrée est un mode d'enseignement efficace, et supérieur par exemple à la théorie dans les chambres.

L'expérience prouve que ce qui entre dans le cerveau par les yeux ne s'oublie guère, et l'aptitude de la plupart des hommes à s'instruire par la vue bien plus aisément que par les oreilles est un fait reconnu.

Ainsi, grâce aux images, est-il facile de démontrer aux hommes, d'après les chronophotographies, comment le cheval marche ou trotte, comment le cavalier peut s'enlever à son gré au moment de l'appui d'un diagonal; de montrer comment le cheval galope soit à droite, soit à gauche, pourquoi il tourne plus aisément du côté du pied sur lequel il galope, etc.; et c'est précisément ce qu'a fait avec succès mon estimé collègue M. Maxime Guérin-Catelain dans sa dernière conférence intitulée : « Le Mécanisme du saut du cheval » et dans ses recherches expérimentales du « Saut des obstacles », où il a employé la remarquable méthode chronophotographique de M. le Dr Marey, de l'Institut.

En ce qui concerne l'enseignement si compliqué du service en campagne, la veille au soir d'un exercice de ce genre, l'officier chargé de la manœuvre, devant tous les hommes de l'escadron ou de la compagnie réunis à cet effet, projette la carte représentant le terrain sur lequel l'opération aura lieu le lendemain matin. Il indique sur ce tableau (qui devient vite intelligible à tout l'auditoire) quelle est l'hypothèse générale, dans quelles localités seront cantonnées les troupes, les emplacements où il convient de placer les postes et les vedettes, l'itinéraire des patrouilles de sûreté ou des patrouilles de découverte, etc. ; et au cours de ses explications sur l'emplacement des divers éléments qui concourent au service de sûreté, il indique ce que chacun doit faire dans les différents cas qui peuvent se présenter : approche de l'ennemi, parlementaires, déserteurs, rondes, etc., de sorte que les hommes parcourant le lendemain le terrain dont ils ont vu la figuration la veille, et dans une région qu'ils connaissent généralement déjà, apprennent ainsi rapidement la lecture des cartes en même temps qu'ils saisissent mieux les hypothèses, les explications et les prescriptions de l'instructeur.

De plus, lorsque la chose paraît nécessaire, il est fait le soir, sur la carte projetée, la critique des opérations de la journée.

Ce mode d'enseignement militaire est également utilisable pour les divers mouvements du maniement d'armes ; c'est ce qu'a tenté de faire M. le capitaine de la Bigue au 24ᵉ dragons, en affichant dans les chambrées des reproductions de l'album photographique composé à Saumur par M. le commandant Picard.

Un des principaux avantages de ce mode d'enseignement, c'est qu'il permet d'instruire un nombre beaucoup plus considérable d'hommes. Tandis que sur le terrain ou dans les chambres, l'instructeur ne peut guère s'adresser utilement à plus de quinze ou vingt hommes à la fois, il peut aisément au moyen de la conférence illustrée retenir toujours présente l'attention d'une centaine d'hommes ou même davantage si le local employé le permet.

En ce qui concerne l'enseignement des sujets généraux tels que le patriotisme, l'histoire, la géographie, les sciences appliquées, les grands hommes, nos colonies, etc., les conférences avec projections ont une influence éducatrice et moralisatrice de premier ordre, en même temps qu'elles sont une distraction très appréciée par nos soldats.

Des exemples très caractéristiques donnent la preuve de ce que j'avance. Permettez-moi d'en citer deux seulement ; je les extrais du compte-rendu d'un lieutenant-colonel d'un régiment d'infanterie de l'Ouest :

« Je dois vous mentionner, Monsieur le Secrétaire, dit-il, la toute-
« puissance de l'image pour l'instruction des recrues. Un de nos
« capitaines dévoués a fait une première conférence avec projections
« sur Jeanne d'Arc, et lorsqu'il est arrivé à montrer aux petits
« Bretons, Jeanne, victime du fanatisme, expiant son patriotisme
« sur le bûcher, la moitié des hommes pleuraient au point
« d'empêcher le conférencier de continuer. Un peu plus tard, après
« une conférence sur les dangers de l'alcoolisme, avec projections
« d'images montrant les ravages exercés par l'alcool sur les prin-
« cipales parties de l'organisme humain, la cantine du régiment a

« été tellement désertée pendant quinze jours que le cantinier est
« venu se plaindre au colonel. »

Je crois, Mesdames et Messieurs, que ces deux faits suffisent pour démontrer que la conférence illustrée est un instrument d'éducation et de moralisation d'une puissance incomparable. Les jeunes soldats qui arrivent au régiment sont au carrefour de la vie, à l'âge où l'on n'a pas encore de mauvaises habitudes invétérées, où l'on peut prendre la bonne ou la mauvaise route selon le milieu ou les influences subies.

L'officier est, aux yeux de ses subordonnés, armé d'une autorité morale et effective pour ainsi dire sans limites. Aussi à quel résultat n'arrive-t-il pas lorsque non content d'être un instructeur, il devient un éducateur?

Ce résultat merveilleux, le capitaine P..., commandant la garnison du fort de Moulainville (Meuse), nous l'apprend dans une lettre qu'il nous adressait le 18 avril dernier, et dont je vais vous lire un extrait :

« La garnison du fort de Moulainville, dit-il, se compose de deux
« compagnies, soit un effectif de 200 hommes environ. Le local dont
« je dispose, une simple casemate, contient, en se serrant bien,
« 120 places. J'ai pu, néanmoins, un jour, le 19 février, réunir
« 125 personnes. Les conférences, avec projections lumineuses, sont
« très goûtées par les soldats, et les résultats que j'ai pu constater, à
« ma grande satisfaction, ont été de deux sortes : diminution des
« punitions pour ivresse ou manquement au service, et élévation des
« sentiments moraux constatée facilement par une diminution et
« même, à certains moments, par une absence complète de puni-
« tions pour fautes de tenue ou fautes contre la discipline.

« Il y aurait certes beaucoup à dire, beaucoup à proposer, mais
« je ne voudrais aujourd'hui émettre qu'une idée, un désir : celui
« d'obtenir pour la garnison du fort de Moulainville, pendant toute
« l'année, *le prêt d'une série de vues par semaine* du Musée Péda-
« gogique de l'État. »

La question des vues, c'est là en effet, Mesdames et Messieurs, la pierre d'achoppement, et cela demande quelques explications.

Au mois de décembre 1895, la Société nationale des conférences populaires, désireuse de diminuer les charges que les conférences et les cours d'adultes imposent aux instituteurs, adressa à M. le Ministre du Commerce, de l'Industrie, des Postes et Télégraphes, une demande afin d'obtenir la franchise postale pour les colis de vues prêtées gratuitement aux instituteurs. M. Mesureur répondit à M. Guérin-Catelain, président-fondateur de la Société, qu'il consentait à faire examiner la question, et, le 3 février 1896, M. le Ministre du Commerce rendait un décret admettant à circuler par la poste et en franchise, les clichés photographiques pour projections lumineuses du Musée Pédagogique de l'État, expédiés sous contreseing régulier à tous les membres de l'Enseignement.

Naturellement, ce décret n'étant pas applicable aux officiers de notre armée, ce n'est que par l'intermédiaire d'un instituteur ou d'un inspecteur de leur connaissance que ces conférenciers ont pu jusqu'alors se procurer les collections de vues nécessaires à leurs conférences. Ceux qui, dans certaines villes de garnison, ne connaissent ni instituteur, ni inspecteur, ne peuvent donc pas recevoir ces collections, ce qui, on le comprendra sans peine, entrave les meilleures volontés.

En conséquence, Mesdames et Messieurs, voici le vœu que j'ai l'honneur de vous soumettre :

« *Considérant que les projections lumineuses jouent un rôle très important dans les Conférences faites à la troupe, le Congrès international des Sociétés laïques d'enseignement populaire, sur la proposition du Comité de la Société nationale des conférences populaires, émet le vœu que le décret de M. le Ministre du Commerce, de l'Industrie, des Postes et Télégraphes, en date du 3 février 1896, autorisant à circuler par la poste et en franchise les clichés photographiques pour projections du Musée Pédagogique de l'Etat expédiés au personnel enseignant, soit également appliqué aux collections de vues pour projections adressées aux officiers-conférenciers de l'armée française.* »

Eugène Defrance

3ᵉ SECTION

ENSEIGNEMENT PROFESSIONNEL

I. — Mémoire sur l'Enseignement professionnel.

PRÉSENTÉ PAR

M. A. PIHAN

PRÉSIDENT FONDATEUR
DE LA SOCIÉTÉ DES LABORATOIRES BOURBOUZE

A l'époque de production intense à laquelle nous vivons, nous avons l'impérieux devoir, nous, Sociétés d'Enseignement populaire, de rechercher et d'appliquer tous les procédés d'enseignement susceptibles de fournir aux adultes, dans le minimum de temps, l'instruction spéciale qu'ils viennent chercher dans nos cours professionnels, techniques et commerciaux.

Actuellement les élèves choisissent, d'après la lecture du programme des professeurs, celui ou ceux des cours dans lesquels ils espèrent recueillir des renseignements qu'ils n'ont pu trouver dans des livres, et qui se rattachent à leur profession.

Pleins d'ardeur, les élèves suivent les cours choisis, mais les leçons se succèdent et les cours s'achèvent sans que, le plus souvent, les professeurs aient abordé les points particuliers intéressant spécialement ces élèves.

Que résulte-t-il de cet état de choses? C'est qu'au bout de quelques leçons, les élèves désabusés quittent les cours, parce qu'ils ont perdu, ou à peu près, leur temps.

C'est certainement une des causes multiples de la dépopulation scolaire constatée partout en fin d'année.

Or, Messieurs, il importe que nous courions au plus pressé, dans l'intérêt même du développement industriel et commercial. Il faut compléter l'enseignement général, méthodique celui-là et donné suivant un programme élaboré à l'avance, par des cours dont les points du programme seraient déterminés, chaque semaine, par les élèves eux-mêmes.

C'est une simple idée, que je crois utile de soumettre à votre haute appréciation; aussi me permettrez-vous de ne pas rechercher les moyens pratiques de la réaliser.

Laissez-moi seulement vous dire que nous avons appliqué ce principe à la Société des Laboratoires Bourbouze, que j'ai l'honneur de représenter ici à la fois comme président et comme fondateur, et que nos élèves en sont très satisfaits.

Le but de nos Laboratoires est de vulgariser, par la pratique, l'emploi des méthodes physiques et chimiques de mesures, de recherches, d'analyses et de dosages appliquées au commerce, à l'industrie et à l'agriculture.

Ce qui caractérise particulièrement notre manière de faire, c'est que :

1° Nous n'imposons pas à nos élèves de programmes d'enseignement préparés d'avance;

2° Que nous leur laissons le libre choix de leurs sujets d'étude.

Il va sans dire que nous n'admettons que les élèves visant un but parfaitement défini, sachant d'avance ce qu'ils veulent faire, et je m'empresse d'ajouter que, malgré cette sélection, nous enregistrons une moyenne de 120 présences.

Les élèves sont répartis, selon leurs besoins, dans les différents Laboratoires, aux chefs desquels ils remettent une fiche portant mention du titre de leur prochain sujet d'étude, tels que :

Montage des piles et pose d'une sonnerie électrique.

Analyse chimique du lait.

Recherche bactériologique de la pureté de la glace alimentaire.

Dosage de l'extrait sec, du plâtre, de l'acidité et du degré alcoolique des vins.

Construction des aréomètres.

Déterminations photométriques, etc.

Cette petite nomenclature montre bien quelle est la diversité des besoins de chaque élève et combien il serait difficile de réunir dans un même programme tous ces sujets pris entre mille.

Lorsque les élèves arrivent, le jour de séance suivant, ils trouvent, à la place qui leur est affectée, non seulement tous les appareils et tous les produits qui leur sont nécessaires, mais encore, le plus souvent, un mode opératoire rédigé par le professeur.

Ce mode opératoire leur permet d'effectuer, presque seuls, toute la série des opérations qui doivent les conduire au résultat cherché.

Ces travaux sont, de plus, surveillés et dirigés par le plus grand nombre possible de professeurs très capables, adjoints à chaque chef de laboratoire.

Qu'elle lui ait nécessité une ou plusieurs séances, dès que l'élève a terminé sa première manipulation, il doit en dresser un procès-verbal détaillé qui est annoté par le professeur; il indique aussi le deuxième sujet qu'il désire étudier, et ainsi de suite.

Si cet élève n'a plus, momentanément, besoin des services de notre enseignement, il quitte nos Laboratoires après une ou plusieurs séances, à condition toutefois, s'il veut être admis à nouveau plus tard, de nous indiquer le motif de son départ.

Eh bien! Messieurs, les services rendus par ce procédé d'enseignement sont énormes et la Société des Laboratoires Bourbouze croit pouvoir revendiquer le mérite de l'avoir appliqué la première.

Les objections que l'on peut y faire, pour nombreuses qu'elles soient, ne nous paraissent pas insurmontables. En conséquence, je proposerai le vœu suivant :

« *Que des cours de renseignements professionnels, techniques et commerciaux soient créés, autant que possible, à côté des cours d'enseignement général actuellement existants* »

Nous avons voulu simplement, comme je le disais au début, ensemencer l'idée; nous le faisons dans un terrain de haute culture. D'avance, et pour le bien général, nous sommes sûrs qu'elle germera!

A. Pihan.

II. — Mémoire sur l'Enseignement de la Comptabilité.

PRÉSENTÉ PAR

M. J. LEBLANC
EXPERT COMPTABLE,
PROFESSEUR DE COMPTABILITÉ A L'ASSOCIATION POLYTECHNIQUE

Mesdames, Messieurs,

En présentant ce mémoire sur l'enseignement de la comptabilité à l'école et aux cours d'adultes, je n'ai eu d'autre but que d'apporter ma petite pierre à un édifice déjà commencé mais dont l'achèvement traîne un peu en longueur, malgré les efforts répétés de nos maîtres le plus incontestés, les Léautey et Guilbault, les Deplanque, les Degranges, les Lefèvre, les Gabriel Faure, les Claperon, les Deschamps, les Barillot et tant d'autres qui font autorité.

La comptabilité est cependant aussi vieille que le monde puisqu'elle a pour origine l'obligation de compter et que la numération écrite ou parlée est née avec l'homme.

Primitivement elle s'est confondue absolument avec la simple opération de calcul arithmétique. Le commerce, qui lui-même a pris naissance avec l'humanité et qui est lié indissolublement à la science des comptes, n'a eu à l'origine qu'un développement trop minime pour donner à la comptabilité des temps anciens un caractère autre que celui d'une vulgaire opération arithmétique : c'était alors la constatation simple de l'acte naturel d'échange.

C'est ainsi que l'histoire ancienne, tout en nous présentant à certaines époques un mouvement commercial assez développé, ne nous offre aucun monument comptable.

Les Chaldéens, les Assyriens, les Egyptiens, les Grecs et les Phéniciens notamment, quoique peuples commerçants, sont passés et ils ne nous ont laissé aucune œuvre sérieuse relative à la comptabilité. En dehors des moyens mnémoniques vulgaires, et notamment des tailles, il n'en est rien resté.

Le moyen âge seul, en dépit de l'ignorance profonde qui enveloppe à ce moment l'humanité entière, nous laisse quelques découvertes, quelques œuvres relatives à la comptabilité : les Arabes, au VIIe siècle, nous apportent leurs chiffres, dont la vulgarisation rapide aide puissamment à l'art de compter. Le xiiie siècle voit naître les Républiques Vénitienne et Florentine, et avec elles les premiers rudiments de la comptabilité à partie double et l'usage des lettres de change.

Il nous faut arriver à la Renaissance pour trouver l'un des premiers traités de comptabilité à partie double que l'on connaisse. Le xve siècle nous offre l'ouvrage du moine vénitien François Della Pietra. La Somme d'arithmétique du franciscain Lucas Paccioli (1495) en est un autre exemple. La Ligue Hanséatique nous lègue la méthode ancienne des comptes-courants, dite méthode à échelles ou hambourgeoise.

Les xvie et xviie siècles voient s'organiser « le crédit », par la régularisation des effets de commerce, leur perfectionnement et la fondation des premières banques publiques.

Enfin, le xviiie siècle, par la Révolution française de 1789, qui en donnant la liberté à tous, permit la libre concurrence des esprits et des cœurs, nous conduisit à ces superbes applications de la vapeur et de l'électricité qui ont transformé le monde.

La navigation à vapeur et les chemins de fer ont révolutionné les choses, comme le mouvement foudroyant de 89 avait révolutionné les hommes.

Le commerce et avec lui la comptabilité ont pris un essor inconnu jusqu'alors. La science commerciale et la science comptable se sont parallèlement créées. Elles sont devenues presque aussi nécessaires à tous que la science du langage.

Tout individu doit aujourd'hui savoir compter ; il devrait même savoir comptabiliser. Il n'y a plus uniquement, comme autrefois, une comptabilité dite commerciale et nécessaire seulement aux commerçants ; il y a encore la comptabilité privée nécessaire à tous : ouvriers, employés, capitalistes, et même commerçants, ces derniers jouissant de la personnalité civile avant même leur personnalité commerciale ; il y a encore la comptabilité industrielle, la comptabilité financière, la comptabilité agricole, et enfin, la comptabilité administrative des communes, des départements et des Etats : toutes branches de la grande Science comptable qui fait aujourd'hui partie intégrante de la vie sociale, et qui embrasse dans ses multiples mailles l'individu tout aussi bien isolé que groupé en Sociétés de toutes sortes, l'individu qui produit, qui administre ou qui consomme, et qui, dans quelque fonction que ce soit, fait un acte d'échange et doit en rendre compte.

L'enseignement de la comptabilité est donc absolument nécessaire à tous.

Cet enseignement n'est pas seulement nécessaire parce que la science des comptes fait partie des fonctions sociales de notre époque, il l'est encore pour des raisons de haute moralité qui font de la comptabilité une science morale ou philosophique en même temps que positive.

Nous venons de voir le côté positif, voyons maintenant le côté moral.

La science économique nous apprend que tout ce que nous possédons ou pouvons posséder est une richesse. Or, ces richesses, que nous acquérons par notre travail ou qui nous sont transmises par héritage, ne sont pas moralement notre propriété : nous n'en sommes que les dépositaires ; elles nous sont confiées passagèrement, et comme une sorte d'usufruit à vie, en tant que partie de la richesse humaine, de la richesse sociale ou de la richesse familiale et personnelle.

Nous devons en rendre compte, nous en sommes comptables à l'égard de nous-mêmes, à l'égard de notre famille, à l'égard de l'Etat, à l'égard de la masse sociale de la grande famille humaine.

Nous devons tout ce que nous recevons, c'est-à-dire : nous devons rendre compte de tout ce que nous recevons, et l'on nous doit rendre compte de tout ce que nous donnons en échange.

Nous donnons un avoir à la partie qui nous fournit une richesse, une valeur quelconque, et qui nous en débite. Nous en recevons quittance, décharge ou avoir pour ce que nous lui fournissons en échange, et dont nous la débitons.

Et c'est bien là le principe fondamental de la comptabilité ; ce principe, traduit sous la forme simple, nous donne la formule :

« Qui reçoit — doit, qui donne — a » et sous la forme double :

« Qui reçoit doit à qui donne », ou, suivant un langage plus technique : « Le compte qui reçoit doit au compte qui fournit. »

Certes, la science comptable n'est pas contenue tout entière dans ces principes, mais ils en sont la base, et le reste ne pourrait exister sans eux.

Nous sommes donc tous comptables au point de vue social et économique, et la science des comptes fait partie de notre vie, elle en est une fonction sociale comme respirer en est une fonction physique et chimique.

Nous avons donc besoin d'apprendre à compter et à comptabiliser tout aussi bien qu'à lire et à écrire.

C'est une obligation sociale de notre siècle que les siècles futurs ne feront qu'accentuer. Il appartient donc au Congrès des Sociétés laïques d'enseignement populaire de consacrer par un vœu cette obligation, et de proclamer ainsi les liens qui unissent la science des comptes avec la morale.

A cet effet, j'ai l'honneur de vous soumettre, mes chers Collègues, le vœu suivant :

« *Le Congrès, considérant, ainsi qu'il vient de l'être clairement démontré, que la Comptabilité est une science à la fois positive et* morale qui impose à tous les citoyens dépositaires d'une partie quelconque des richesses publiques et privées l'obligation d'en rendre compte, qui les rend ainsi, dans quelque situation qu'ils soient, comptables à l'égard d'eux-mêmes, à l'égard de la famille et à l'égard de la société tout entière, émet le vœu :

1° *Que des cours de comptabilité pour les adultes soient créés partout où il y aura possibilité ;*

2° *que la comptabilité élémentaire et notamment la théorie de la responsabilité comptable reçoivent à l'école communale tout le développement qu'elles comportent ;*

3° *Que l'enseignement officiel de la comptabilité soit définitivement organisé dans les Ecoles normales et primaires supérieures, ainsi qu'il en est question depuis longtemps déjà.* »

J. LEBLANC.

III. — Mémoire sur Les avantages des Concours de composition décorative.

PRÉSENTÉ PAR Mlle SMYTH

AU NOM DE

Mme MENON-DARESSY
DIRECTRICE DES COURS PROFESSIONNELS
DE LEVALLOIS-PERRET

L'expérience acquise par la direction d'une Société coopérative de production à l'usage des brodeuses, dentellières, passementières, couturières, etc., nous ayant convaincue de l'utilité des concours de composition décorative, nous désirons faire émettre par le Congrès, le vœu :

Que des concours de composition décorative soient créés ou développés à l'usage des apprentis et ouvriers des professions pour lesquelles cette étude est le plus nécessaire; les concurrents seraient répartis en différentes sections suivant les professions auxquelles ils appartiennent.

Pour ne parler que des professions féminines, il est évident que la brodeuse, la dentellière, la passementière, etc., ont besoin de connaître la composition décorative.

Ces concours auraient donc l'avantage non seulement d'encourager les ouvriers et apprentis dans cette étude fort utile, mais encore, s'ils étaient faits par professions, de permettre aux concurrents de mieux connaître leur valeur professionnelle et de trouver plus facilement du travail.

4ᵉ SECTION

ENSEIGNEMENT DES BEAUX-ARTS

I. — Mémoire sur l'**Enseignement pratique de l'Histoire de l'Art**.

PRÉSENTÉ PAR

M. J. P. MILLIET
PROFESSEUR A L'ASSOCIATION POLYTECHNIQUE

Depuis quelques années, l'enseignement de l'Histoire de l'Art a pris un remarquable développement. Les nouveaux programmes de l'enseignement secondaire moderne et ceux des lycées de jeunes filles lui ont fait une large place. Bientôt, grâce à l'initiative de M. G. Perrot, directeur de l'Ecole Normale supérieure, on peut espérer que l'enseignement secondaire classique bénéficiera à son tour de ce progrès. Nous voudrions suivre un si bel exemple, mais la difficulté qui nous arrête est celle qui s'est présentée aux directeurs de l'Enseignement officiel eux-mêmes : la pénurie de professeurs spéciaux. Il n'est pas inutile, en effet, de dire et de répéter qu'à un enseignement spécial, il faut des professeurs spéciaux, sachant employer des méthodes spéciales. Où trouver ce personnel enseignant qui nous manque et comment le former ? L'Ecole des Beaux-Arts ou, mieux encore, l'Ecole du Louvre, semble désignée pour cette tâche.

Aux cours publics, professés avec tant d'autorité par les savants conservateurs de notre grand Musée, il suffirait d'ajouter, comme cela se pratique à la Sorbonne, quelques conférences exclusivement réservées aux étudiants qui se destinent à l'enseignement et qui, grâce à des exercices pratiques multipliés, finiraient par devenir des connaisseurs sérieux.

Ces jeunes professeurs auraient l'espoir d'être choisis comme conservateurs de nos musées de province, chaque fois qu'une place deviendrait vacante. Cette idée a été déjà développée par M. E. Molinier, avec des arguments d'une grande force.

Les conservateurs de certains musées semblent parfois ne pas posséder assez complètement les connaissances spéciales que réclament leurs fonctions. Il leur arrive de présenter à l'admiration du public des objets d'art d'une authenticité suspecte. Ce fait est très regrettable. Et ne croyez pas, Mesdames et Messieurs, que je m'écarte ici du sujet qui nous occupe. Les Musées sont nos livres de classes. C'est principalement dans les Musées que seront faites les conférences les plus instructives. C'est au contact direct des chefs-d'œuvre originaux que naîtra l'enthousiasme et que s'allumera le génie.

Il est donc nécessaire d'éliminer radicalement de nos collections les tableaux repeints, les copies truquées, les antiquités suspectes, comme, par exemple, certaines terres cuites, dites d'Asie mineure. Si nous enseignons l'Histoire, que ce ne soit pas celle du Père Loriquet. Nos professeurs devront s'efforcer de devenir experts et de former des experts.

On peut engager les jeunes filles à se lancer dans cette carrière qui leur est ouverte et où elles trouveront un utile emploi de leurs qualités et de leurs aptitudes. Sur ce point, l'Angleterre nous a donné l'exemple; on y trouve quelques dames qui sont des archéologues éminents, des critiques d'art, des professeurs et des historiens de haute valeur : Mme Marc Pattison, MM^{lles} Lucy Mitchell, Eugénie Sellers et d'autres. Je propose au Congrès comme premier vœu :

Qu'il soit créé, dans chaque pays, une ou plusieurs écoles normales, destinées à former des professeurs d'Histoire de l'Art et des Conservateurs de Musées.

Nous n'avons pas à nous inquiéter de l'éducation des hommes de génie, ils la font eux-mêmes, mais de l'éducation du public. Pour commencer, il suffira de faire connaître les principaux chefs-d'œuvre de tous les temps et de tous les pays. Mais ces notions élémentaires seraient insuffisantes pour former de bons professeurs. Nous ne demandons pas des diplômes (ce serait nous priver de précieux concours), mais des études sérieuses. Il faut des hommes instruits pour accomplir cette tâche difficile : élever assez le niveau général des intelligences pour que les grands artistes ne restent pas incompris, pour qu'ils se sentent appréciés, soutenus et réchauffés par la sympathie générale. Les Athéniens étaient des connaisseurs dignes de Phidias.

Tous ceux qui s'intéressent au développement de l'instruction populaire protesteront avec nous contre la proposition faite récemment par de prétendus « Amis du Louvre » qui voudraient placer une barrière et un péage à la porte de nos Musées, pour en interdire l'entrée aux gens peu fortunés. Ces amateurs, qui se font payer leurs bienfaits par des priviléges, ont le droit de visiter nos collections aux heures où le vulgaire public n'est pas admis. Cependant, nous sommes en République; nous voudrions qu'il n'y eût de priviléges pour personne.

La belle formule qui résume l'idéal des sociétés modernes est gravée sur nos monuments, où nous la lisons avec orgueil; mais le sentiment de l'Egalité n'est pas encore entré dans les cœurs. Protestons énergiquement contre les privilégiés aveugles qui s'attaquent aux droits de ce peuple dont ils ignorent l'existence et les besoins. Demandons, et ce sera notre second vœu :

Que les Musées et les Bibliothèques, propriétés nationales ou communales, dont l'entretien est payé par tous les contribuables, soient ouverts au public gratuitement et intégralement, à toute heure du jour, et même le soir, toutes les fois que cela sera possible.

L'exemple donné déjà par quelques rares bibliothèques ou musées de France et de l'Etranger pourrait être suivi partout.

Cependant, aucune ville ne possède des Musées assez complets pour qu'on puisse y étudier l'Histoire tout entière de l'Art sur des œuvres originales ; il faut donc avoir recours aux copies, aux moulages, aux gravures, aux photographies, pour combler les lacunes de nos collections.

Les gravures des petits manuels, excellentes pour aider la mémoire, semblent absolument insuffisantes à ceux qui voudraient faire naître une impression et donner l'idée d'un style. Il faudrait former peu à peu des séries de *très belles* reproductions d'après les principaux chefs-d'œuvre de l'Art.

Le Congrès propose :

Que des concours soient institués entre les graveurs et les photographes pour les meilleures reproductions des principaux chefs-d'œuvre de l'Art. Les reproductions primées pourraient servir à la décoration intérieure des écoles, ou bien elles viendraient enrichir les collections des Musées et des Bibliothèques.

Si l'on distribuait ainsi régulièrement chaque année quelques belles reproductions d'œuvres d'art, en suivant une liste méthodique, établie d'avance par des juges compétents, on parviendrait à constituer peu à peu d'intéressantes collections.

On est étonné de rencontrer encore tant de gens, instruits d'ailleurs, qui connaissent à merveille les noms des conquérants dont la gloire consiste à avoir tué beaucoup d'hommes et volé beaucoup de provinces, mais qui savent à peine les noms des plus grands artistes et qui ignorent tout de leurs œuvres. Ne serait-il pas possible de réserver, dans chaque classe de nos écoles, une ou deux heures par trimestre à un professeur d'Histoire de l'Art qui, au moyen de projections, ferait rapidement connaître l'aspect extérieur des peuples dont les élèves étudient l'histoire politique, leurs costumes, les monuments de leur architecture et de leurs industries, les portraits de leurs hommes célèbres, etc. Ainsi comprise, l'Histoire deviendrait, selon le désir de Michelet « une résurrection. »

Parmi les préjugés trop répandus que l'Histoire de l'Art peut nous aider à combattre, il faut placer ce patriotisme étroit qui veut ignorer la gloire des arts étrangers, soit dans le passé, soit dans le présent. Ces idées mesquines et dangereuses n'ont pour base qu'une connaissance imparfaite de l'histoire des races humaines, de leurs migrations et de leurs innombrables mélanges. Il faut reconnaître qu'aux plus belles époques de floraison, l'art et les styles nouveaux ont toujours passé très rapidement par-dessus les frontières factices, fixées pour un temps très court, par les hasards des guerres et des traités. Le dessin est une langue universelle que tous les peuples comprennent, presque sans avoir besoin de l'apprendre. L'Exposition actuelle offre la démonstration la plus éclatante du caractère international de l'Art.

Il ne suffit donc pas de constater les caractères particuliers à chacun des styles; il faut comparer les styles entre eux, les juger, choisir ceux dont les qualités sont vraiment dignes d'admiration et d'émulation, reconnaître aussi les défauts et en rechercher les causes, afin de les éviter.

Nos programmes, si longtemps limités à l'étude étroitement exclusive des arts nationaux, devraient accorder une place légitime à celle des arts des autres pays.

Le Congrès souhaite :

Que les professeurs fassent place dans leurs leçons à l'Histoire comparée des styles, afin de rendre plus éclatante la supériorité de quelques principes, et afin de montrer clairement le caractère international de l'Art.

« Nous sommes vraiment meilleurs quand nous admirons, a dit M. Guyau... La jalousie n'a pas de place dans l'amour que nous inspirent les belles choses. Le partage ne diminue en rien nos émotions, il les augmente même. Jouir ensemble et souffrir ensemble établit toujours un certain lien sympathique entre les êtres. »

Ainsi l'Histoire de l'Art bien comprise peut contribuer à la paix sociale entre les classes et entre les peuples.

Il n'est pas besoin d'être prophète pour voir clairement que nous marchons vers une grande révolution. Qu'on la redoute ou qu'on s'en réjouisse, elle viendra tôt ou tard; et alors, il y aura danger pour certaines œuvres d'art rappelant des souvenirs néfastes.

Tous ceux qui aiment l'Art et l'Histoire doivent prévoir ce danger et s'efforcer de le conjurer; ils doivent faire comprendre au peuple qu'il a bien le droit et même le devoir de modifier les institutions et les lois dans le sens de la Justice, mais que sa puissance ne va pas jusqu'à supprimer l'Histoire.

Les monuments d'un triste passé ne lui appartiennent pas. Le trésor de souvenirs entassé par nos devanciers nous a été légué en usufruit seulement; il est la propriété de l'avenir. Espérons que le peuple, mieux instruit, ne renouvellera pas les crimes odieux des iconoclastes; que nous ne verrons pas surgir de nouveaux Polyeuctes, stupides briseurs de statues. Il est permis de rêver une société nouvelle où les monuments des superstitions vieillies et du despotisme militaire seront désaffectés, pour être employés à des usages plus conformes aux idées modernes; il serait puéril et sauvage de les mutiler ou de les abattre. Ce ne sont pas des pierres qu'il faut renverser, mais l'ancien édifice social, encore debout, avec ses abus et ses priviléges, avec ses lois qui sont trop souvent des monuments d'iniquité.

Je termine par ce dernier vœu :

Les instituteurs, les conférenciers, et en particulier les professeurs d'Histoire de l'Art ne laisseront échapper aucune occasion d'enseigner au peuple l'horreur du vandalisme et le respect des monuments historiques.

J.-P. MILLIET.

II — Mémoire sur l'Enseignement du dessin et de l'histoire de l'art.

PRÉSENTÉ PAR
M. ESNAULT-PELTERIE
CHEF D'INSTITUTION
PROFESSEUR A L'ASSOCIATION POLYTECHNIQUE

BUT. — Les élèves qui suivent les cours d'adultes, jeunes gens ou jeunes filles, n'ayant que peu de loisir, à cause de leurs occupations journalières, à consacrer à telle ou telle matière, et les travaux graphiques exigeant beaucoup de temps, il faut que le professeur de dessin et d'histoire de l'art soit clair et précis, n'entre pas dans de grands détails oratoires et ne donne pas des dessins trop compliqués à ses élèves. Qu'il s'occupe plutôt de perfectionner les jeunes ouvriers et ouvrières dans un art qu'ils ont déjà appris à l'école primaire, que d'enseigner les principes, ce qui lui ferait perdre du temps sans aucun profit pour ses auditeurs. Le goût des élèves, déjà formé dès leur jeune âge, puisqu'il leur aura fait choisir une profession artistique de préférence à un état purement manuel, se développera de cette manière et leur fera produire des œuvres d'une forme harmonieuse, agréable à l'œil. Il faut donc ne leur mettre sous les yeux que des modèles excellents. Le sentiment du beau, déjà éveillé, se développera chez eux par ce moyen.

Mais il est indispensable de leur faire un cours d'histoire de l'art sous toutes ses formes, afin que, s'ils sont dans le bâtiment, par exemple, ils ne confondent par les ordres ni les styles, et que si des jeunes filles sont ouvrières en dentelles ou en broderie, elles ne confondent pas le point d'Angleterre avec le point de Venise, etc. Dans ce cours devra trouver place une histoire du costume, un peu de blason, un précis d'histoire de l'écriture aux différents siècles de notre ère (ceci pour les graveurs).

Pour que les élèves s'assurent *de visu* de tout ce que le maître leur expose, il est nécessaire de leur faire faire des visites dominicales aux Arts et Métiers, au musée de Cluny, à la manufacture des Gobelins, à la manufacture de Sèvres, au musée d'artillerie des Invalides, au musée ethnographique et à celui des costumes militaires, et brochant sur le tout à l'Exposition universelle...

Bien entendu, il y a encore bien des choses à voir : le musée d'architecture comparée du Trocadéro, les musées du Louvre, les églises, palais, châteaux, fabriques, usines, manufactures, etc.

Il sera encore utile de faire des lectures ou des conférences avec projections lumineuses sur les sujets suivants : 1° *Histoire de l'art : Comment distinguer les styles?* 2° *l'art égyptien;* 3° *l'art assyro-chaldéen;* 4° *l'art grec;* 5° *l'art romain;* 6° *l'art byzantin;* 7° *l'art roman;* 8° *l'art ogival;* 9° *l'art de la Renaissance;* 10° *l'art moderne;* 11° *l'art de l'Extrême-Orient,* etc.

On rappellera brièvement, dans un cours de dessin linéaire, les formes géométriques les plus usuelles. On pourra faire aussi un petit cours de botanique où l'on parlera surtout de la flore indigène. L'importance de ce cours n'échappera pas aux ouvrières fleuristes et brodeuses, ni aux dessinateurs sur étoffes, ornemanistes, peintres décorateurs, à une époque où, au lieu d'ornements de convention, on applique, comme dans nos vieilles cathédrales, la flore ambiante à la décoration des édifices publics ou privés, et où l'on fait, par exemple, des frises de chardons, des bordures de feuilles et de thyrses de marronnier, des guirlandes de muguet et de pivoines, etc.

Nous n'insisterons pas sur l'importance du dessin qui, a-t-on dit, est l'écriture de l'industrie, et qui peut être considéré comme une langue dont il faut connaître la grammaire. Diderot, excellent critique d'art, n'a t-il pas dit : *Une nation qui apprendrait à dessiner comme on apprend à écrire l'emporterait bientôt sur toutes les autres dans tous les arts du goût?* En effet, les Grecs qui dessinaient si bien, n'ont-ils pas été les instituteurs des nations, et les Italiens, même modernes, dont le palais à l'Exposition est merveilleux, ainsi que ce qu'il renferme, ne sont-ils pas les héritiers directs du génie grec?...

UTILITÉ. — Aucun autre art ne peut revendiquer comme celui du dessin la devise *utile dulci,* car il n'est pas une profession qui puisse se passer du dessin. C'est une langue universelle. Il est utile même aux gens désœuvrés, car si l'on voyage dans un pays dont on ignore la langue, le seul moyen de se faire entendre est de dessiner rapidement un croquis de l'objet qu'on désire. Un capitaliste veut-il se faire construire une maison? S'il sait dessiner, il fera un plan du sous-sol, du rez-de-chaussée et de chaque étage, puis une élévation et une coupe de la maison qu'il désire; tandis que s'il ne connaît pas le dessin, il sera obligé de donner carte blanche à l'architecte qui construira une maison dont le propriétaire ne sera pas satisfait au point de vue de la distribution des pièces.

Mais si le dessin est utile aux gens inoccupés, combien ne l'est-il pas, à plus forte raison, aux ouvriers, aux artisans, aux artistes!

PROGRAMME. — Tout dessin est basé essentiellement sur la géométrie; mais, comme en donnant un seul cours par semaine, on n'obtient qu'un total de 25 leçons, au maximum, il faudra pour le dessin, deux cours de deux heures par semaine et pour l'histoire de l'art un cours de deux heures. L'un des deux cours sera consacré au dessin géométrique et l'autre au dessin à vue, d'après des objets réels ou des plâtres représentants lesdits objets, et en employant les procédés adoptés dans les écoles de dessin.

A l'égard du dessin géométrique, après avoir résumé succinctement les notions élémentaires, c'est-à-dire le tracé et la division des lignes en parties égales, l'évaluation des rapports des lignes droites entre elles, la reproduction et l'évaluation des angles, on fera exécuter des polygones réguliers, des rosaces étoilées, des circonférences, des oves, des ovales, des ellipses, des paraboles, des ogives, des anses de panier à deux ou plusieurs centres, des spirales, etc., le tout à l'aide d'instruments, les élèves ayant déjà fait, à l'école primaire, tous ces dessins à main levée et ayant l'occasion de les refaire dans les notions préliminaires de dessin à vue.

On pourra ensuite leur faire exécuter des carrelages, des parquets, des vitraux, des solides géométriques, d'après des modèles en bois ou en plâtre, et, comme application pratique, des objets usuels comme dés, piédestaux, bases, abaques ou tailloirs de chapiteaux, varlopes de menuisiers, fûts de colonnes, pilastres parallélépipédiques ou prismatiques, poids (troncs de pyramides), entonnoirs, pains de sucre, sphères géographiques ou boules en verre étamées de miroitiers, vis d'Archimède (modèles en bois), escaliers ordinaires, escaliers en hélice, balustres, amortissements, moulures rectilignes ou curvilignes, lucarnes et mansardes, cylindres avec pistons (corps de pompe), voûtes en berceau, arcs doubleaux, voûtes d'arête, lunettes, écuelles (cannelures de fûts de colonnes doriques), niches, voûtes sphériques, trompes, chapiteaux doriques et ioniques, frontons, triglyphes, bases attiques, chapiteaux corinthiens (en déterminant géométriquement la place des feuilles d'acanthe) etc. On pourra leur faire dessiner ensuite un ordre entier.

Puis viendront des notions de géométrie descriptive pour l'exécution d'un plan géométral à l'aide des projections, de l'élévation et de la coupe, et des notions de perspective pour la mise au point de chaque objet. On fera bien remarquer aux élèves les ombres propres et les ombres portées de chaque objet dessiné, en leur donnant pour principe que les ombres propres sont parallèles à la diagonale d'un cube. D'ailleurs, on s'attachera surtout à la perspective d'observation.

Il ne faudra pas oublier de faire coter tous les dessins pour les trois dimensions et surtout dans les pièces des machines : *crapaudines* etc, qui seront mesurées à l'aide du *mètre de charpentier* pour les lignes droites, et à l'aide du *pied à coulisse* et du *compas d'épaisseur*, pour les épaisseurs et les diamètres des corps ronds.

On pourra faire ombrer en camaïeu à l'encre de Chine des cylindres, des sphères en saillie et en creux, et faire exécuter l'ombre de l'astragale et du tore ; celle du *trou de loup* (cône renversé) viendra ensuite, ainsi que celles des surfaces planes travaillées au tour (*le dessin d'un chapeau haut de forme*, par exemple), les ombres des raccordements des surfaces par un cylindre, par un cône (surfaces-congés) ; le raccordement d'un cylindre et d'un plan, de deux cylindres de diamètres différents, d'un tore et de huit cylindres, de tores entre eux (*application à un crochet de poulie*) ; etc.

On pourra, comme applications pratiques de ce qui précède, faire dessiner avec ombres un *verrin à vis* (ou, comme on l'appelle vulgairement : *verrin à bouteille*), un *palier pour arbre horizontal*, un *robinet conique en bronze avec bride et raccord* et un *joint de Cardan*. Il serait indispensable de posséder dans le cours de deuxième année les modèles en bois de ces quatre appareils.

Les dessins de pièces de machines *d'après modèles en relief*, à cause des pénétrations, donneront lieu à des leçons de géométrie descriptive plus développées que celles des écoles primaires élémentaires. C'est pourquoi il sera indispensable, dans le cours de deuxième année, d'enseigner, outre la perspective cavalière, la perspective conique, la descriptive et le lavis (*dessin avec rendu de pièces de machines et de motifs d'architecture*) auquel on pourrait joindre des notions de stéréotomie.

Mais, comme il ne faut pas s'occuper uniquement des élèves des villes, les élèves destinés à l'agriculture pourront dessiner des charrues et autres machines aratoires d'après les objets eux-mêmes. On pourra également leur faire lever le plan d'une ferme, d'un champ ; ou tracer le croquis d'une exploitation agricole, sans pour cela négliger le dessin spécial aux jeunes filles : festons, broderies, tapisserie, fleurs, etc.

Pour le dessin à vue ou l'histoire de l'Art, le programme sera celui de l'Enseignement moderne.

Procédés. — Quand le professeur fera un dessin géométrique au tableau noir, à l'aide d'instruments, les élèves pourront le faire à l'aide du crayon-compas ou du porte-plume-compas, ou, s'ils ont bien saisi la construction, ne faire qu'un simple croquis à main-levée, mais dûment coté, pour pouvoir reproduire l'objet dans ses véritables dimensions.

Quand au dessin à vue, il est à peine besoin de dire que l'élève doit tenir son carton sur ses genoux, mener la verticale à l'aide du fil à plomb, et la ligne d'horizon, (l'objet pouvant être situé sur l'horizon, ou au-dessus, ou au-dessous) ; qu'il doit être placé à une distance égale à trois fois la hauteur de l'objet ; qu'en perspective d'observation, on détermine la hauteur et la largeur à l'aide du porte-crayon tenu dans la main droite, le bras tendu en face de l'œil droit bien ouvert, l'œil gauche étant fermé ; et qu'enfin il faut *bien observer les ombres*.

Le meilleur procédé pour l'enseignement de l'histoire de l'art est d'être clair et précis, et de conduire ses élèves au Louvre afin de fixer leurs idées sur l'art égyptien, l'art assyrien, l'art grec, l'art romain et l'art français. Nous avons déjà dit la façon de leur enseigner l'histoire du costume. Quant à l'art héraldique, il sera facile de leur faire distinguer une couronne d'empereur d'une couronne de roi, de prince, de duc, de marquis, de comte, de baron, d'un casque de chevalier, d'une couronne murale de ville ; de leur donner des notions sur les couleurs ou *émaux*, les *pièces* et les *meubles* (les écus *écartelés*, les armoiries *brisées* ou *parties*, les *lambels*, les *barres*, les *fasces*, les *pals*, les *croix*, les *bandes*), etc.

ORGANISATION RATIONNELLE DU DESSIN DANS LES COURS D'ADULTES. — Comme nous l'avons déjà dit, il y aura, par semaine, deux heures de dessin géométrique (une heure pour la première année et une heure pour la deuxième année), deux heures de dessin à vue, divisées de la même façon, et deux heures d'histoire de l'Art qui seront le plus souvent possible occupées par des lectures ou conférences avec projections lumineuses. Nous ne reviendrons pas sur le cours de dessin géométrique qui a été expliqué très amplement.

Quant au dessin à vue, outre les figures géométriques planes (polygones et figures curvilignes, courbes empruntées au règne végétal), et les polyèdres ainsi que leur application aux objets usuels, il serait bon de faire faire aux élèves des ornements et de la figure (d'après des plâtres), du dessin anatomique (d'abord le squelette), puis des écorchés en plâtre ou en couleur, pour qu'ils se rendent bien compte de l'ostéologie et de la myologie, ainsi que de l'arthrologie, et non seulement des proportions, des formes, des attitudes et des mouvements, mais encore de l'expression des émotions et des passions. Ainsi, après avoir reconnu l'exactitude des proportions du *carré des anciens*, à savoir que la largeur de l'envergure d'un homme est égale à sa hauteur, celle de l'attitude du *Gladiateur* d'Agasias, celle de l'écorché de ce *Gladiateur* pour la façon dont les tissus musculeux sont nattés et tordus sur le squelette, ils étudieront : la contraction des muscles frontaux dans l'attention et l'étonnement ; l'absence de plis frontaux et l'abaissement des sourcils dans la réflexion ; le relèvement des sourcils et les plis concentriques du front dans la douleur ; l'élargissement de la bouche, les plis rayonnés dits *patte d'oie* à l'angle externe de l'œil, les plis concentriques et courbes de la commissure des lèvres, ainsi que des ailes du nez, dans le rire ; enfin les mouvements contraires dans le pleurer et le mépris, qui produisent à peu près les mêmes contractions que la douleur.

F. ESNAULT-PELTERIE.

III — Mémoire sur l'Enseignement de la musique en France.

PRÉSENTÉ PAR

M. FÉLIX BOISSON
PROFESSEUR A L'ASSOCIATION POLYTECHNIQUE
SECRÉTAIRE DE LA RÉDACTION
DU JOURNAL *Le Monde orphéonique*.

MESDAMES,
MESSIEURS,

Le peu de temps dont chacun de nous dispose ici pour présenter des idées nouvelles m'oblige, dans ce rapport, à passer rapidement sur nombre de points concernant l'histoire de la Musique au point de vue qui nous intéresse. Aussi, sans plus tarder, j'entre dans le vif du sujet que je me suis proposé en examinant un instant devant vous cette importante question :

« L'étude de l'art musical est-elle susceptible de modifications pratiques devant aider à mieux les faire comprendre de ses adeptes et, par suite, à élever le niveau intellectuel des masses en leur donnant le goût du beau? »

De suite, je réponds : OUI, en exceptant naturellement de mes observations les établissements spéciaux : Conservatoires, Écoles de musique avec leurs succursales, où les problèmes les plus ardus de l'art sont démontrés de la meilleure manière aux futurs musiciens professionnels qui les fréquentent, et j'aborde le côté de la question ayant seulement trait à la diffusion de l'enseignement musical dans les classes populaires.

Commençons par l'école. Là, des instituteurs dévoués s'ingénient *généralement* — je ne dis pas toujours — à apprendre à leurs jeunes élèves des chœurs très faciles à deux et trois voix, destinés à être chantés à l'occasion d'une cérémonie scolaire quelconque. Ils dépensent ainsi beaucoup de temps à ce travail préparatoire aussi fastidieux que fatigant. Je n'ignore pas que l'inspecteur du chant, à sa visite à l'école, constate ainsi que l'étude de la musique n'est pas délaissée. Mais cela ne suffit pas. En dehors des thèmes applicables à la dénomination des notes et aux valeurs qu'elles comportent, rien n'empêcherait d'agrémenter les séances vocales de démonstrations se rapportant à quelques principes un peu plus élevés du solfège. Quelques leçons en ce sens, bien conduites, ne tarderaient pas à intéresser les élèves au même titre que les autres parties du programme des cours ordinaires. Bien entendu, ces premiers devoirs musicaux seraient impitoyablement débarrassés des chinoiseries — pour ne pas dire des inutilités — que tant de traités spéciaux ne se font pas faute d'étaler en leurs pages compactes. Également, ils ne devraient jamais dépasser ce qui peut être parfaitement compris par des cerveaux enfantins. Ainsi l'instituteur, dans son œuvre de vulgarisation technique, s'efforcerait, par exemple, de retenir l'attention de ses petits auditeurs sur l'utilité de la mesure; le jeu des nuances; la formation des gammes; comment se trouvent les notes des accords parfaits de chacune d'elles, notes qui constituent de précieux points de repère pour l'intonation; la composition et la dénomination des intervalles, etc.; bref, sur les procédés les plus faciles qui servent de bases à la lecture de la musique. De petites dictées musicales exerceraient aussi leur intelligence et ne tarderaient pas à provoquer chez eux la meilleure émulation. Pour peu qu'il soit ajouté de temps en temps à ces divers exercices une lecture à haute voix de quelque notice biographique se rapportant à la jeunesse et aux travaux de nos plus illustres compositeurs, il est certain qu'on ne manquerait pas d'intéresser vivement des enfants dont l'imagination est toujours en éveil. « Instruire en amusant », n'est-ce pas là le meilleur mode d'enseignement?

Tout cela est parfaitement possible. A un autre point de vue, ce rôle d'initiateur serait d'autant plus utile qu'il aurait une répercussion immédiate sur le résultat recherché par tous ceux qui s'occupent de collectivité artistique, c'est-à-dire d'apporter une plus grande rapidité dans l'interprétation encore plus exacte des chœurs proposés à l'étude. Enfin, et personne ne contredira que cette raison est des plus probantes : *La Musique serait apprise dans un cours de musique*, et elle remplacerait définitivement ce qu'on est convenu d'appeler le « seringage » qui n'apprend rien, lasse la plus grande patience, ennuie même ceux qui y sont soumis, fait perdre un temps considérable et oppose le plus redoutable obstacle au moindre progrès.

Passons aux adultes, à ceux qui reçoivent l'instruction musicale un peu de tous les côtés et principalement des Sociétés orphéoniques qui, étant donné le sujet à traiter, doivent en ce moment occuper l'une des premières places de mon rapport, puisqu'en dehors de quelques grandes Associations que l'on ne rencontre guère que dans les centres importants, ce sont elles qui initient aux secrets de notre art la plupart des musiciens amateurs. Ici, ce n'est plus comme à l'école où un éducateur ayant donné des preuves réelles de son savoir par voie d'examen est reconnu apte à diriger les cours qui lui sont confiés.

Dans les groupes orphéoniques, l'instruction musicale est centralisée entre les mains d'un directeur. Quel est ce directeur? Quelquefois un véritable artiste ; souvent un bon amateur de la localité, à la hauteur des fonctions qu'il a acceptées ; souvent aussi — pourquoi hésiter à le dire ? — un musicien quelconque qui, ne se rendant pas un compte exact de la responsabilité qui lui incombe, croit posséder l'acquit nécessaire pour remplir les devoirs de sa charge. Pour rendre hommage à la plus stricte vérité, je me hâte d'ajouter que le directeur orphéonique, quel qu'il soit et tel que nous le connaissons depuis longtemps, est toujours un fervent apôtre de l'art, s'épuisant continuellement en efforts de toutes sortes pour assurer la prospérité de sa Société.

C'est à ces derniers surtout, à ces modestes et dévoués éducateurs du peuple, toujours animés des meilleures intentions, qu'il est urgent de faire appel pour essayer de relever le niveau artistique de l'art musical. Malheureusement, tout ce qui vient d'être dit à propos des usages routiniers de certaines écoles peut leur être appliqué en grande partie. S'agit-il d'orphéons ? Ils croient avoir rempli consciencieusement leur tâche en faisant apprendre les chœurs choisis, dans un nombre interminable de répétitions où la mémoire seule est en jeu. Quant aux élèves instrumentistes, ces mêmes directeurs — je parle toujours des moins expérimentés — estiment que la plus sommaire connaissance d'un mécanisme approprié suffit pour justifier l'admission des néophytes dans les rangs du personnel actif.

Plus que jamais, et en présence de tant d'élucubrations malsaines de certains établissements qualifiés chantants, on ne sait pas trop pourquoi, alors qu'ils ne sont en réalité que des concerts de contrebande où la musique (!) fait une bien triste figure, il convient d'appeler toute l'attention des directeurs de Sociétés sur la défectuosité du système anti-musical qu'ils emploient à l'égard de leurs exécutants. Les sérieux progrès de l'art sont à ce prix, puisque la méthode dont ils usent substitue des moyens purement mécaniques, oubliés bien vite, aux études rationnelles et intelligentes qui se gravent pour toujours dans l'esprit.

. . . .

La question ici traitée ne permet pas d'omettre, au nombre des dispensateurs de la musique, les professeurs qui, dans chacune de nos villes, mettent leur talent au service privé d'innombrables élèves. Dans cette classe si intéressante de musiciens laborieux, pourquoi les mêmes observations ont-elles trop souvent lieu d'être faites ? Oui, à côté de véritables artistes devant le talent desquels tous s'inclinent, on est tout surpris de rencontrer des gens qui n'ont de musicien que le nom et dont les méthodes particulières — quand ils en ont — basées invariablement sur une routine inexplicable, sont la négation même de l'enseignement technique le plus rudimentaire. Et dire que des parents s'étonnent que leurs enfants ne profitent pas mieux des leçons parfois grassement rétribuées qu'ils leur font donner ! Ces parents ignorent sans doute que le professorat, dans quelque branche qu'il s'exerce, exige, en dehors de la profonde connaissance des matières enseignées, des qualités spéciales que l'expérience seule est capable de donner. S'il est vrai que les heureuses dispositions des élèves facilitent dans une certaine proportion la tâche ardue de l'éducateur, dans combien de cas contraires doit-il être tenu compte de légers défauts pour stimuler leur application ? C'est affaire de tact, d'habileté, d'observation de la part du professeur. On ne compte plus, en effet, les exemples d'élèves primitivement rétifs au travail qui, sous l'intelligente impulsion de professeurs expérimentés, sont parvenus plus tard à créer autour de leur nom une véritable notoriété. Personne ne niera donc que les bons professeurs font les bons élèves, tandis qu'il est facile de constater que les autres — ceux qui ne craignent pas d'enseigner ce qu'ils ignorent — ne parviendront jamais à tirer de l'ornière musicale la plus médiocre les émules de sainte Cécile dont la virtuosité ne dépassera jamais celle des phonographes musicaux.

De ce qui précède — et ce sera là ma conclusion — on est bien autorisé à dire, avec tous ceux qui désirent l'exclusion des incapables en matière d'enseignement, que, dans l'intérêt de la saine propagande musicale, une ligne de démarcation s'impose forcément entre les vrais professeurs et leurs soi-disant collègues.

Il est temps que l'on débarrasse la musique des pédagogues d'arrière-garde qui, à l'aide de procédés qui ne sont plus de notre temps, arrêtent son essor et la font piétiner sur place. Ce n'est pas une raison parce qu'ils font fausse route pour que les élèves confiés à leurs soins, animés du désir de bien faire, suivent le même chemin.

Finalement, étant fermement convaincu que les progrès de la musique sont intimement liés à la manière dont elle est enseignée, j'émets le vœu suivant qui marquera la distinction équitable dont je viens de parler :

« A l'exception des artistes possédant déjà le diplôme d'une École musicale classée et de ceux qui ont donné des preuves indiscutables de leur compétence, il sera délivré après examen à tout musicien qui en fera la demande, un diplôme attestant ses capacités de professeur. »

Soit, en termes généraux : *Création d'un diplôme de capacité à l'usage des professeurs désirant enseigner la musique.*

Comme on le voit, cette création se rapproche un peu de ce que l'on pourrait appeler le « baccalauréat-ès-arts ». De quelque manière qu'on la comprenne, elle prouvera les aptitudes artistiques des musiciens qui aspirent au professorat et aucune équivoque sur le mérite de chacun d'eux n'aura plus lieu de subsister.

Félix Boisson.

5ᵉ SECTION

SOCIÉTÉS ET CERCLES
D'INSTRUCTION ET D'ÉDUCATION

I. — Mémoire sur les **Cours du soir pour les adultes en Angleterre.**

PRÉSENTÉ PAR

M. LE Dʳ EDWARD FLOWER

Les écoles du soir en Angleterre sont de création tout à fait récente. Il y a seulement quinze ans, elles étaient complétement inconnues sauf à quelques personnes, et même pour celles-ci, ce genre d'écoles était une plante exotique connue sous le nom de « Fortbildung Schule » (école de perfectionnement) d'Allemagne. Il y avait bien en Angleterre quelques classes élémentaires du soir, pour les enfants indigents, où l'on n'enseignait guère que la lecture, l'écriture et l'arithmétique; mais la loi sur l'enseignement primaire obligatoire de 1870 rendit bientôt ces classes inutiles, de sorte qu'en l'année 1884-85, leur nombre en Angleterre et au pays de Galles descendit à 839 avec seulement 40.854 élèves inscrits. Ce nombre renfermait beaucoup d'élèves encore en âge de suivre les classes du jour, tandis que les adultes qui désiraient suivre des cours du soir en étaient soigneusement exclus. En même temps, le programme en était rigoureusement restreint à très peu de matières et aux plus simples éléments. Quelle différence avec les rapports du « Livre bleu » du ministre de l'Instruction Publique pour l'année 1898-99! On y voit que le nombre des cours du soir placés sous l'inspection du Gouvernement était alors de 5,971, et celui des élèves inscrits de 474,503. Parmi ces derniers, 44, 4 p. 100 étaient âgés de plus de 21 ans, et il n'y en avait pas un seul encore d'âge à fréquenter les écoles du jour. Le programme jadis si peu chargé comprend maintenant une liste de plus de 40 facultés enseignées, et celles qui sont tout à fait élémentaires sont supprimées. Ce sont donc des « Écoles de continuation d'études », et les travaux ne sont plus élémentaires, mais secondaires.

Quand on considère l'augmentation et la vaste création de ces écoles, ainsi que les institutions polytechniques pour les arts et les sciences, et plus récemment les cours techniques (professionnels), on constate que l'Anglais si lent à se développer a fini par se frotter les yeux et s'est réveillé du long sommeil qui l'engourdissait.

La question du changement qui s'est opéré est d'une importance capitale, non seulement au point de vue local, mais aussi au point de vue international, car le problème est le même pour tous les peuples, à peu de chose près ; et l'expérience acquise par une nation en luttant contre les difficultés peut être utile à une autre. Et j'ai l'honneur de présenter à l'Assemblée si distinguée ici présente, ce simple compte rendu de l'expérience acquise en Angleterre, précisément dans le but d'être utile aux autres pays.

En quoi consiste donc ce problème ? Considéré au point de vue anglais, le voici :

La période de l'adolescence est à la fois celle qui est le plus susceptible de développement intellectuel et le plus exposée au danger moral. L'enfant (garçon ou fille), affranchi de la bienfaisante discipline de l'école du jour, se trouve en présence d'un monde plein d'attraits dangereux. Il a du temps inoccupé à la fin de sa journée de travail, et, pour la première fois de sa vie, il possède un peu d'argent gagné par son propre labeur. Cela lui inspire un vif sentiment d'indépendance et de liberté qu'il a de commun avec le millionnaire.

Comment va-t-il employer ses loisirs ? Il a peu ou point d'amour pour son foyer, si toutefois il en possède un digne de ce nom. Il n'a aucune idée de se créer une position ; il n'aime pas les livres, sauf ces ouvrages peu coûteux et obscènes, dont on permet de souiller nos rues au nom sacré de la liberté de la presse. Avec cela il est entouré des tristes attractions de la rue : la lumière éblouissante des cabarets, des salles de bal et des spectacles décents ou indécents ; il est fasciné par la compagnie de ceux qui, un peu plus âgés que lui, connaissent déjà mieux les manières de se tirer d'affaire dans la vie. Est-il difficile de concevoir que dans ces conditions il devienne aisément la proie de l'ennemi ? Le peu de connaissances acquises sur les bancs de l'école, en grande partie serinées, sont rapidement oubliées. La paresse et le laisser-aller s'emparent de lui : les camarades gais et frivoles, sans pour cela être absolument vicieux, en font ce qu'ils veulent, et en peu de mois sa figure et sa tenue révèlent, à ne s'y pas tromper, la dégénérescence rapide de son caractère.

Feu Lord Derby disait en 1887 : « Personne ne niera que l'âge compris entre 13 et 20 ans est le plus important de l'existence. »

Dans le même exemplaire du « Times » qui donnait la relation du discours de Lord Derby, se trouvait une lettre d'un correspondant qui demandait comment il se fait que les gens désœuvrés se trouvent en si grand nombre parmi les jeunes gens de 14 à 20 ans récemment sortis de l'école. — C'est parce que, répondait-il, l'influence de l'école cesse juste au moment où elle produirait de bons résultats; c'est parce qu'il n'y a pas, dans notre pays, d'enseignement complémentaire et technique; on ne fait aucun effort pour renoncer à cette imprévoyante habitude de renvoyer de l'école des enfants de 14 ans, non préparés pour le commerce et ignorants des grandes leçons nécessaires pour la vie et la conduite de bons citoyens.

Lord Playfair parlait dans le même ordre d'idées quand il disait que la Grande-Bretagne prodiguait des millions pour construire des écoles monumentales et entretenir le corps enseignant, mais que les trois quarts de ces dépenses étaient perdus à cause du manque de cours faisant suite à l'enseignement primaire.

Or il est clair que la prospérité commerciale et industrielle d'un peuple doit nécessairement dépendre de son éducation technique et générale. Une telle éducation est impossible s'il se passe plusieurs années entre le jour de la sortie de l'école et l'âge de 16 ou 17 ans; au lieu d'un développement intellectuel, il se produit alors une dégénérescence certaine.

Les classes techniques peuvent être multipliées de tous les côtés comme elles l'ont été dernièrement en Angleterre, et on peut y offrir un enseignement gratuit aux jeunes gens; mais, pour la plupart d'entre eux, ces cours sont tout à fait inutiles car ce qu'on y enseigne est au-dessus de leur portée, la cessation de la vie et de la discipline scolaires ayant eu pour résultats l'oubli de presque tout ce qu'ils avaient appris. Rien n'a été fait pour conserver les connaissances acquises. Après la facilité d'apprendre, rien n'est plus remarquable chez un enfant que sa facilité d'oublier. Bien longtemps avant qu'il soit en âge d'être admis dans une école professionnelle comme mineur, constructeur, ébéniste ou ingénieur, il a oublié toute son arithmétique, et il est absolument incapable de prendre les moindres notes d'un cours. Il a rarement assez d'énergie pour refourbir les instruments rouillés de son premier enseignement. Aussi, la plupart du temps, il devient un homme incompétent et incapable, et il reste un ouvrier inhabile pendant toute sa vie. Cela constitue un danger national très grand, non seulement au point de vue industriel, mais aussi au point de vue de ses intérêts moraux et du bien-être général. Aucune nation ne peut permettre qu'on néglige ainsi sa jeunesse : car c'est sa richesse, son capital, sa vie même. Il faut qu'on en prenne soin, il faut qu'elle soit autant que possible soustraite aux influences malsaines et néfastes, et éduquée de manière à faire de bons citoyens ayant conscience de leur dignité; il faut qu'un pont soit jeté entre la vie scolaire de l'enfant et les écoles professionnelles qui lui fourniront son équipement pour l'atelier.

Tels furent l'origine et le but de l'Association des cours récréatifs du soir que j'ai l'honneur de représenter. Cette Association devint le pionnier des cours du soir pour les adultes en Angleterre, et elle est encore occupée actuellement à leur donner le plus grand développement possible par tout le pays.

Cette Association est une société de personnes de bonne volonté; elle est entièrement soutenue par souscriptions volontaires. Elle fut fondée par quelques éducateurs philanthropes inspirés par mon ami, le Révérend docteur Paton, de Nottingham, qui est profondément vénéré de tous ceux qui le connaissent, comme savant, philanthrope et éducateur chrétien. Ayant en vue l'admirable système d'éducation qui fonctionne en Allemagne (où les écoles élémentaires conduisent jusqu'aux écoles de perfectionnement, et celles-ci aux écoles professionnelles ou aux cours des universités), le docteur Paton et ses amis résolurent d'adapter, et si possible de perfectionner encore les « Fortbildung Schule » de nos amis allemands.

L'Association formée ainsi eut l'avantage d'avoir comme présidente l'une des filles accomplies de la Reine, H. R. H. la princesse Louise, duchesse d'Argyle. Dans une grande réunion tenue à Mansion House sous la présidence de l'honorable Lord Maire de Londres, ce projet fut publiquement exposé, lancé à la manière anglaise c'est-à-dire de façon à créer un grand mouvement d'opinion publique, et de s'en servir ensuite comme d'un levier pour entraîner le Gouvernement.

Le mot « récréatif », dans le titre, indique le principe fondamental; c'est-à-dire que l'enseignement des cours du soir doit être intéressant et plein de vie. Comme, en Angleterre, on ne peut pas forcer les élèves à suivre des cours, il faut les y attirer. Cela est d'autant plus nécessaire qu'après une longue journée de travail, ils sont fatigués et peu disposés à un effort mental soutenu. Il ne faut pas les instruire surtout par les livres ou en les forçant à écouter, mais principalement par la vue, par des leçons de choses, par des expériences et des images. Il faut aussi développer l'éducation physique, particulièrement celle de la main et des yeux par le dessin, le modelage, le travail du bois et du fer; et il faut rechercher un tonique moral dans les exercices athlétiques et les exercices de gymnastique accompagnés de musique. On peut également enseigner des matières d'utilité pratique dans la vie de tous les jours, telles que la sténographie, la comptabilité, la coupe, la couture, la cuisine, l'hygiène, les soins à donner aux malades et aux blessés, chez soi et dans les ambulances, etc., tandis que dans les classes élémentaires d'enseignement technique, on peut donner des notions de plomberie, de tapisserie, de mécanique, etc. La lanterne magique et les projections seront employées pour illustrer l'histoire, la géographie et les éléments des sciences physiques et naturelles, de même que les livres de voyages, dans le but d'arrêter l'attention et d'exciter l'esprit de curiosité. A tout ceci on ajoutera encore l'étude du chant, une des branches les plus délassantes et les plus moralisatrices du programme.

Le plan de l'Association va encore plus loin : il reconnaît l'instinct social et cherche à le contrôler et à le guider dans le bon chemin. Toutes les semaines, toutes les quinzaines ou tous les mois, on procure des récréations aux élèves, à leurs parents et à leurs amis, par des fêtes de famille dont les organisateurs et les acteurs sont la plupart du temps les élèves eux-mêmes. Des expositions de travaux manuels, avec concours de chant et de gymnastique, ont également lieu pour les élèves des cours du soir des grandes villes ou des grands districts, on y décerne des prix pour le dessin industriel et les travaux provenant des cours professionnels.

On encourage la formation de Sociétés amicales de tous genres dont les distractions sont appropriées au lieu et à la saison : salles de lecture, excursions pour l'étude de l'histoire, de la botanique et de la géologie locales, courses de bicyclettes, tennis, paume, football, etc. Sans oublier les Sociétés de prévoyance et d'encouragement à l'épargne, et les Sociétés de secours mutuels en cas de maladie, de chômage ou de besoins particuliers.

Par ce qui précède on voit que l'objet de l'Association est d'attirer et d'instruire par une sage alliance de l'agréable et de l'utile; de conserver l'enseignement élémentaire acquis au prix de tant d'efforts pendant l'enfance, et de s'en servir comme base pour l'éducation proprement dite ; de prémunir la jeunesse contre les dangers des rues et de l'entourer d'une protection suffisante pour en faire des hommes et des femmes dans le sens noble et élevé du mot.

Telle a été notre grande ligne de conduite.

Mais que faire pour réaliser ce beau rêve et pour l'introduire dans le système d'éducation anglaise? Pour atteindre ce but, des cours furent fondés dans différentes localités, dans les centres les plus populeux comme dans les plus petits villages. Des lettres et des articles furent insérés dans les journaux et dans les revues, des réunions publiques furent organisées, à Londres et en province, pour créer de nouvelles sections et stimuler le zèle d'autres organisateurs. Par ces moyens, l'esprit de curiosité et d'intérêt fut éveillé, et quelquefois aussi l'esprit d'opposition, chose si nécessaire pour favoriser l'extension d'une telle entreprise. On fit appel aux ouvriers eux-mêmes; on les engagea à user de leur influence, dans leurs réunions de corporations et autres, sur les conseils scolaires et autres autorités locales s'intéressant à l'instruction publique, afin de vulgariser les idées de l'Association.

Pendant ce temps on fit le nécessaire pour obtenir l'appui du Gouvernement de Sa Majesté, et en 1887 on profita de l'occasion du jubilé pour exposer à la Commission Royale d'Education les résultats obtenus par l'Association. Des mémoires furent adressés au Ministère de l'Instruction publique, aux premiers ministres et aux autres, à la fois par l'Association et par des autorités scolaires locales, pour les prier de réformer les anciens règlements, de les modifier dans le sens des idées nouvelles, et d'accorder une plus grande facilité de créer des écoles du soir avec cours pratiques et récréatifs en rapport avec les besoins locaux.

Peu à peu les modifications désirées furent obtenues, jusqu'à ce qu'enfin en 1893 un code de règlements pour l'organisation spéciale des cours du soir fut décrété pour la première fois; ce code fut acclamé avec joie comme la « Grande Charte » des écoles du soir. L'effet immédiat fut que les cours du soir devinrent une partie intégrante du système d'éducation du pays.

Les programmes furent largement étendus de façon à devenir illimités dans la pratique; les examens annuels furent abolis; les adultes ne furent plus ni exclus, ni disqualifiés pour recueillir les fruits des subventions gouvernementales, l'obtention de ces subventions ne dépendant plus que du bon enseignement et d'une sage discipline, d'une part, et de la régularité des élèves de l'autre. Le montant de la subvention varie dans une certaine mesure avec les sujets enseignés et aussi avec le degré d'excellence des résultats obtenus; mais on peut hardiment dire qu'elle est de 0 fr. 20 à 0 fr. 25 par heure pour chaque élève inscrit.

L'impulsion donnée par cet acte du Gouvernement fut, comme c'était à prévoir, très considérable. Depuis 1886, époque à laquelle l'influence de l'Association commença à se faire sentir, il y eut d'année en année une augmentation marquée dans le nombre des classes du soir et des élèves, de sorte que de 839 écoles du soir avec 40,854 élèves inscrits en 1885-86, le nombre atteignit 1977 écoles du soir avec 115.582 élèves inscrits pour 1892-1893, c'est-à-dire que le résultat direct de la promulgation de loi pour les écoles du soir fut de faire plus que doubler le nombre de ces écoles et des élèves, ainsi que le montre le tableau suivant :

ANNÉES	ÉCOLES INSPECTÉES	ÉLÈVES INSCRITS	MOYENNES DE PRÉSENCE
1885	839	40.854	24.233
1886	841	42.423	26.089
1887	917	49.128	30.584
1888	980	51.338	33.300

ANNÉES	ÉCOLES INSPECTÉES	ÉLÈVES INSCRITS	MOYENNES DE PRÉSENCE
1889	1.043	56.525	37.118
1890	1.173	64.810	43.347
1891	1.388	76.915	51.974
1892	1.604	96.142	65.561
1893	1.977	115.582	81.068
1894	3.752	266.683	sans moyenne
1895	3.947	270.285	—
1896	4.347	298.724	—
1897	4.980	358.628	—
1898	5.535	435.600	—
1899	5.971	474.563	—

Nous pensons que le nombre des élèves montera bientôt à 1.000.000 et même à 1.500.000, et cela nous permettra de provoquer la demande d'une loi au Parlement pour obliger toutes les autorités locales à fonder de ces attrayantes écoles du soir, et d'empêcher que les enfants (garçons ou filles) soient employés au-dessous de 16 ans sans avoir reçu une instruction suffisante.

Il y a encore de grands districts où les écoles du soir sont totalement inconnues, où aucun effort sérieux n'est fait pour s'occuper des jeunes gens qui se tiennent en groupes au coin des rues et gaspillent leur énergie et leur temps à ne rien faire. Cela tient à ce que le crédit accordé par le Gouvernement n'est pas suffisant pour aider pécuniairement les autorités locales, et que les conseils municipaux sont absolument opposés à la mesure d'ajouter des subsides à la subvention gouvernementale. Ce n'est que dans les localités où les conseils de province ont adopté la sage mesure d'accorder des subsides aux cours d'enseignement technique qu'un certain succès a été obtenu. Il en est bien autrement encore pour le succès dans nos grandes cités où les conseils scolaires obtiennent des subsides et où des éducateurs éclairés se trouvent à la tête des affaires.

C'est ainsi que les plus grandes ressources d'un pays sont ouvertes à tous ses habitants. L'enfant pauvre, s'il le veut, peut recevoir sa part entière de la richesse commune au point de vue de l'enseignement comme au point de vue des progrès, et ce qu'il reçoit de la sorte il le rendra dans la suite au centuple par son travail, son activité et sa valeur morale.

« Je voudrais, disait Lord Tennyson, que tous ceux qui sont soucieux de l'avenir de leur pays, participent de toutes leurs forces et de tous leurs moyens à la réussite de cette entreprise. Si l'on objecte que les frais de telles institutions sont grands, j'opposerai que toute éducation est nécessairement coûteuse, comme tout ce qui vaut la peine d'être possédé, et que, de plus, la dépense de la communauté sera beaucoup plus grande si elle ne s'impose pas de tels sacrifices. » — « Nous autres, disait un philanthrope suédois, nous ne sommes pas assez riches pour permettre à un enfant de grandir dans la misère, de devenir un vagabond et une honte pour la société. »

C'est une œuvre comme celle-là qui contribue à l'amélioration réelle d'un peuple. Elle intéresse, non pas le petit nombre, mais la grande masse; elle n'influe pas seulement sur les intérêts matériels et intellectuels du peuple, mais aussi sur son caractère social et moral. C'est la guerre à la paresse, à l'ignorance et au vice, ces ennemis géants de tout le genre humain. Une telle œuvre et une guerre de ce genre sont d'accord avec ce sentiment de patriotisme élevé que chacun de nous désire voir dans toute nation; patriotisme qui, tout en évoquant ce qu'il y a de meilleur en nous, éveille chez les autres l'esprit d'une amicale émulation.

C'est cet esprit noble qui se trouve incarné dans les merveilles de la grande Exposition que la France a offerte au monde. Je désire, comme Anglais, payer mon humble tribut d'admiration au génie du grand peuple qui a conçu ce plan et qui lui a donné une forme si magnifique; et j'ose affirmer cette croyance que, lorsque les splendeurs que nous avons sous les yeux auront disparu, on s'apercevra que les plus durables et les plus utiles résultats de l'Exposition sont ceux qui sortiront des congrès amicaux qui se sont tenus dans cette enceinte.

(*Traduction de Mlles Franz, professeurs à l'Association Polytechnique*).

D'après M. J. Edward Flower.

II. — Mémoire sur l'Éducation familiale.

PRÉSENTÉ PAR

M. PAUL DE VUYST
INSPECTEUR DE L'AGRICULTURE,
A GAND (BELGIQUE)

Nous avons l'honneur d'appeler l'attention des membres du Congrès sur une Ligue d'éducation qui s'est fondée récemment en Belgique, et qui a pour but général de répandre dans les familles, particulièrement par l'intermédiaire de la femme, les notions pédagogiques indispensables pour l'éducation physique, intellectuelle et morale des enfants et de suppléer aux lacunes des programmes actuellement suivis dans les maisons d'éducation, en vulgarisant la connaissance pratique des sciences naturelles, économiques et sociales.

Pour atteindre ce but, l'Association use de tous les moyens qu'elle juge convenables, notamment : l'institution de cours, la création de bibliothèques, l'organisation d'un service de renseignements, la publication de brochures, d'ouvrages, l'organisation d'expositions, de concours, d'examens, etc.

*
* *

Il n'est pas bien difficile de démontrer la grande utilité, la grande nécessité de l'œuvre de l'éducation familiale. C'est l'enseignement populaire à sa source.

Il fut un temps, et il n'est pas si lointain puisque nos aïeules s'en souviennent, où les femmes s'occupaient passionnément d'éducation. Qui ne connaît ces grandes éducatrices qui ont eu pour noms : Mme de Maintenon, Mme Guizot, Mme Necker de Saussure, Miss Edgeworth, et tant d'autres femmes distinguées ?

A cette époque, éducation et instruction se donnaient en famille, et les parents, la mère surtout, surveillaient de près les progrès de leurs enfants.

Aujourd'hui que les écoles se sont multipliées autour de nous, que les chemins de fer ont, pour employer l'expression courante, supprimé les distances, que la vie moderne (pourquoi ne pas l'avouer?) a modifié de fond en comble les conditions de notre existence, les parents ont abandonné aux maîtres le soin d'élever leurs enfants. Cet abandon est trop absolu. Tout le monde, à peu près, reconnaît que l'éducation par l'école est loin d'être parfaite, et constate des vices, des lacunes, des omissions dont les enfants souffriront parfois pendant toute leur vie. C'est aux parents qu'il appartient d'intervenir pour empêcher ces erreurs, ces manquements ou ces fautes. Il importe, à notre avis, de reconstituer l'éducation familiale d'autrefois en l'appropriant aux nécessités actuelles de la société.

*
* *

M. Proost, professeur de l'Université de Louvain, a préconisé, depuis longtemps, et dans de nombreux écrits, les réformes indispensables. La Ligue qui vient de se former en Belgique, s'est proposé comme programme de les réaliser.

Il importait, du reste, de ne pas nous laisser dépasser dans les voies du progrès, par l'étranger. L'*Angleterre* possède déjà une Société nationale des parents pour l'éducation (Parent's National Educational Union, 28, Victoria), dont l'organisation est de tous points remarquable, et qui compte des sections dans les principales cités du Royaume-Uni.

Quatorze Etats, soixante villes d'*Amérique*, possèdent des Associations de parents, et le nombre des sections locales dépasse 300. Ces Sociétés organisent des cours, des conférences, des réunions de parents, créent des bibliothèques spéciales qu'elles mettent à la disposition de leurs membres (Voir la Revue : *Child Study Monthly*, mai 1899, Chicago). En *France*, on vient de fonder récemment, dans le même ordre d'idées, une Société pédagogique qui a son siège 47, rue Gay-Lussac.

La Ligue Belge donnera aux parents des avantages analogues, sinon supérieurs. Son programme, que vous lirez plus loin, est basé sur les dernières découvertes de la science, les observations et les longues études du fondateur de notre Association ; il comporte l'éducation physique comme l'éducation morale et intellectuelle.

Cette Association se propose de demander l'affiliation des Sociétés étrangères et de former une vaste Association internationale.

*
* *

Le temps au milieu duquel nous vivons a beaucoup fait pour la science. Chaque année amène des découvertes dans les voies du savoir. Malheureusement, toutes les parties de ce domaine de la science ne sont pas également familières aux parents.

Parmi tant de découvertes, tant de progrès, tant de lois, tant d'études, il en est qui sont utiles, sinon indispensables, pour traverser la vie, pour lutter contre la nature ou contre les agents de destruction qui vous entourent, vous ou les vôtres. Faut-il citer des exemples ? Que de maladies seraient évitées par une alimentation plus intelligente de l'enfance ? Comment se préserver de la tuberculose, si ce n'est par l'hygiène ? Quel moyen d'élever des enfants dont le corps soit sain et l'âme vaillante, si vous ne connaissez pas les lois naturelles de l'éducation ? Quels bienfaits ne peut-on pas retirer des leçons de l'hygiène pour la salubrité et la joie du logis ? Etc.

．*．

La Société s'adresse, avons-nous dit, particulièrement à la femme. Mais il ne s'agit pas, entendons-nous bien, de faire des femmes et des jeunes filles des savantes et des pédantes. Il s'agit tout simplement de les initier aux éléments des sciences, aux grandes découvertes qui intéressent au plus haut degré la vie humaine, qui ont contribué pour une si large part au développement du bien-être au XIXe siècle et qui doivent être la base de toute éducation rationnelle.

Nous sommes convaincus que la femme est merveilleusement douée pour les sciences d'observation, voire pour les sciences expérimentales, dont les applications jouent un si grand rôle dans la vie d'une mère de famille.

Nous visons avant tout à l'utile, au nécessaire, à l'indispensable. Nous pensons qu'il est plus urgent de parler aux femmes de ce qui les intéresse immédiatement, que de l'histoire de l'art, de la littérature allemande ou de l'astronomie ; non certes que nous méprisions ces sciences, mais nous croyons fermement qu'il faut donner une direction pratique aux divers ordres d'études et adapter les diverses connaissances au rôle spécial de la femme au foyer et dans la société. (Le mot est de M. Jean Brunhes, professeur à l'Université de Fribourg.)

« Etre épouse et mère, a dit M. Legouvé, dans *l'Education sentimentale*, c'est guider et élever, par conséquent c'est savoir. Sans savoir, pas de mère complètement mère ; sans savoir, pas d'épouse vraiment épouse. »

PROGRAMME

d'un Cours d'Hygiène et de Pédagogie fondée sur les révélations de la biologie.

A. — Lois naturelles de l'éducation, transformation des impulsions héréditaires (instincts ou réflexes) en mouvements volontaires ou soumis à l'empire de la volonté. Transformation des mouvements volontaires en mouvements réflexes ou habitudes par la répétition des exercices (intégration des mouvements).

Lois du balancement organique et fonctionnel. Etude des tempéraments et de leurs transformations par l'exercice, l'alimentation, les milieux. Tares héréditaires. Maladies de l'esprit. Moyens de les combattre par l'hygiène physique et morale.

B. — Hygiène de l'enfance et de l'adolescence. Notions de microbiologie théoriques et pratiques. Art de prévenir et d'atténuer les maladies contagieuses et les dégénérescences des organes. L'alcoolisme et la race.

C. — 1° Soins à donner en cas d'accidents, blessures, pansements, etc.; démonstrations pratiques.

2° Notions théoriques et pratiques de chimie et de physique appliquées à l'hygiène, à la cuisine et à l'économie domestique.

3° Notions théoriques et pratiques de sciences naturelles : botanique, zoologie, paléontologie, physiologie, cosmographie, géologie. (Excursions, collections, dessins à main levée).

4° Histoire générale sur un plan nouveau mettant en lumière l'évolution comparée de l'idée scientifique et de l'idée religieuse à travers les siècles, l'essor donné par le christianisme à la pensée et à la liberté humaines, la transformation des conditions d'existence de l'individu et des sociétés par la science naturelle.

5° Notions d'économie sociale : l'individualisme et le collectivisme dans le passé. La Révolution française et l'évolution sociale au XIXe siècle. Mutualités, syndicats, coopération, assurances, crédit, etc.

6° Cours spécial pour dames habitant la campagne : Notions d'agronomie, de zootechnie, de laiterie, d'horticulture, d'aviculture, d'apiculture, de floriculture, etc.

7° Cours d'esthétique pour les arts appliqués.

8° Cours de langues modernes. Conversation et correspondance allemande et anglaise enseignées d'après une méthode rationnelle et facile.

Les renseignements qui précèdent vous auront donné une idée suffisamment précise de l'institution belge et vous engageront à appuyer les vœux suivants que j'ai l'honneur de proposer :

Il serait désirable que, dans tous les pays, il se fondât des Associations de parents dans le but d'étudier et de pratiquer l'éducation rationnelle des enfants.

Il serait désirable que les Unions nationales formassent une vaste fédération internationale.

Les pouvoirs publics devraient encourager l'institution de ces Associations.

Tous ceux qui comprennent l'utilité pour les parents de s'instruire sur leurs devoirs primordiaux d'éducateurs, sont ardemment invités à faire la propagande la plus active pour les Associations de ce genre.

PAUL DE VUYST.

III. — Mémoire sur l'Ouverture d'un Bureau international des Sociétés d'enseignement populaire.

PRÉSENTÉ PAR

M. GUÉRARD
PROFESSEUR A L'ASSOCIATION POLYTECHNIQUE

Vous vous rappelez le passage suivant de l'un des discours officiels de la distribution des récompenses à propos de la clôture de l'Exposition :

« Ce n'est pas sans tristesse que nous voyons approcher le moment
« où il faudra se résoudre à fermer les palais qui abritent tant de
« chefs-d'œuvre, tant de produits curieux et utiles offerts à l'admi-
« ration et à l'enseignement des peuples.

« Notre consolation est de croire fermement que la pensée pre-
« mière, le principe, et pour ainsi dire l'âme de cet éphémère orga-
« nisme, survivra à la dispersion de son décor. »

Ces paroles traduisent vos sentiments unanimes et m'amènent à vous proposer l'accomplissement d'un acte mémorable témoignant mieux que les monuments de granit et d'acier qui demeureront, le caractère essentiel et sublime de ces assises internationales du travail. Je vous demande d'attester aux générations futures, en formant dans ce Congrès la Fédération internationale des Sociétés laïques d'enseignement populaire, l'aurore de solidarité pacifique universelle qui jette depuis six mois un si séduisant éclat sur les fêtes incomparables auxquelles nous assistons.

Les étapes successives du Congrès, marquées par les Expositions précédentes, nous ont offert les spectacles grandioses et inoubliables des conquêtes toujours plus étendues des plus formidables forces de la nature, ainsi que la pénétration sans cesse plus profonde de ses secrets les plus cachés ; aujourd'hui, nous voyons se révéler une puissance nouvelle, génératrice et dominatrice de toutes, l'union des cœurs.

. . . .

L'intérêt de ma proposition vous séduira, j'espère. Quant à sa réalisation, il vous suffirait, pour vous convaincre de sa simplicité, de jeter les yeux sur la marche rapide et prospère de la « Société d'Etudes et de Correspondance internationales » qui poursuit un but analogue à celui que je vous signale. Ses membres de tous les pays, groupés en comités autonomes, locaux et nationaux, reliés au comité directeur par l'organe commun « Concordia » constituent une vaste Fédération universelle d'altruistes se « facilitant toutes choses » les uns aux autres, collectivement ou individuellement.

Vous savez le succès de la correspondance scolaire à laquelle prennent part près de vingt mille élèves de l'enseignement secondaire ; n'est-il pas désirable de mettre entre les mains de nos auditeurs un tel instrument de progrès ? . . . .

En conséquence, j'ai l'honneur de formuler le vœu suivant :

Le Congrès, heureux de constater le courant de cordiale et pacifique solidarité humaine qui se manifeste entre races, peuples et individus, et désireux d'en faire profiter la cause de l'enseignement populaire, décide de former une Fédération internationale des Sociétés laïques d'enseignement populaire ; il nommera, avant de se séparer, une Commission provisoire chargée d'élaborer les statuts et d'ouvrir le Bureau central à Paris.

GUÉRARD.

IV. — Mémoire sur Les moyens à employer pour développer l'esprit de Mutualité et d'Épargne.

PRÉSENTÉ PAR

M. VILLIAM HOLT
PROFESSEUR A L'ASSOCIATION PHILOTECHNIQUE.

Forcé de partir en voyage par devoir professionnel, je me vois obligé de ne pas assister aux séances du Congrès et j'en éprouve un vif regret ; mais je me console en pensant que d'autres plus compétents que moi reprendront la question énoncée et la développeront mieux que je ne l'aurais fait moi-même.

Je souhaite de tout mon cœur que le Congrès émette un vœu favorable au développement de l'esprit de mutualité et d'épargne parmi les auditeurs de nos cours d'adultes, et qu'il engage les Sociétés d'enseignement populaire à créer, aussi nombreux que possible, des cours d'économie sociale et des conférences sur des sujets d'épargne et de prévoyance.

La mutualité, la coopération, la participation aux bénéfices constituent, dans leur ensemble, des œuvres insuffisamment connues. En elles ne réside certes pas la solution complète de la question sociale ; mais l'application de leurs principes sont des palliatifs sérieux aux maux dont souffre notre sympathique classe laborieuse française. Les sociétés de secours mutuels, les associations de prévoyance, les institutions et caisses d'épargne, l'esprit coopératif et les grands principes d'union et de force syndicales sont presque inconnus des masses. L'ignorance des travailleurs en matière d'économie politique et sociale est flagrante ; elle est la cause d'erreurs et de malentendus, le point de départ de conflits regrettables entre le travail et le capital, et cela nuit beaucoup à la prospérité de notre pays en entravant son développement industriel.

C'est à nous, Sociétés d'enseignement populaire, qu'il appartient de prendre l'initiative d'un mouvement d'éducation sociale. Il est de notre devoir d'apprendre aux jeunes ouvriers de demain, qui suivent nos leçons, tous les bienfaits qu'ils peuvent tirer de toutes les institutions si remarquables qui ont été exposées, dans le palais même où se tiennent ces assises. A ceux des membres du Congrès qui demeureraient sceptiques devant ma proposition, je conseille une visite au milieu de ces intéressants graphiques, de ces tableaux aux résultats tangibles et de ces statistiques éloquentes. Ils verront là combien il est utile de faire connaître et de propager les institutions d'Économie sociale, qui constituent dans leur ensemble une forte et puissante doctrine : le Socialisme pratique, celui qui agit par ses actes et non par de vaines paroles.

J'espère, que le Congrès étudiera cette question et *que les Sociétés d'enseignement laïque populaire s'associeront à cette idée en créant bientôt des cours spéciaux pour développer, sous les auspices de l'Économie sociale, les idées de mutualité, de prévoyance et d'épargne...*

WILLIAM HOLT.

V. — Mémoire sur l'**Utilité de créer des Cours de conversation entre les professeurs de langues étrangères et leurs élèves.**

PRÉSENTÉ PAR

M. WALDBILLIG
PROFESSEUR A L'ASSOCIATION POLYTECHNIQUE

Les relations internationales s'accentuant de jour en jour par le développement du commerce et de l'industrie, l'étude des langues étrangères s'impose de plus en plus. Aussi nous efforçons-nous d'initier nos élèves à la connaissance aussi exacte que possible de la langue vers laquelle les pousse le choix d'une carrière.

Mais les cours que nous professons, et auxquels nous nous donnons entièrement, ne sont pas assez nombreux pour que les élèves puissent réellement profiter de nos conseils ; en outre, nos cours finissent, au mois de mars ou d'avril et recommencent en octobre ou novembre d'où six ou sept mois d'interruption, pendant lesquels les élèves, n'étudiant plus, perdent fatalement les quelques notions qu'ils ont pu acquérir pendant l'exercice scolaire.

Beaucoup de professeurs donnent deux jours de cours par semaine ; d'autres le voudraient, mais souvent ils n'en ont pas le temps, parce que, en dehors du ou des jours de cours, il y a la correction des devoirs qui demande souvent plus de temps que le cours lui-même. En ajoutant à cela les exigences de la vie à Paris, nos collègues se trouvent, malgré leur bonne volonté, réduits à ne faire qu'un ou deux cours par semaine...

C'est pourquoi j'ai pensé qu'avec le concours aussi dévoué que désintéressé de nos collègues, on pourrait fonder, dans chaque arrondissement, des salles de conversation (comme le font certains cours payants), où les maîtres, les personnes de bonne volonté reconnues par eux pour bien parler une langue étrangère, et enfin les élèves studieux, pourraient se réunir une ou deux fois par semaine, pour converser et permettre à ces derniers de s'habituer peu à peu à la prononciation exacte et à une connaissance plus approfondie de cette langue.

Cette salle de conversation pourrait, d'accord avec la bibliothèque de la commune ou de l'arrondissement, mettre à la disposition des élèves, des livres et des journaux *ad hoc* ; et, au cas où la bibliothèque ne pourrait, pour une raison quelconque, donner son concours à cette œuvre si utile, je crois que les dons privés ne manqueraient pas de nous permettre de réaliser notre désir.

WALDBILLIG.

VI. — Mémoire sur La création de quelques œuvres auxiliaires de l'École, à Valenciennes.

PRÉSENTÉ PAR

M. MASCART
PROFESSEUR AU LYCÉE DE VALENCIENNES

L'*Association d'enseignement populaire gratuit* de Valenciennes, qui date de janvier 1870, voit sa clientèle de lecteurs augmenter sensiblement à chaque distribution du dimanche et du mercredi, grâce à ses achats réguliers de bons ouvrages de littérature, sciences et arts ; son fonds est actuellement d'environ 5,000 volumes. Elle distribue annuellement près de 1100 volumes. Elle vit par les cotisations et le zèle de ses membres. — La Société fournit aux Directeurs et aux Directrices d'écoles laïques des livrets pour leurs élèves à titre de récompenses.

La *Société d'Horticulture* étend son enseignement et ses opérations d'expositions et de visites de cultures. Chaque dimanche, un professeur principal et cinq professeurs adjoints, qui reçoivent le 1er 10 fr. par leçon et les autres 20 fr. (1), répandent la science horticole suivant un programme approprié aux besoins de la saison, dans les arrondissements de Valenciennes et ceux qui l'avoisinent (2). Une bibliothèque de prêt de 400 volumes environ est à la disposition des sociétaires payants qui sont au nombre de 1,000 à 1,100. Des encouragements : diplômes de culture, primes aux jardiniers, aux ouvriers, aux instituteurs et aux élèves, distributions de graines, de plants et arbres, stimulent les efforts par l'émulation. Les diplômes de jardiniers obtenus après examens théoriques et pratiques sont très appréciés. Les résultats obtenus, quant au progrès, à la moralisation et au bien-être, sont remarquables surtout depuis que les communes concèdent des jardins d'ouvriers. — La *Société académique de Comptabilité* donne quotidiennement un enseignement gratuit très développé de Tenue des livres, de Comptabilité commerciale, industrielle et financière, d'Economie politique, de Droit civil et commercial, d'Arithmétique commerciale, de Changes et arbitrages. Ses élèves de

1) Les professeurs, le secrétaire général et le trésorier sont les seuls titulaires dont les fonctions ne sont pas gratuites.
(2) Les cours sont publics.

3e et 4e années, les diplômés surtout, sont de plus en plus recherchés par le Commerce, la Banque et l'Industrie. Les cours ont une moyenne de 25 élèves et sont professés gratuitement. Les Ministères du Commerce et de l'Agriculture, la Banque de France, la Chambre de Commerce et la Ville de Valenciennes subventionnent la Société pour ses frais d'impression, de correspondance, de prix et de diplômes, etc.

La *Société du Sou des Écoles laïques*, créée en 1881, a fonctionné en 1899-1900, avec une encaisse de 2577 fr., à laquelle se sont ajoutées les cotisations de ses membres et quelques contributions d'Associations d'anciens élèves. Elle a distribué des vêtements aux enfants nécessiteux des écoles laïques de la ville et des faubourgs, et elle a encouragé la fréquentation des classes par des récompenses. Son action a été très utile à tous les points de vue.

E. MASCART.

VII. — Voeu

PRÉSENTÉ PAR

LE BUREAU INTERNATIONAL PERMANENT DE LA PAIX

Par mandat des Sociétés de la Paix, nous avons le plaisir d'envoyer aux membres du Congrès le salut cordial de ces Sociétés, représentées par nous d'une manière permanente.

Les questions de l'enseignement sur lesquelles votre Congrès est appelé à délibérer sont d'une importance majeure et leur solution intéresse au plus haut point le mouvement pacifique international. Aussi les propagateurs de l'idée pacifique ont-ils insisté, dès leurs premiers congrès internationaux, sur l'utilité de *faire appel aux Educateurs de la jeunesse, en les priant de répandre les sentiments d'humanité et de fraternité parmi leurs élèves, de leur inculquer les principes de la solidarité humaine, de l'arbitrage et de la Paix*.

Nous nous permettons de communiquer ces voeux à votre Congrès, certains d'avance que vos délibérations contribueront à l'avènement d'une ère de concorde et de bon vouloir au sein de la famille humaine.

VIII. — Mémoire sur Les avantages d'une Société d'enseignement populaire fondée sur le principe de l'éducation mutuelle s'exerçant au sein d'un groupe restreint.

PRÉSENTÉ PAR

MM. ALBERT IVEN, *étudiant*, et HENRI BOURRILLON, *ouvrier*.

De tous les besoins qu'éprouvent les ouvriers, le moins satisfait encore et celui auquel il est le plus urgent de pourvoir, c'est assurément le besoin de vie intellectuelle : y remédier est l'affaire des étudiants. — La passion de vie active qui est en eux, la liberté relative de leur existence, l'absence de charges familiales les mettent à même de se consacrer mieux que d'autres à cette tâche. Depuis longtemps, certes, ils ont la conscience de ce devoir : ils cherchent encore le meilleur moyen de le remplir. Parmi tous ceux qui ont été employés jusqu'ici il semble bien qu'il n'y en ait que deux qui aient fait leurs preuves.

Le premier consiste en des séries de conférences où un professeur développe devant un auditoire d'ouvriers les matières qui sont de sa compétence : la conférence se prolonge le plus souvent par une discussion dont chacun tire un profit réel, mais dont l'influence sur un public incessamment renouvelé est d'autant plus superficielle qu'elle est plus étendue.

Le second se ramène à une action mutuelle exercée par un groupe d'étudiants sur un groupe équivalent d'ouvriers, action nécessairement plus restreinte, — partant plus efficace. Ce n'est plus seulement un échange d'idées, mais une communion intime par un rapprochement continuel : d'un côté, un homme, puis la foule; de l'autre, deux groupes se pénétrant; là, l'essai d'union se produit momentanément entre le conférencier et l'auditoire, — ici, d'une façon permanente, entre les membres mêmes de l'auditoire. Dans ce dernier système, en effet, la conférence n'est pas l'essentiel et on y fait plus de cas des conversations individuelles.

La causerie entre gens qui se connaissent, tout en appartenant à deux milieux encore assez nettement distincts au point de vue de la culture de l'esprit, — c'est ici le moyen essentiel. Grâce à lui, les ouvriers acquièrent insensiblement une supériorité intellectuelle qu'ils transportent dans le milieu où ils vivent et leur influence sur celui-ci est proportionnée à celle qu'ils ont subie.

Si cette action — qui, après s'être exercée entre les membres d'un même groupe, les dépasse et se répercute autour d'eux — était poursuivie par une série de groupes analogues, le résultat en serait véritablement étendu et profond.

On obtiendrait ainsi des individus achevés, qui seraient comme des instruments de répartition intellectuelle.

Pour les former, le principe le plus efficace semble être une « vie de Société » réunissant les éléments actuellement confinés : d'un côté, dans le salon, — de l'autre, dans le cabaret.

Pour juger ce principe, il suffit, croyons-nous, d'examiner l'application qui en a été faite par une Association récemment « créée — elle fonctionne depuis un an environ — la Fondation Universitaire de Belleville », et de parcourir les statuts qui lui ont servi de base :

ART. I. — L'Association est d'une laïcité et d'une neutralité absolues ; elle exclut rigoureusement tout élément d'intolérance et s'interdit toute propagande politique ou confessionnelle ;

ART. V. — La F. U. B. a pour but l'enseignement mutuel. Elle se propose de travailler à l'éducation sociale de tous ses membres, de répandre les idées d'association et notamment les idées coopératives ;

ART. VIII. — Le rouage le plus important de l'Association, le groupe des résidents, est formé, soit par des étudiants qui veulent se mettre au courant des questions ouvrières, soit par des étudiants ou des ouvriers étrangers qui désirent trouver à Paris une amicale hospitalité, soit par des ouvriers, membres actifs de l'Association depuis plus d'un an, admis par le comité exécutif et voulant entreprendre un travail déterminé ;

ART. XII. « GROUPES D'ÉTUDES ». — Chaque groupe d'études, formé de tous les ouvriers et étudiants qui s'y font inscrire, est dirigé par un étudiant, et par un ouvrier faisant fonctions de secrétaire. Les discussions sont dirigées par le président ou le secrétaire du groupe ;

ART. XV. — Tout membre de l'Association, à la recherche d'un emploi ou qui aurait besoin d'un conseil, d'une consultation, s'adresse au Comité de renseignements.

ART. XIX. — Un comité exécutif, qui se réunit une fois par mois, prononce sur la création d'organes nouveaux, décide de la radiation des membres actifs, convoque les Assemblées générales et leur propose les modifications à apporter aux statuts, organise les conférences hebdomadaires et gère les finances de l'Association.

Une fois constituée sur ces bases, il s'agissait pour la Fondation Universitaire de recruter ses adhérents ouvriers. Les fondateurs jugèrent préférable de ne pas agir immédiatement par voie d'affiches, et ce n'est qu'après avoir constitué par recrutement individuel un noyau d'adhérents fidèles, qu'ils crurent bon de lancer, dans le courant de janvier 1900, l'appel suivant *aux ouvriers de Belleville.*

« Nous avons fondé, oubliant volontairement les distinctions artificielles des classes et les différences passagères des intérêts, une Fondation Universitaire, où des hommes d'âges et de métiers différents, venus des quatre coins de Paris, se réunissent chaque soir pour travailler à leur mutuelle éducation. Chacun apporte quelque chose : les ouvriers, leur connaissance des questions sociales, leur expérience de la vie, leur attachement aux idées d'association et de solidarité ; — les étudiants, leur savoir littéraire ou scientifique, leur foi en un avenir meilleur, et leur amour désintéressé pour le peuple. Par ce contact quotidien, dans cette œuvre d'éducation sociale, bien des différences s'évanouissent, bien des préjugés disparaissent. Les esprits deviennent plus justes, les cœurs plus ouverts.

« Nous venons vous demander de vous joindre à nous. Nous ne sommes pas des sectaires, nous admettons toutes les opinions sincères et réfléchies : nous proclamons loyalement notre neutralité absolue.

« Jugez d'après ce que nous avons fait. Nous avons ouvert notre maison le 6 novembre 1899 ; nous sommes, trois mois à peine après notre ouverture, à l'effectif de 210 membres actifs, ouvriers et étudiants, et 65 membres honoraires. Chacune de nos soirées a été occupée par des conférences, des lectures, des réunions dont suit le programme détaillé...

« Voilà, camarades, ce que nous avons fait depuis trois mois. Si vous venez à nous, si vous nous prêtez votre chaleureux appui, nous pourrons développer notre Association naissante et édifier sur la colline de Belleville (au-dessus de la cité qui fourmille), une vraie maison du peuple ».

Quelques extraits de divers articles ou notices préciseront d'ailleurs l'état d'esprit créé à la Fondation Universitaire de Belleville, en même temps qu'ils mettront en lumière quelques détails caractéristique de son organisation. — C'est ainsi qu'on lit dans le Bulletin de la Société des U. P :

« Ce qui donne à la F. U. B. son caractère particulier, c'est l'existence des résidents » la création des groupes d'études, et son organisation générale. Les résidents sont chargés d'assurer une permanence, de veiller à l'installation matérielle, de visiter les membres ouvriers malades, de représenter l'Association dans les cérémonies du quartier.

« Le Comité Exécutif a vite compris que des conférences sans lien les unes avec les autres, faites par des orateurs qu'on ne voyait qu'une fois au siège de l'Association, n'avaient ni valeur scientifique, ni influence éducatrice. Après avoir constaté le succès de lectures philosophiques et littéraires commentées avec soin, il organisa successivement quatre groupes d'études : philosophiques, — littéraires et artistiques, — économiques et sociales, — scientifiques — qui, dirigées par un professeur et un secrétaire ouvrier, formés d'étudiants et de Bellevillois, passent en revue méthodiquement un programme dressé chaque mois d'un commun accord. Une discussion suit toujours l'exposé de la question, et le plus souvent un résumé du sujet est remis quelques jours à l'avance aux membres du groupe. »

D'autre part, dans la *Revue politique et parlementaire*, M. Marcel Fournier écrivait en parlant des U. P. en général : « Les organisateurs devraient annoncer simplement que tel jour, on traitera des problèmes de la vie économique, tel autre, des questions scientifiques, etc., etc. De la sorte, les noms des conférenciers seraient supprimés, — ce qui ferait déjà disparaître toute objection de réclame personnelle ou de réclame électorale de la part du conférencier. » Or, c'est là précisément ce qui a lieu à la F. U. B. par le moyen des groupes d'études : les membres que passionne un même sujet artistique, littéraire, économique, industriel, se groupent momentanément pour en discuter à leur aise sous la direction d'un conférencier compétent. Le programme de ces réunions, — qui ont lieu tous les soirs, sauf un, réservé à une conférence proprement dite, — ne porte comme indication que celle du groupe et du sujet à traiter. On donne mieux ainsi l'impression d'une réunion de travail, où tous collaborent. De plus, la création de nouveaux groupes, ou la transformation de ceux qui existent, selon les besoins et les aspirations de leurs membres, permet de donner à l'Association un caractère de vie intense.

Par les résidents, cette vie s'étend au dehors. Se trouvant tous les soirs régulièrement à la Fondation, ils font connaissance avec chacun des membres individuellement, — ils savent leurs noms, les détails de leur existence, — ils s'intéressent et se mêlent aux diverses circonstances de leur vie, pénibles ou joyeuses.

Les étudiants qui ont jusqu'ici rempli cette tâche ont été maintes fois à même de recueillir à la Fondation ou au dehors les preuves que le besoin d'une telle Association se faisait sentir et qu'elle venait à son heure.

Parmi ces preuves, plusieurs ont déjà été citées par le secrétaire général de la Fondation universitaire de Belleville, dans une réunion de la Société d'économie sociale. Quand, disait-il, le délégué de notre Association, chargé de demander à une des coopératives de Belleville son appui, eut exposé le but et les caractères de notre Fondation, le président du Comité lui dit : « Citoyen, nos deux tâches sont parallèles et se complètent l'une l'autre : notre coopérative matérielle ne produira tous ses effets que si elle est couronnée par une coopérative intellectuelle; une instruction forte rendra seule possible le développement de la mutualité et de la coopération; nous sommes donc des alliés et nous ne regrettons qu'une chose, c'est que nous ne puissions pas vous offrir, dans notre maison même, un local pour votre Fondation. »

Il en indiquait une autre, plus caractéristique peut-être : Des étudiants causaient un soir avec un électricien dans la bibliothèque. On parlait de la Fondation. Celui-ci leur dit : « J'ai été bien content quand j'ai appris que les Étudiants venaient organiser un cercle à Belleville; je suis seul : j'ai perdu ma femme, je n'ai pas d'enfant; au moins, j'aurai quelqu'un à aimer. »

Plus récemment, à un résident, venu assister à l'enterrement de sa mère, un ouvrier disait en lui serrant la main : « Je vous remercie, je n'oublierai jamais cette chose-là. »

Sans doute, même après cela, en parlant des résultats acquis par la Fondation universitaire de Belleville, on ne saurait déjà prononcer le grand mot de fraternité. Mais n'est-ce pas beaucoup d'en avoir atteint le premier degré : la *camaraderie?* Or, elle existe à la Fondation de Belleville. Elle est réelle, — on le sent à tous moments et dans les moindres détails de la vie de l'Association. Elle s'étend même au dehors, comme on l'a vu, et se manifeste entre les différents membres étudiants et ouvriers dans les rencontres occasionnelles de la rue ou même au sein des familles. Et c'est précisément parce qu'ils ont constaté, d'une part, des relations de camaraderie entre tous les membres, — de l'autre, entre certains, des amitiés personnelles, que les organisateurs de la Fondation universitaire de Belleville ont cru utile de présenter au Congrès ce rapide aperçu d'une Société fondée sur le principe d'une éducation individuelle et mutuelle s'exerçant au sein d'un groupe restreint.

Henri Bourrillon,   Albert Iven,
Membre ouvrier.   Membre étudiant.

TABLE DES MATIÈRES

	Pages
Avis relatifs à la présente publication............	2
Notice préliminaire (M. A. Veyret).............	3

PREMIÈRE PARTIE

Organisation et composition du Congrès.

Circulaire du 18 novembre 1898 (M. A. Malgras).........	9
Commission d'organisation.............	10
Circulaire du 15 juin 1899 (M. A. Malgras).........	11
Extraits du Règlement. — Composition du Congrès.......	13
Présidents et Membres d'honneur, Bureau du Congrès......	14
Bureaux des sections.............	14
Programme des travaux.............	17
Liste des Mémoires présentés.............	18

DEUXIÈME PARTIE

Séances du Congrès.

Séance d'ouverture, le lundi 10 septembre 1900 — matin (procès-verbal de MM. A. Veyret et Julien Zryd).............	23
1re Section : *Cours d'adultes*, le lundi 10 septembre — soir (procès-verbal de MM. Barriol et Decaisne).............	35
2e Section : *Conférences et enseignement par l'aspect*, le mardi 11 septembre — matin (procès-verbal de MM. Manfilli et Zryd).	51

	Pages.
3e Section : *Enseignement professionnel*, le mardi 11 septembre — soir (Procès-verbal de M. DECAISNE)..............	60
Visite à l'Exposition (Section de l'Indo-Chine), sous la direction de M. CHARLES LEMIRE..............	75
4e Section : *Enseignement des Beaux-Arts*, le mercredi 12 septembre — matin (procès-verbal de M. H. BARRA)............	77
Visite du Bureau à M. le Ministre de l'Instruction publique....	82
5e Section : *Sociétés et cercles d'instruction et d'éducation*, le mercredi 12 septembre — soir (procès-verbal de MM. CHEVAUCHEZ et DECAISNE)..............	83
Réception du Congrès à l'Hôtel-de-Ville (extrait du Bulletin municipal officiel)..............	90
Visite à l'Exposition (Enseignement professionnel, classes I et IV), le jeudi 13 septembre — matin, sous la direction de M. RENÉ LEBLANC..............	93

Séance plénière du jeudi 13 septembre — soir

(procès-verbal de M. DECAISNE).

Rapport général de M. CAMILLE GRAS..............	94
Discours de M. GEORGES LEYGUES, ministre de l'Instruction publique.	97
Réponse de M. MALÉTRAS, président du Congrès............	100
Réponse de M. EMILE PECH (1re Section : *Cours d'Adultes*).....	103
Rapport de M. PERDRIX (2e Section : *Conférences et Enseignement par l'aspect*)..............	110
Rapport de M. CH. MARDELET (3e Section : *Enseignement professionnel*)..............	114
Rapport de M. J. DE SAINT-MESMIN (4e Section : *Enseignement des Beaux-Arts*)..............	120
Rapport de M. KOWNACKI (5e Section : *Sociétés et Cercles d'instruction et d'éducation*)..............	127
Adresse à M. le Président de la République, et réponse......	132
Banquet du Congrès..............	134

TROISIÈME PARTIE

Extraits des Mémoires présentés.

1re SECTION : *Cours d'Adultes*

I. — L'Enseignement des Langues vivantes dans les cours d'Adultes (M. EDME ARCAMBEAU)..............	137
II. — Utilité de donner une large place, dans les cours d'Adultes, à l'enseignement de la Lecture expressive et de la Diction (MM. RISPAL et LÉON RICQUIER)..............	140
III. — Utilité de donner, dans les cours d'Adultes, aux élèves femmes, les connaissances nécessaires pour occuper les emplois administratifs auxquels elles peuvent être appelées (M. RENÉ LAZARD)..............	145

	Pages.
IV. — L'Étude de la Langue portugaise en France (M. DE BÉTHENCOURT).	149
V. — L'Enseignement des Langues étrangères et les Bourses de voyage (M. ROBERT SCHWARZ).	152
VI. — L'Éducation familiale dans les cours d'Adultes (M. BIDART).	156
VII. — Utilité d'une Fédération des Sociétés laïques d'Enseignement, et d'un Concours général annuel (M. JOSEPH LEBLANC).	161
VIII. — L'Enseignement populaire (Mlle HENRIETTE MEYER).	163

2º SECTION : *Conférences et Enseignement par l'aspect.*

I. — L'Enseignement colonial laïque et le rôle des Missionnaires religieux dans nos Colonies (M. PIERRE NICOLAS).	165
II. — L'Enseignement de la Lecture par un nouveau procédé idéographique, « Le Répétiteur phonique » (M. JACQUES MOTROT).	171
III. — Création de Musées communaux-ruraux, par les Élèves des Écoles communales sous la direction de leurs Instituteurs (M. LE BRETON).	173
IV. — La Conférence au Régiment (M. A. DEFRANCE).	179

3º SECTION : *Enseignement professionnel.*

I. — L'Enseignement professionnel (comment il doit être donné) — M. A. PIHAN.	183
II. — L'Enseignement de la Comptabilité (M. JOSEPH LEBLANC).	186
III. — Avantages des Concours de composition décorative (Mlle SMYTH, au nom de Mme MENON-DARESSY).	190

4ᵉ SECTION : *Enseignement des Beaux-Arts.*

. — L'Enseignement pratique de l'Histoire de l'Art (M. J. P. MILLIET).	191
II. — L'Enseignement du Dessin et de l'Histoire de l'Art M. ESNAULT-PELTERIE).	196
II. — L'Enseignement de la Musique en France (M. FÉLIX BOISSON).	201

5ᵉ SECTION : *Sociétés et Cercles d'instruction et d'éducation.*

. — Les cours du soir pour les Adultes en Angleterre (M. LE Dr EDWARD FLOWER).	205
II. — L'Éducation familiale (M. PAUL DE VUYST).	213
III. — Ouverture d'un Bureau international des Sociétés d'Enseignement populaire (M. GUÉRARD).	217
IV. — Moyens à employer pour développer l'esprit de mutualité et d'épargne (M. WILLIA HOLT).	219

	Pages
V. — Utilité de créer des Cours de conversation entre les professeurs de langues étrangères et leurs élèves (M. Waldbillig)..	221
VI. — Création de quelques œuvres auxiliaires de l'École, à Valenciennes (M. Mascart)........	222
VII. — Vœu présenté par le Bureau international permanent de la Paix........	223
VIII. — Avantages d'une Société d'enseignement populaire fondée sur le principe de l'éducation mutuelle s'exerçant au sein d'un groupe restreint (MM. Albert Iven et Henri Bourillon)....	224